国家出版基金项目
NATIONAL PUBLICATION FOUNDATION

〔宋〕薛居正 等撰

點校本
二十四史
修訂本

# 舊五代史

第一册
卷一至卷二四

中華書局

圖書在版編目(CIP)數據

舊五代史/(宋)薛居正等撰. —北京:中華書局,2016.8
(2017.7 重印)
(點校本二十四史修訂本)
ISBN 978-7-101-11998-5

Ⅰ.舊… Ⅱ.薛… Ⅲ.中國歷史-五代(907~960)-紀傳體 Ⅳ.K243.104.2

中國版本圖書館 CIP 數據核字(2016)第 169355 號

責任編輯:魯 明
責任校對:李曉霞

點校本二十四史修訂本
舊五代史
(全六册)
〔宋〕薛居正 等撰
*
中華書局出版發行
(北京市豐臺區太平橋西里 38 號 100073)
http://www.zhbc.com.cn
E-mail:zhbc@zhbc.com.cn
北京瑞古冠中印刷廠印刷
*
880×1230 毫米 1/32 · 77¼印張 · 15 插頁 · 1370 千字
2016 年 8 月北京第 1 版 2017 年 7 月北京第 2 次印刷
印數:5001-8000 册 定價:280.00 元

ISBN 978-7-101-11998-5

欽定四庫全書

舊五代史卷一　　宋　薛居正等　撰

太祖紀第一　案薛史本紀永樂大典所載俱全獨梁太祖紀原帙已佚其散見於各韻者僅得六十八條參以通鑑考異通鑑注所徵引者又得二十一條本末不具未能綴輯成篇考冊府元龜閏位部所錄朱梁事蹟皆本之薛史原文首尾頗詳按條採掇尚可彙萃謹依前人取魏澹書高氏小史補北魏書闕篇之例采冊府元龜梁太祖事編年系日次第編排以補其闕庶幾畧還薛史之舊仍於各條下注明原書卷第以備參核焉

梁書一

太祖神武元聖孝皇帝姓朱氏諱晃本名温　永樂大典卷八千六



一
一九二一年南昌熊羅宿影印清乾隆四十年四庫館繕寫進呈本（一）（復旦大學圖書館藏）

# 第一卷

第一頁前三行薛史梁太祖紀永樂大典原闕今採冊府元龜諸書彙葺成篇仍加案聲明

第二頁前四行毋字下疑有闕文加案聲明

第三頁前七行舉郡降于重榮舊唐書所紀月日與薛史異今據新唐書通鑑考正加案聲明

第四頁後五行瓦子寨原本作瓦子寨考通鑑注云黃巢徹民居以爲寨屋謂之瓦子寨今改正

第六頁前七行封沛郡王薛史與舊唐書先後互異今加案聲明

第七頁後四行通鑑注引薛史與冊府元龜符合今加案聲明

第一頁後二行原本不載梁代追尊之典今引五代會要以補其闕加案聲明

第三頁前二行左馮翊原本缺翊字今據通鑑增入

第三頁後二行授金吾衛大將軍歐陽史與薛史異今據舊唐書通鑑考正加案聲明

第五頁前三行王滿渡原本作王蒲今據通鑑改正

第六頁後六行薛史紀安師儒事與新舊唐書互異今加案聲明

第八頁前五行四月庚午通鑑誤推長曆轉以薛史爲誤今據舊唐書駁正加案聲明

第二頁前二行冊府元龜引梁太祖紀與永樂大典符合加案聲明

第三頁前六行監軍使嚴實原本作嚴貴致歐陽史及通鑑俱作嚴貴疑原本傳寫之誤今改正

第四頁前一行充宣武軍節度使舊唐書所紀年月與薛史異今加案聲明

第五頁前七行通鑑考異引薛史與冊府元龜同今加案聲明

第七頁前二行有滑臺之地舊唐書可備參考今加案聲明

第八頁前八行通鑑注所引薛史間有刪節今加案聲明

二一　一九二一年南昌熊羅宿影印清乾隆四十年四庫館繕寫進呈本（二）（復旦大學圖書館藏）

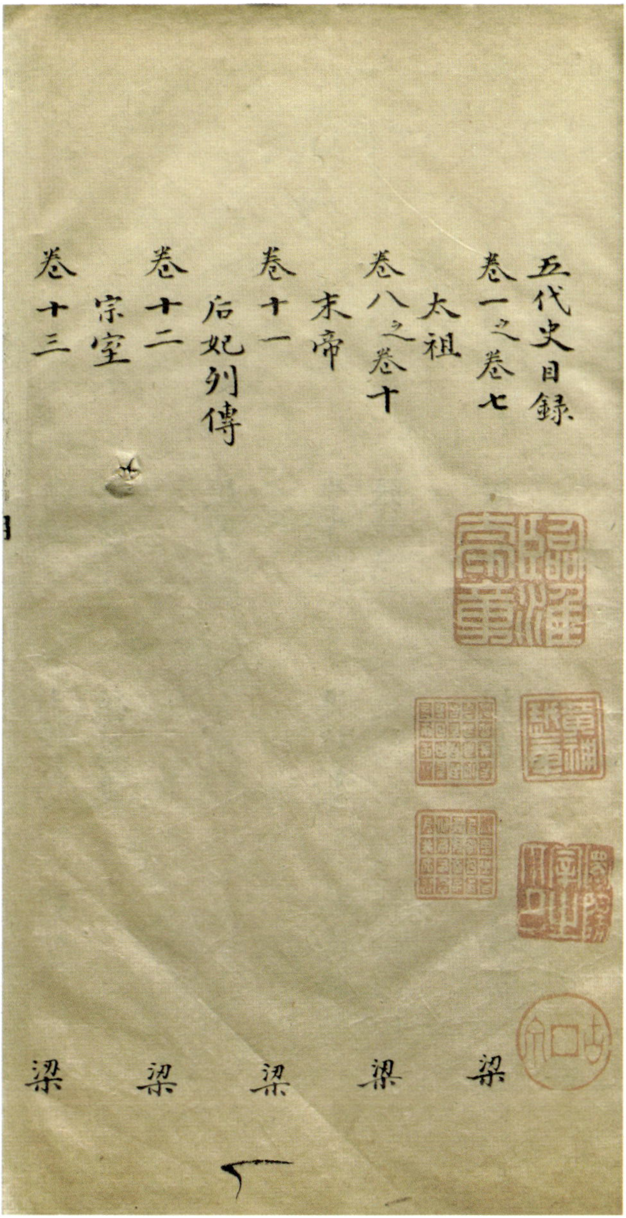
五代史目録
卷一之卷七　太祖　梁
卷八之卷十　末帝　梁
卷十一　后妃列傳　梁
卷十二　宗室　梁
卷十三　梁

三　清孔葒谷舊藏鈔本（一）（臺北「國家圖書館」藏）

長興初為沙彥珣從事累遷大同軍節度判官高祖建號契丹之援太原也彥珣據雲中二三顧望及契丹還塞彥珣出城迎謁尋為所擄時巒在城中謂其衆曰豈有禮義之人而臣於異姓乎即與雲州將吏閉門拒守契丹大怒攻之半歲不能下高祖致書於契丹乃解圍而去召巒歸闕授徐州節度使再遷右諫議大夫為復州防禦使數年罷歸初國家以甘陵水陸更衝之地慮契丹南侵乃飛輓芻粟以實其郡為大軍累年之備王令溫之為帥也有軍校邵珂者性兇率悖慢令溫因事使人代之不復齒用閑居城中其子殺人以重賂償之其事方解尋為州吏所恐又悉財以彌其口自是尤

四　清孔葒谷舊藏鈔本（二）（臺北「國家圖書館」藏）

舊五代史卷第一

宋司空同中書門下平章事薛居正等撰

太祖紀第一 案薛史本紀永樂大典所載俱全獨梁太祖紀原帙已佚其散見于各韻者僅得六十八條參以通鑑考異通鑑注所徵引者又得二十一條本末不具未能綴輯成篇考册府元龜閏位部所録朱梁事蹟皆本之薛史原文首尾頗詳按條採掇尚可彙萃謹依前人取魏澹書高氏小史補北魏書闕篇之例采册府元龜梁太祖事編年系日次第編排以補其闕庶幾畧還薛史之舊仍于各條下注明原書卷第以備參核焉

梁書一

太祖神武元聖孝皇帝姓朱氏諱晃本名温 永樂大典卷八千六百八十七 宋州碭山人其先舜司徒虎之後高祖黯曾祖茂琳祖信父誠帝即誠之第三子母曰文惠王皇后 册府元龜

五 清邵晉涵舊藏鈔本（一）（日本靜嘉堂文庫藏）

經於聖善寺乘勝欲攻河陽營於洛口經遣全義拒之全義乃與罕之同盟結義返攻經於河陽為經所敗收合餘衆與罕之據懷州乞師於武皇武皇遣澤州刺史安金俊助之進攻河陽劉經仲方委城奔汴罕之遂自領河陽表全義為河南尹案張齊賢撰齊王張令公外傳云初過三城謁節度使諸葛爽爽有人倫之鑒觀王之狀貌待之殊厚謂王曰他時名位在某之上矣爽既殁王漸貴追思曩昔見知之恩未嘗報乃圖其形像於其私第日焚香供養之至於終身案諸葛爽死全義親降其子而擠其地乃復塑像事之明其不背本此劇賊欺人之術耳全義性勤儉善撫軍民雖賊寇充斥而勸耕務農由是倉儲殷積罕之貪暴不法軍中乏食每取給於全義二人初相得甚歡而至是求取無厭動加凌轢全義苦之案齊王外傳云罕之鎮三城知王專以教民耕織為務常宣言於衆曰田舍翁何足憚王聞之蔑如也每飛尺書於王求軍食及縑帛王曰李太傅所要不得不奉之左右及賓席咸以為不可與王曰第與之似若畏之者左右不之曉罕之謂王畏己不設備文德元年四月罕之出軍寇晉絳全義乘其無備潛兵襲取

# 舊五代史整理人員名録

原點校者　陳　垣　劉迺龢
　　　　　朱東潤　陳守實　張世禄　胡裕樹　蘇乾英　顧易生　徐　鵬
　　　　　周斌武　陳允吉　張萬起　周維德　葉盼雲
　　　　　陸　楓　葉亞廉　馮菊年　劉德權　周琪生　萬愛珍

修訂主持人　陳尚君

修訂承擔單位　復旦大學

修訂組成員　唐　雯　仇鹿鳴

編輯組成員　張忱石　馮寶志　魯　明　劉彦捷　王　勖　王　勇

# 點校本二十四史及清史稿修訂緣起

以「二十四史」及清史稿爲代表的紀傳體史書，記載了中國古代從傳説中的黄帝到辛亥革命結束清朝統治前各個朝代的歷史概貌，以歷代王朝的興亡更替爲先後，反映了中國的歷史進程，構成了關於中國古代政治、經濟、軍事、科技、思想文化、社會風俗等各個方面最爲重要的基本史料，使中國和中華民族成爲世界上惟一擁有數千年連貫、完整歷史記載的國家和民族。這是中華民族引以爲榮並值得進一步發揚光大的寶貴歷史文化遺産。

爲了更好地傳承與保護這份珍貴的歷史文化遺産，二十世紀五十至七十年代，在毛澤東主席、周恩來總理的親自部署和國家有關部門的直接領導下，由中華書局承擔組織落實和編輯出版工作，集中全國學術界、出版界的力量，完成了「二十四史」及清史稿的點校整理和出版。從一九五八年九月標點「前四史」及改繪楊守敬地圖工作會議召開，次年九月點校本史記問世，到一九七八年點校本宋史完成出版，整理工作歷時二十年，其間不斷完善點校體例，逐史加以標點、分段、校勘、正誤、補闕，所積累的科學整理方法和豐富的實踐經驗，爲傳統文獻的整理做出了寶貴的探索，確立了現代古籍整理的基本範式和標準。點校本出版之後，以其優秀的學術品質和適宜閱讀的現代形式，逐漸取代了此前的各種舊本，爲學術界和廣大讀者普遍採用，成爲使用最廣泛的權威性通行本。

點校本「二十四史」及清史稿從開始出版，至今已超過半個世紀，上距一九七八年宋史出版，點校工作完成，也已經過去了三十多年。點校本「二十四史」及清史稿的整理出版工作，由於受到當時種種客觀條件的制約，加之整理出版過程歷時綿長，時間跨度大，參與點校者時有變動，點校體例未能統一，或底本選擇不够精當，或校勘過於簡略，或標點間有失誤，各史都存在着不同程度的缺憾。爲適應新時代學術發展和讀者使用的需求，亟需予以全面修訂。

中華書局於二〇〇五年開始籌備「二十四史」及清史稿的修訂工作，梳理學術界關於點校本的意見建議，清理點校工作原始檔案，進一步明確修訂工作重點。二〇〇六年四月召開專家論證會，得到了學術界的積極響應。其後，在新聞出版總署、中國出版集團公司和社會各界學術力量的支持下，正式組建了點校本「二十四史」及清史稿修訂工程組織機構，擬定了修訂工作的各項具體規定，包括修訂工作總則、修訂工作流程，以及標點分段辨法舉例、校勘記寫法細則舉例等一系列規範性文件，並在全國範圍内通過廣泛調研，遴選確定了各史修訂承擔單位和主持人。

點校本「二十四史」及清史稿，是二十世紀中國古籍整理的標誌性成果，修訂本是原點校本在新的歷史時期的延續。修訂工作在原有點校本基礎上展開，嚴格遵守在點校本基礎上進行適度、適當修訂和完善的原則，通過全面系統的版本覆核、文本校訂，解決原點校本存在的問題，彌補不足，力求在原有基礎上，形成一個體例統一、標點準確、校勘精審、閲讀方便的新的升級版本。

修訂工作的總體目標，主要包括兩個方面：一，保持點校本已取得的整理成果和學術優勢，通過各個修訂環節，消弭點校本存在的缺憾，並認真吸收前人與時賢的研究成果，包括當代學術研究的新發現（文物、文獻資料）、新結論（學術定論），使修訂本成爲符合現代古籍整理規範、代表當代學術水準、能够體現二十一世紀新的時代特點的典範之作。二，解決原點校本各史體例不一的問題，做到體例基本統一，包括：規範取校範圍、校勘取捨標準、分段及校勘記、標點方式；撰寫各史修訂本前言、凡例；編製主要參考文獻目録及其他附録、索引。

早在一九六〇年，時任國務院古籍整理出版規劃小組組長的齊燕銘同志，就曾對點校本「二十四史」提出過兩點明確的要求，其一是在學術成果上「超越前人」；其二是經過重版修訂使之「成爲定本」。點校本的學術業績，獲得了學術界和廣大讀者的高度評價和廣泛採用，經過全面修訂，希望能在保持原有學術優勢的基礎上完善提高，進一步確立並鞏固點校本「二十四史」及清史稿的現代通行本地位，「成爲定本」還需要廣大讀者的檢驗和今後不斷的努力。

點校本「二十四史」及清史稿整理工作自二十世紀五十年代起始，至本世紀全面修訂再版，五十餘年間，一代又一代學者如同接力賽跑，前赴後繼，爲之默默奉獻，傾盡心力。點校本的學術成就和首創之功，以及其間展現的幾代人鍥而不捨的爲學精神，將澤被學林，彪炳史册！值此修訂本出版之際，我們向所有參加過點校工作的前輩學者和出版工作者，表示崇高的敬意，對已故前輩表達深切的懷念，向承擔本次修訂的各位學者專家表示誠摯的謝意，向國家出版基金管理委員會及其辦公室、各史點校和修訂承擔單位、各相關圖書收藏機構，以及關注和支持本次修訂工作的社會各界人士，謹致由衷的謝忱。

中華書局編輯部　二〇一三年七月

# 點校本舊五代史修訂前言

記録五代十國史事的正史，宋人編修了兩部，一是宋初由薛居正主持的官修史書，原名五代史，一是北宋中期歐陽脩私修的五代史記。歐陽脩五代史記流通後，爲加以區別，前者稱爲舊五代史，簡稱薛史，後者習稱新五代史，簡稱歐史。舊五代史南宋後流傳漸微，約在明清之際亡佚，今所見者爲清代學者邵晉涵預修四庫全書時從永樂大典等書輯出，是「二十四史」中唯一的輯佚書。

## 一

自公元九〇七年朱温代唐稱帝，至九六〇年北宋建立，在短短五十三年間，中原地區有後梁、後唐、後晉、後漢、後周五個王朝相繼代興，另有吴、南唐、吴越、楚、閩、南漢、前蜀、後蜀、南平、北漢等十餘個政權割據一方。這一時期全國分裂，戰亂頻仍，經濟凋敝，民生艱難，史稱五代十國時期。

五代十國雖稱亂世，卻是中國歷史上重要的轉折時期。經過唐末五代戰亂的打擊，魏晉以來以士族爲中心的社會結構趨向瓦解，五代雖以武人主政，但基本的文官體系與選舉制度得以延續，入宋後隨着科舉制度的完善、取士數量的增長，下層士人入仕機會增加，官僚集團構成日趨庶民化，逐步完成了社會轉型。相比於北方戰亂，南方諸割據政權大都採取保境綏民政策，政局較爲安穩，加上北方人口大量南遷，南方經濟、文化諸方面獲得長足進步，延續了安史亂後經濟重心漸次南移的趨勢，對外交通與貿易重心也從西北轉向東南。中唐以後，隨着均田制的瓦解及兩税法的推行，土地制度、税收來源乃至整個國家的經濟體制都發生了重要變化，至宋更有「田制不立」之説，租佃制發達，農民對土地的依附程度下降，貨幣經濟有了長足發展。以隋唐長安爲代表的坊市制城市格局被打破，商業城市興起，印刷術的發明與應用奠定了宋代文化繁盛的技術基礎。五代的唐、晉、漢三朝皆由沙陀貴族建立，政權基本特徵是胡人主軍事而漢官負責朝廷日常運作。契丹王朝取得燕雲十六州後，也成功建立胡漢雙軌的政治體制。從唐末起長期割據夏州的党項族，其後建立西夏政權，也在西北與北宋相對峙，由此形成了與以往不同的天下格局。

記載五代史事的兩部正史，歐陽脩新五代史重在文章義例，褒貶人物，激勵士節，雖也有史實增益，但主要目的不在五代第一手歷史文獻的保存。薛居正舊五代史雖有許多局限，但其最重要價值是保存了以五代實録爲主的五代各朝基本史實和原始文獻，因而具備特殊意義。

## 二

舊五代史的編修，據玉海卷四六引中興書目所載，宋太祖「開寶六年（九七三）四月二十五日戊申，詔梁、後唐、晉、漢、周五代史，宜令參政薛居正監修，盧多遜、扈蒙、張澹、李穆、李昉等同修。七年閏十月甲子書成，凡百五十卷、目録二卷」。宋大詔令集卷一五〇修五代史詔云：「唐季以來，興亡相繼，非青編之所紀，使後世以何觀。近屬亂離，未遑纂集。將使垂楷模於百代，必須正褒貶於一時。宜委近臣，俾專厥職。其梁氏及後唐、晉、漢、周五代史，宜令參知政事薛居正監修。」當時距北宋建立僅十三年，南唐、北漢猶割據一方，吴越尚未納土，但政局已經穩定，具備了爲前代修史的條件。

舊五代史由參知政事薛居正監修，延續了唐五代以宰執監修國史實録的傳統。薛居正（九一二—九八一），字子平，開封浚儀（今屬河南）人。唐末帝清泰二年（九三五）登進士第，歷仕晉、漢、周三朝，官至刑部侍郎、判吏部銓。入宋後，乾德二年（九六四）任參知政事，並在五代史修成後不久拜門下侍郎、同平章事，宋史卷二六四有傳。薛居正不以史才稱，僅因官高領銜，參與實際編修者除玉海所載五位，王闢之澠水燕談録卷六、晁公武郡齋讀書志卷五還提到了劉兼和李九齡。盧多遜、扈蒙、張澹、李穆、李昉五人，宋史均有傳。盧多遜初修史時任翰林學士，不久即升任參知政事。扈蒙在周、宋之際曾參與編修周世宗實録，李穆在宋太宗時曾知史館，預修太祖實録，皆有一定史才。李昉在太宗時因主持編纂太平御覽、太平廣記、文苑英華而名重後世。李九齡、劉兼傳記資料較少，據宋人零星記録，知九齡洛陽人，乾德二年進士第三人及第，有詩集一卷，不傳。劉兼，開寶七年修五代史時任鹽鐵判官，太平興國三年（九七八）曾同知貢舉。澠水燕談録稱「蒙、九齡實專筆削」，大致可信。諸人能在一年多時間内完成一百五十卷史書的編修，主要原因是有相對完備的五代實録可供改寫删削。

五代雖屬亂世，但史官制度運作良好，檔案文獻保存完備，歷朝實録纂修不輟。宋初范質修五代通録有「以五代實録共三百六十卷爲繁」之説〔一〕，王禹偁五代史闕文序也稱

「臣讀五代史總三百六十卷」。據郭武雄五代史料探源考證，三百六十卷實録的細目爲：梁李琪等修梁太祖實録三十卷、敬翔修大梁編遺録三十卷、闕名修梁功臣列傳十五卷，後唐張昭遠等修唐懿祖紀年録一卷、唐獻祖紀年録二卷、唐太祖紀年録十七卷、唐莊宗實録三十卷、唐莊宗功臣列傳三十卷、唐明宗實録三十卷，後漢賈緯等修漢高祖實録二十卷，後周張昭遠等修唐閔帝實録三卷、唐廢帝實録十七卷、漢隱帝實録十五卷、周太祖實録三十卷，賈緯等修晉高祖實録三十卷、晉少帝實録二十卷，以及宋初扈蒙等修周世宗實録四十卷。除梁郢王友珪在位八個月、梁末帝在位十一年以及周恭帝在位六個月實録未修外，史事記載大體完備。其中唯兩種功臣傳爲合傳，其餘各書皆屬編年體實録，僅在敍及重要人物亡殁或事迹時，略述其生平，是爲實録本傳。

舊五代史在編修中，根據五代實録作了如下加工：一是據各朝實録删節爲各帝本紀，所缺梁末帝和周恭帝部分，則主要依據范質五代通録而成。五代僅五十三年，而本紀多達六十一卷，極見繁冗，在歷代正史中爲特例，故爲後人所詬病，但也因此保存諸多史事細節，存實録之梗概，别具價值。二是據實録本傳改寫爲正史本傳，由於著述體例不同，加工較多，且曾努力貫通各朝紀事，補充諸人胤嗣入宋後官爵。三是分爲承襲、僭僞、外國三部分，分記各割據政權和契丹及周邊民族事。時後蜀、荆南、南漢雖已歸宋，然文獻有待整理，南唐、吴越尚未納土，北漢尚處於敵對狀態，故有關記載缺漏較多〔二〕。四是編修十志，因五代實録中缺乏憑依，各志僅摘録相關文獻拼湊成編，略具梗概，較爲草率。

由于五代實録均已失傳，依據實録倉促成書的舊五代史，則因大量保存了實録遺文而具有重要價值，這也是其在乾嘉樸學興盛時期被重新輯録並列入正史的重要原因。

宋人對舊五代史的批評，可以王闢之澠水燕談録卷六爲代表：「太祖詔盧多遜、扈蒙、李昉、張澹、劉兼、李穆、李九齡修五代史，而蒙、九齡實專筆削。初以建康實録爲本，蒙史筆無法，拙於敍事，五代十四帝，止五十三年，而爲紀六十卷，其繁如此。傳事盡于紀，而傳止次履歷，先後無序，美惡失實，殊無足取。」宋仁宗時歐陽脩負天下文章重名，復據實録和後出史料補充史實，更以春秋筆法爲倡，崇一統，明血緣，敦士節，黜勢利，新修五代史記出，風行天下，薛氏五代史漸趨式微。雖然金章宗泰和七年（一二〇七）下詔「新定學令内削去薛居正五代史，止用歐陽脩所撰」〔三〕，影響不到敵對的南宋，但據宋會要輯稿選舉一二記紹興元年（一一三一）制舉「題目於九經、十七史、七書、國語、荀子、揚子、管子、文中子正文及注疏内出」，而宋人所謂的十七史中並不包含舊五代史〔四〕。至明初，官修永樂大典和王褘大事記續編還曾引及薛史，但流傳已罕。據傳清初學者黄宗羲曾藏薛史，南雷文定卷末有十國春秋作者吴任臣欲向他借書的便簡，但今本十國春秋自注所引薛史皆據資治通鑑考異等書轉引，並未參考原書。近代以來雖有一些捕風捉影的傳聞，但都無從坐實。

## 三

清輯本舊五代史，是清乾隆間開館編修四庫全書時，邵晉涵從永樂大典中輯出的。邵晉涵（一七四三——一七九六），字與桐，號二雲，又號南江，浙江餘姚人。乾隆三十年（一七六五）舉人，三十六年恩科進士。三十八年授編修，旋入四庫館，專職史部書編修事宜。自此至四十年七月，歷時兩年餘，舊五代史輯成奏進。邵輯所據以永樂大典爲主，他書爲輔。據今人陳智超統計，所採凡六書，其中録自永樂大典八百二十二則，册府元龜三百一十八則，資治通鑑考異六則，通鑑注十二則，太平御覽二則，容齋隨筆一則，另有七則未注出處〔五〕。

邵輯恢復舊五代史一百五十卷原書次第的依據有如下數端：一、玉海卷四六引中興書目云：「凡記十四帝五十三年，爲紀六十一、志十二、傳七十七。」據此可知原書紀、傳、志所佔的卷數。二、五代各自成編，宋人屢有記述。三、本紀各卷起迄，大典在引録時，另起一卷處空一格，且重出年號，痕迹較清晰，今存本大典周太祖紀可以覆按。惟梁太祖紀因大典原編亡失，各卷起迄爲邵氏依己意劃定。四、列傳七十七卷，存史臣贊五十一則半，涵蓋五十二卷，據此可約知各卷所收人物傳記及其大致先後。此外二十五卷，因史臣贊不存，邵氏採用了類推的方法。各卷的前後順序，大致以后妃、宗室列首，次爲創業功臣、元輔，末爲敗亡、叛逆之類，細節出入較多。類傳部分，世襲列傳當據通曆所引作承襲列傳，外國列傳未見確切根據。五、十志佔十二卷，其中四志無序，順序大致按其他各史推定。現可確定郡縣志屬誤題，資治通鑑胡注至少五次引及薛史地理志。綜上所言，雖然細節仍有出入，但就輯佚書規模之宏大，原本面貌之恢復程度，以及援據諸書考訂史實之力求精密而言，邵輯舊五代史皆堪稱乾嘉輯佚書之翹楚。梁啓超中國近三百年學術史評價清代輯佚學的成績，以此書爲最優，並非溢美之辭。

當然，清輯本受當時學術條件和政治環境限制，存留遺憾也頗多。舉其大者有四：一是漏輯，如今存永樂大典殘卷有王弘贄、王令謙傳，輯本傳文提及者有劉遂凝、劉遂雍傳，輯本皆未輯。而如安重誨、趙鳳、慕容彦超諸傳，在册府元龜、太平御覽等書中尚有較多傳文失輯，今人推測可補充佚文或新補傳記者或近百篇。二是誤輯，今知誤録或部分誤收新五代史列傳者至少有十篇，即馬重績傳、西方鄴傳、安重誨傳、張延朗傳、蕭希甫傳、安彦威傳、崔棁傳、扈載傳、吐蕃傳和党項傳。三是涉及民族問題的諱改。乾隆一代文網嚴密，四庫開館時督促尤峻，乾隆帝甚至親自過問，故館臣畏禍而多删改原文。今存清輯各本皆有程度不等的改篡，而以公開印行的殿本爲最。所改類型，陳垣舊五代史輯本發覆已有系統的揭發。四是未能充分利用册府元龜校勘。册府元龜保存了大量五代實録和舊五代史原文，前者又是後者所本，故皆可作爲校勘文本的依據。四庫館臣雖已措意，但僅在永樂大典不存部分，如梁太祖紀，援據册府元龜拼合輯録，未能據以通校全書。陳垣在一九三六年提出以册府校薛史計劃，陳尚君纂舊五代史新輯會證也主要採據册府元龜加以補輯校改，所涉較廣，在舊五代史文本認識上均較清輯本有所推進。

# 四

本次修訂，遵循「二十四史」及清史稿修訂工程總則體例，仍以清輯本爲基礎展開。就目前調查所知，清輯本具代表性版本有以下諸本：

一是一九二一年南昌熊羅宿影印清乾隆四十年（一七七五）七月四庫館繕寫進呈本（簡稱影庫本），原底本今存江西省圖書館，輯文大多注明輯自永樂大典及其他文獻的卷次，涉及政治違礙的内容大都已有改動，但不及殿本徹底。熊羅宿影印時，個别明顯誤字已做了挖改，四庫館臣進呈御覽時恭録的校訂文字和增補史實的黄色粘籤（簡稱影庫本粘籤），移置附於書末，另有部分輯録過程中隨文所作考訂文字的浮簽（簡稱影庫本批校）及卷二七至二九的考證（簡稱影庫本考證），亦一併附於書後。

二是清乾隆四十九年（一七八四）武英殿刊本（簡稱殿本）。殿本爲清代通行的版本，諱改最嚴，且删落了輯自文獻的出處，但在乾隆四十年進呈至四十九年刊布間，四庫館臣有進一步的校勘覆核，保存了四庫本最後寫定時增補的淳于晏、石贇、張礪傳文，文字上亦有一些補改及優長之處。

三是一九二五年劉承幹嘉業堂刊本（簡稱劉本）。劉本源出抱經堂盧氏鈔本，又據殿本做了大量的校補〔六〕。商務印書館據以影印收入百衲本二十四史，流通頗廣，但體例蕪雜，校勘價值有限。

四是臺北「國家圖書館」藏孔葒谷舊藏鈔本（簡稱孔本），係孔氏輾轉得自四庫館，後遞藏於鄧邦述等處。雖文字脱落、訛誤處不少，但保留了輯自文獻的出處，另在卷九二保留了影庫本已删落的崔居儉傳，卷一四三記録了輯自永樂大典的卷頁數，並間有朱色校語，揭示了較多諱改前的面貌，據此可以推測是據較早輯録的稿本抄寫，部分文字保留了較原始的面貌。另有章鈺過録本存中國國家圖書館。

五是日本静嘉堂文庫藏邵晉涵舊藏鈔本（簡稱邵本）。此本原係吴興陸心源皕宋樓舊藏，所鈐印鑒有「正定經文」、「邵氏二雲」、「晉涵之印」等，疑是邵晉涵攜出的工作本。文字大體同於影庫本，訛脱衍倒之處甚多，多用朱墨色筆校正，唯卷九六已删落鄭玄素傳。

六是上海圖書館藏彭元瑞校鈔本（簡稱彭本），係四庫館臣彭元瑞鈔存録副，鈐有「知聖道齋藏書」朱文印、「遇者善讀」白文印，文字與邵本同出一源，乾隆五十五年（一七九〇）經其以朱筆再作校訂，主要據册府元龜校正部分文句，並增補淳于晏等傳。

點校本舊五代史整理工作最初由陳垣、劉迺龢承擔，一九七一年後轉由復旦大學完成，於一九七六年出版。整理工作雖受時事影響，經歷曲折，但仍達到較高學術水準。除仔細進行版本校勘外，另據永樂大典殘卷、册府元龜、五代會要做了他校，注文部分除保留影庫本原有文字外，還在避免重複的原則下，根據殿本、孔本（係據中國國家圖書館藏章鈺過録本）、邵晉涵舊五代史考異等作了增補，分别注明出處。整體上分段精審，標點允當，是一個較爲完備的通行本。

本次修訂仍以影庫本爲底本，以殿本、劉本、孔本、邵本爲通校本，以彭本爲參校本，又據永樂大典殘卷、册府元龜、太平御覽、五代會要等傳世文獻作了更爲充分的他校，碑碣墓誌可資校訂者，亦多有參酌，分段、標點等力求更爲妥善精確。修訂中還參考了近代以來陳垣舊五代史輯本發覆和舊五代史輯本引書卷數多誤例、郭武雄五代史輯本證補、陳尚君舊五代史新輯會證等論著的校訂成果，以及見諸專書、期刊的點校意見。限於體例，不能一一標注，謹此一併致謝。孔本、邵本流播海外，本次修訂得以複製通校，也向提供複製的藏館表示感謝。

點校本舊五代史修訂組　二〇一五年三月

〔一〕玉海卷四八引中興館閣書目。

〔二〕資治通鑑考異卷二六：「國朝開寶中，薛居正修五代史，江南未平，不見本國舊史，據昭遠所記及唐年補録作行密傳。」

〔三〕金史卷一二章宗紀四。

〔四〕參見王鳴盛十七史商榷卷九九十七史條、錢大昕十駕齋養新録卷六十七史條。

〔五〕陳智超舊五代史輯本的得失，陳智超歷史文獻學論集，社會科學文獻出版社，二〇一二年。

〔六〕緣督廬日記鈔卷一六：「翰怡（劉承幹）又以抱經樓續來樣本八册見示，其最奇者爲鈔本舊五代史，云與殿本有異同」，「又爲翰怡校舊五代史，以殿本勘鈔本。」

# 點校本舊五代史修訂凡例

一　本次修訂以一九二一年南昌熊羅宿影印乾隆四十年四庫館繕寫進呈本爲底本。

二　修訂所用通校本及簡稱如下：

(一)殿本：乾隆四十九年武英殿刊本；

(二)劉本：商務印書館百衲本二十四史影印一九二五年劉承幹嘉業堂刊本；

(三)孔本：臺北「國家圖書館」藏孔葒谷舊藏鈔本；

(四)邵本：日本靜嘉堂文庫藏邵晉涵舊藏鈔本。

三　修訂所用參校本及簡稱如下：

(一)彭本：上海圖書館藏彭元瑞校鈔本。

四　本次修訂以版本對校爲基礎，充分運用本校、他校，審慎使用理校。凡有改字，除極易致訛、學界公認可徑改的形近字外，一律出校記説明。

五　由於今本舊五代史是「二十四史」中唯一的輯佚書，清人輯録時永樂大典已有殘闕，輯本本身亦有不少失輯、脱誤之處，故修訂時，除版本對校外，特別注重利用今存本永樂大典、資治通鑑考異以及其他宋、元、明典籍中引録舊五代史文字進行校勘，並對册府元龜、太平御覽、五代會要等同源文獻作了較爲充分的他校。碑碣墓誌有資於校訂者，亦多有參酌。

六　爲便於追溯史源，舊五代史編纂時所存五代及宋初避諱改字，一般不作校改及説明，因此書中存在部分人物姓名前後不同的情況，將在今後編製人名索引時加以歸併，謹此提請讀者注意。

七　凡清人輯佚時避本朝諸帝諱的更改，避孔子諱改「丘」爲「邱」，所據明本册府元龜避明諱改「洛」爲「雒」等，今一律徑改，不另出校記。另輯本舊五代史多處脱落「棣」字，疑係永樂大典抄寫時避明成祖諱省，因涉及地名，仍出校記説明。

八　清人關於民族問題的諱改，僅在文辭變化較大或影響文意時出校説明，一般常見的諱改，如「虜主」諱改作「契丹主」，「虜騎」諱改作「敵騎」，「虜」作動詞時改爲「擄」等，不一一出校。

九　少數民族人名，輯本舊五代史曾據清代官定譯名作了更改，今均恢復原文，並於譯名首次出現處出校説明。

一〇 本次修訂充分吸收了原點校本的標點及分段成果，對未盡妥善處亦加以改正完善。

一一 前人校訂本書的研究著作及論文有資校勘者，本次修訂盡力予以吸收，具體篇目見參考文獻，校記中僅引及有獨特發明者。

一二 爲行文簡便，校記中部分文獻使用簡稱：

舊五代史考異引輯本舊五代史，簡稱舊五代史考異引文。

資治通鑑，簡稱通鑑。

册府元龜，簡稱册府。

太平御覽，簡稱御覽。

郭武雄五代史輯本證補，簡稱郭武雄證補。

朱玉龍五代十國方鎮年表，簡稱朱玉龍方鎮表。

劉次沅諸史天象記録考證，簡稱劉次沅考證。

# 舊五代史目録

## 第二册

**第三册**

第四册

卷八十八 晉書十四
列傳三



卷八十九 晉書十五
列傳四

卷九十　晉書十六

列傳五



卷九十一　晉書十七

列傳六

卷九十六　晉書二十二



卷九十七　晉書二十三



卷九十八　晉書二十四

**第五册**

## 第六册

卷一百三十三
世襲列傳二

卷一百三十四
僭僞列傳一

附録

# 舊五代史卷一　梁書一

## 太祖紀第一

案：薛史本紀，永樂大典所載俱全，獨梁太祖紀原帙已佚，其散見於各韻者，僅得六十八條，參以通鑑考異、通鑑注所徵引者，又得二十一條，本末不具，未能綴輯成篇。考冊府元龜閏位部所録朱梁事蹟，皆本之薛史原文，首尾頗詳，按條採掇，尚可彙萃。謹依前人取魏澹書、高氏小史補北魏書闕篇之例，采冊府元龜梁太祖事，編年繫日，次第編排，以補其闕，庶幾略還薛史之舊。仍於各條下注明原書卷第，以備參核焉。

太祖神武元聖孝皇帝，姓朱氏，諱晃，本名温，永樂大典卷八千六百八十七。宋州碭山人。其先舜司徒虎之後，高祖黯，曾祖茂琳，祖信，父誠。帝即誠之第三子，母曰文惠王皇后。冊府元龜卷一百八十二。案五代會要：梁肅祖宣元皇帝諱黯，舜司徒虎四十二代孫，開平元年七月，追尊宣元皇帝，廟號肅祖，葬興極陵。敬祖光獻皇帝諱茂琳，宣元皇帝長子，母曰宣僖皇后范氏，開平元年七月，追尊光獻皇帝，廟號敬祖，葬永安陵。憲祖昭武皇帝諱信，光獻皇帝長子，母曰光孝皇后楊氏，開平元年七月，追尊昭武皇帝，廟號憲祖，葬光天陵。烈祖文穆皇帝諱誠，昭武皇帝長子，母曰昭懿皇后劉氏，開平元年七月，追尊文穆皇帝，廟號烈祖，葬咸寧陵。以唐大中六年歲在壬申十月二十一日夜，生於碭山縣午溝里。是夕，所居廬舍之上有赤氣上騰，里人望之，皆驚奔而來，曰：「朱家火發矣。」及至，則廬舍儼然。既而鄰人以誕孩告〔一〕，衆咸異之。永樂大典卷一萬六千一十九。案：以上亦見册府元龜卷一百八十二。以此推之，知册府元龜引五代事蹟多本薛史。昆仲三人〔二〕，俱未冠而孤，母案：册府元龜引此條「母」字下有「王氏」二字。攜養寄於蕭縣人劉崇之家。帝既壯，不事生業，以雄勇自負，里人多厭之。崇以其慵惰，每加譴杖。唯崇母自幼憐之，親爲櫛髮，嘗誡家人曰：「朱三非常人也，汝輩當善待之。」家人問其故，答曰：「我嘗見其熟寐之次，化爲一赤蛇。」然衆亦未之信也。永樂大典卷五千九百四十九。

唐僖宗乾符中，關東荐饑，羣賊嘯聚。黄巢因之起於曹濮，饑民願附者凡數萬。帝乃辭崇家，與仲兄存俱入巢軍，以力戰屢捷，得補爲隊長。

唐廣明元年十二月甲申，黄巢陷長安，遣帝領兵屯於東渭橋。是時，夏州節度使諸葛爽率所部屯於櫟陽，巢命帝招諭爽，爽遂降於巢。

中和元年二月，巢以帝爲東南面行營先鋒使，令攻南陽，下之。六月，帝歸長安，巢親勞於灞上。七月，巢遣帝西拒邠、岐、鄜、夏之師於興平，所至皆立功。

二年二月，巢以帝爲同州防禦使，使自攻取。帝乃自丹州南行，以擊左馮翊，左馮翊，原本缺「翊」字，今據通鑑增入。（影庫本粘籤）拔之，遂據其郡。時河中節度使王重榮屯兵數萬，糾合諸侯〔三〕，以圖興復。帝時與之鄰封，屢爲重榮所敗，遂請濟師於巢。表章十上，爲僞軍使孟楷所蔽〔四〕，不達。又聞巢軍勢蹙，諸校離心，帝知其必敗。九月，帝遂與左右定計，斬僞監軍使嚴實，監軍使嚴實，原本作「嚴貴」，考歐陽史及通鑑俱作嚴實，疑原本傳寫之訛，今改正。（影庫本粘籤）舉郡降於重榮。案舊唐書僖宗紀：八月庚子，賊同州防禦使朱溫殺其監軍嚴實，與大將胡真、謝曈等來降。薛史作九月，與舊唐書異。考新唐書：九月丙戌，黄巢將朱溫以同州降。通鑑亦作九月丙戌，朱溫殺其監軍嚴實，舉州降。皆與薛史同。是朱溫之降，實在九月，舊唐書誤。重榮即日飛章上奏，時僖宗在蜀，覽表而喜曰：「是天賜予也。」乃詔授帝左金吾衞大將軍，充河中行營副招討使，案歐陽史云：王鐸承制拜溫左金吾衞大將軍〔五〕、河中行營招討副使。薛史以爲僖宗詔授，與歐陽史異。考舊唐書：王鐸承制拜溫爲華州刺史、潼關防禦、鎮國軍等使。通鑑作王鐸承制以溫爲同華節度使。是王鐸承制所拜之官，非如歐陽史所載也，至謝曈奉表行在，乃詔授金吾衞大將軍、河中行營招討副使耳。當以薛史爲得其實。仍賜名全忠。案：是書及舊唐書、通鑑皆作僖宗賜名，惟鑑戒録云：朱太祖統四鎮，除中令日，名温。與崔相國連搆大事，崔每奏太祖忠赤，委之關東，國無患矣【六】。昭宗遽敕太祖改名全忠，議者謂「全」字，人王也，又在「中心」，甚不可也，上方悔焉。其説與諸史異，蓋傳聞之不同爾。（舊五代史考異）自是率所部與河中兵士偕行，所向無不克捷。

三年三月，僖宗制授帝宣武軍節度使，依前充河中行營副招討使，仍令候收復京闕，即得赴鎮。案舊唐書：中和三年五月，以檢校尚書右僕射、華州刺史、潼關防禦等使朱温檢校司空、兼汴州刺史，充宣武節度觀察等使，仍賜名全忠。據薛史則全忠授宣武節度在三月，非五月也；由河中行營招討副使遷授，非由潼關防禦等使也；賜名全忠在二年九月，亦非三年五月也。通鑑所敘年月、官爵、名號，皆以薛史爲據。四月，巢軍自藍關南走，帝與諸侯之師俱收長安，乃率部下一旅之衆，仗節東下。七月丁卯，入於梁苑。是時，帝年三十有二。時蔡州刺史秦宗權與黄巢餘孽合從肆虐，共圍陳州，久之，僖宗乃命帝爲東北面都招討使。時汴、宋連年阻饑，公私俱困，帑廩皆虚，外爲大敵所攻，内則驕軍難制，交鋒接戰，日甚一日。人皆危之，惟帝鋭氣益振。是歲十二月，帝領兵於鹿邑，與巢衆相遇，縱兵擊之，斬首二千餘級，乃引兵入亳州，因是兼有譙郡之地。

四年春，帝與許州田從異諸軍同收瓦子寨，案：瓦子寨，原本作「瓦于寨」，考通鑑注，黄巢撤民居以爲寨屋，謂之瓦子寨，則「于」字形近刊訛耳，今改正。（舊五代史考異）殺賊數萬衆。是時，陳州四面，賊寨相望，驅擄編氓，殺以充食，號爲「舂磨寨」。帝分兵翦撲，大小凡四十戰。四月丁巳，收西華寨，賊將黄鄴單騎奔陳。帝乘勝追之，鼓噪而進。會黄巢遁去，遂入陳州，刺史趙犨迎於馬前。俄聞巢黨尚在陳北故陽壘，帝遂逕歸大梁。是時，河東節度使李克用奉僖宗詔，統騎軍數千同謀破賊，與帝合勢於中牟北邀擊之，賊衆大敗於王滿渡，王滿渡，原本作「王蒲」，今據通鑑改正。（影庫本粘籤）多束手來降。時賊將霍存、葛從周、張歸厚、張歸霸皆匍匐於馬前，悉宥而納之，遂逐殘寇，東至於冤句。

五月甲戌，帝與晉軍振旅歸汴，館克用於上源驛。既而備犒宴之禮，克用乘醉任氣，帝不平之。是夜，命甲士圍而攻之。案：自「五月甲戌」至此，又見通鑑考異所引薛史梁紀，與册府元龜所引符合。會大雨雷電，克用因得於電光中踰垣遁去，惟殺其部下數百人而已。

六月，陳人感解圍之惠，爲帝建生祠堂於其郡。是歲，黄巢雖殁，而蔡州秦宗權繼爲巨孽，有衆數萬，攻陷鄰郡，殺掠吏民，屠害之酷，更甚巢賊，帝患之。七月，遂與陳人共攻蔡賊於溵水，殺數千人。九月己未，僖宗就加帝檢校司徒、同平章事，封沛郡侯，食邑千户。

光啓元年春，蔡賊掠亳、潁二郡，帝帥師以救之，遂東至於焦夷，敗賊衆數千，生擒賊將殷鐵林，梟首以狥軍而還。三月，僖宗自蜀還長安，改元光啓。四月戊辰，就加帝檢校太保，增食邑千五百户。十二月，河中、太原之師逼長安，觀軍容使田令孜奉僖宗出幸鳳翔。

二年春，蔡賊益熾。時唐室微弱，諸道州兵不爲王室所用，故宗權得以縱毒，連陷汝、洛、懷、孟、唐、鄧、許、鄭，圜幅數千里，殆絶人煙，惟宋、亳、滑、潁僅能閉壘而已。帝累出兵與之交戰，然或勝或負，人甚危之。

三月庚辰，僖宗降制就封帝爲沛郡王。案舊唐書：光啓元年三月，以汴州刺史朱全忠爲沛郡王，充蔡州西北面行營都統。據薛史則元年惟增食邑，至二年三月乃進封爲王也，與舊唐書異。歐陽史從薛史。是月，僖宗移幸興元。

五月，嗣襄王熅僭即帝位於長安，改元爲建貞。遣使賫僞詔至汴，帝命焚之於庭。未幾，襄王果敗。

七月，蔡人逼許州〔七〕，節度使鹿晏弘使來求救〔八〕，帝遣葛從周等率師赴援。師未至而城陷，晏弘爲蔡賊所害。

十一月，滑州節度使安師儒以怠於軍政，爲部下所殺。案舊唐書云：十月壬子朔，滑州軍亂，逐其帥安師儒，推衙將張驍主留後軍務，師儒奔汴，朱全忠殺之。新唐書云：十月，朱全忠陷滑州，執義成軍節度使安師儒。歐陽史從舊唐書作奔汴，通鑑從新唐書作被擄，據薛史則師儒自爲部下所殺，與新、舊唐書異。又新、舊唐書俱作十月，而薛史作十一月，通鑑仍從薛史。帝聞之，乃遣朱珍、李唐賓襲而取之，由是遂有滑臺之地。案舊唐書云：朝廷以汴帥朱全忠兼領義成軍節度使。據薛史胡真傳云：真以奇兵襲取滑州，乃署爲滑州節度留後。蓋全忠雖嘗兼領義成，而不之鎮，故署其將胡真爲留後〔九〕。十二月，僖宗降制就加帝檢校太傅，改封吴興郡王，食邑三千户。

是歲，鄭州爲蔡賊所陷，刺史李璠單騎來奔，帝宥而納之，以爲行軍司馬。宗權既得鄭，益驕，帝遣裨將邏於金隄驛，與賊相遇，因擊之，賊衆大敗，追至武陽橋〔一〇〕，斬首千餘級。帝每與蔡人戰於四郊，既以少擊衆，常出奇以制之，但患師少，未快其旨。宗權又以己衆十倍於帝，恥於頻敗，乃誓衆堅決以攻夷門。既而獲蔡之諜者，備知其事，遂謀濟師焉。

三年春二月乙巳，承制以朱珍爲淄州刺史，俾募兵於東道，且慮蔡人暴其麥苗，期以夏首回歸。案：自「募兵於東道」至此，亦見通鑑注，與册府元龜同。珍既至淄棣，旬日之内，應募者萬餘人。又潛襲青州，獲馬千匹，鎧甲稱是，乃鼓行而歸。四月辛亥，達於夷門，帝喜曰：「吾事濟矣。」是時，賊將張晊屯於北郊，秦賢屯於板橋〔一一〕，各有衆數萬，樹栅相連二十餘里，其勢甚盛。帝謂諸將曰：「此賊方今息師蓄鋭以俟時，必來攻我。況宗權度我兵少，又未知珍來，謂吾畏懼，止於堅守而已。今出不意，不如先擊之。」乃親引兵攻秦賢寨，將士踴躍爭先，賊果不備，連拔四寨，斬首萬餘級，時賊衆以爲神助。庚午，案通鑑考異云：長曆四月甲辰朔，無庚午，薛史誤。今考舊唐書，光啓三年四月正作甲辰朔，以日數計之，庚午乃四月二十七日也。此非薛史之誤，乃通鑑考異之誤耳。賊將盧瑭領萬餘人於圃田北萬勝戍夾汴水爲營，跨河爲梁，以扼運路。案通鑑注引薛史梁紀曰：盧瑭於圃田北夾汴水爲梁〔一二〕，以扼運路。視册府元龜所引稍有删節。帝擇精鋭以襲之。是日，昏霧四合，兵及賊壘方覺，遂突入掩殺，赴水死者甚衆，盧瑭自投於河。河南諸賊連敗，不敢復駐，皆併在張晊寨。自是蔡寇皆懷震讋，往往軍中自相驚亂。帝旋師休息，大行犒賞，繇是軍士各懷憤激，每遇敵無不奮勇。

五月丙子，出酸棗門，自卯至未，短兵相接，賊衆大敗，追斬二十餘里，僵仆相枕〔一三〕。宗權恥敗，益縱其虐，乃自鄭州親領突將數人，逕入張晊寨。册府元龜卷一百八十七。其日晚，大星隕於賊壘，有聲如雷。永樂大典卷三千一百七十一〔一四〕。辛巳，兖、鄆、滑軍士皆來赴援，乃陳兵於汴水之上，旌旗器甲甚盛。蔡人望之，不敢出寨。翌日，分布諸軍，齊攻賊寨，自寅至申，斬首二萬餘級。會夜收軍，獲牛馬、輜重、生口、器甲不可勝計。是夜宗權、張晊遁去，遲明追之，至陽武橋而還。宗權至鄭州，乃盡焚其廬舍，屠其郡人而去。始蔡人分兵寇陝、洛、孟、懷、許、汝，皆先據之，因是敗也，賊衆恐懼，咸棄之而遁。帝乃慎選將佐，俾完葺壁壘，爲戰守之備，於是遠近流亡復歸者衆矣。是時，揚州節度使高駢爲裨將畢師鐸所害，復有孫儒、楊行密互相攻伐，朝廷不能制，乃就加帝檢校太尉、兼領淮南節度使〔一五〕。案舊唐書：光啓三年十一月〔一六〕，楊行密遣使求援於朱全忠，制授全忠檢校太尉、侍中、兼揚州大都督府長史，充淮南節度觀察等使〔一七〕、行營兵馬都統。歐陽史作十二月，通鑑作閏十一月，據薛史則全忠兼領淮南自在九月以前，與諸書異。又薛史下文作閏十二月，而通鑑作閏十一月〔一八〕，亦有互異。

九月，亳州裨將謝殷逐刺史宋衮，自據其郡，帝親領軍屯於太清宮，遣霍存討平之。案新唐書云：光啓三年六月壬戌，亳州將謝殷逐其刺史宋衮。八月壬寅，謝殷伏誅。通鑑從新唐書，薛史作九月，與新唐書異。帝之禦蔡寇也，鄆州朱瑄、案：歐陽史作朱宣，薛史前後皆作「瑄」，舊唐書、通鑑並同薛史。朱瑄，歐陽史作朱宣。曾三異云：流俗本「宣」傍加「玉」，非也。今考舊唐書及通鑑皆作「瑄」，蓋朱瑾、朱瑄兄弟命名皆從「玉」，今仍從薛史原文，加案聲明。（影庫本粘籤）兗州朱瑾皆領兵來援。及宗權既敗，帝以瑄、瑾宗人也，又有力於己，皆厚禮以歸之。瑄、瑾以帝軍士勇悍，私心愛之，乃密於曹、濮界上懸金帛以誘之，帝軍利其貨而赴者甚衆，帝乃移檄以讓之。朱瑄來詞不遜，案通鑑考異引高若拙後史補曰：梁太祖皇帝到梁園，深有大志，然兵力不足，常欲外掠，又慮四境之難，每有鬱然之狀。時有薦敬秀才於門下，乃白梁祖曰：「明公方欲圖大事，輕重必爲四境所侵〔一九〕，但令麾下將士詐爲叛者而逃，即明公奏於主上及告四鄰，以自襲叛徒爲名。」梁祖曰：「天降奇人，以佐於吾。」初從其議，一出而致衆十倍。今案高若拙所紀，深得敬翔與梁祖陰謀情狀。薛史止據梁實録原辭，未及改正。歐史作移檄兗、鄆，誣其誘汴亡卒以東，亦未詳考。乃命朱珍侵曹伐濮，以懲其姦。未幾，珍拔曹州〔二〇〕，執刺史丘禮以獻，遂移兵圍濮。兗、鄆之釁，自茲而始矣。

十月，僖宗命水部郎中王贊撰紀功碑以賜帝。是月，帝親騎數千〔二一〕，巡師於濮上，因破朱瑄援師於范縣。丁未，攻陷濮州，刺史朱裕單騎奔鄆。尋爲鄆人所敗，踰月乃還。

十二月，僖宗遣使賜帝鐵券，又命翰林承旨劉崇望撰德政碑以賜帝。

閏月甲寅，帝請行軍司馬李璠權知淮南留後〔二二〕，乃遣大將郭言領兵援送以赴揚州。

文德元年正月，帝率師東赴淮海，行次宋州，聞楊行密已拔揚州，遂還。是時，李璠、郭言行至淮上，爲徐戎所扼，不克進而還。案歐陽史云：璠之揚州，行密不納。據通鑑云：李璠至泗州，時溥以兵襲之，郭言力戰得免而還。是李璠未嘗得至揚州也，當以薛史爲實録。帝怒，遂謀伐徐。

二月丙戌，僖宗制以帝爲蔡州四面行營都統，繇是諸鎮之師，皆受帝之節制。案新唐書：正月癸亥，朱全忠爲蔡州四面行營都統。舊唐書作五月，與薛史異。通鑑從新唐書。

三月庚子，昭宗即位。是月，蔡人石璠領萬衆以剽陳、亳，帝遣朱珍率精騎數千擒璠以獻。

四月戊辰，魏博樂彦禎失律，其子從訓出奔相州，使來乞師。帝遣朱珍領大軍濟河，連收黎陽、臨河二邑。既而魏軍推小校羅弘信爲帥。弘信既立，遣使送款於汴，帝優而納之，遂命班師。是月，河南尹張全義襲李罕之於河陽，克之。罕之單騎出奔，因乞師於太原，李克用爲發萬騎以援之。罕之遂收其衆，偕晉軍合勢，急攻河陽。全義危急，遣使求救於汴，帝遣丁會、牛存節、葛從周領兵赴之，大戰於温縣，晉人與罕之俱敗。於是河橋解圍，全義歸於洛陽〔二三〕，因以丁會爲河陽留後。

五月己亥，昭宗制以帝檢校侍中，增食邑三千户。戊辰，詔改帝鄉曰衣錦鄉〔二四〕、里曰沛王里。是月，帝以兼有洛、孟之地，無西顧之患，將大整師徒，畢力誅蔡。會蔡人趙德諲舉漢南之地以歸於朝廷，案新唐書昭宗紀：五月壬寅，趙德諲以襄州降。舊唐書及通鑑皆作五月，與薛史同。歐陽史敍其事於三月以前，疑有舛誤。且遣使送款於帝，仍誓戮力同討宗權。帝表其事，朝廷因以德諲爲蔡州四面副都統，又以河陽、保義、義昌三節度爲帝行軍司馬，兼糧料應接使〔二五〕。册府元龜卷一百八十七。至是，帝領諸侯之師會德諲以伐蔡，敗蔡賊於汝水之上〔二六〕，遂薄其城。五日之内，樹二十八寨以環之，蓋象列宿之數也。永樂大典卷一萬五千一百二十。時帝親臨矢石，一日，飛矢中其左腋，血漬單衣，顧謂左右曰：「勿洩。」永樂大典卷二萬七百十二〔二七〕。

九月，以糧運不繼，遂班師。是時，帝知宗權殘孽不足爲患，遂移兵以伐徐。

十月，先遣朱珍領兵與時溥戰於吴康鎮，徐人大敗，連收豐、蕭二邑，溥攜散騎馳入彭門。帝命分兵以攻宿州，刺史張友攜符印以降。既而徐人閉壁堅守，遂命龐師古屯兵守之而還。是月，蔡賊孫儒攻陷揚州，自稱淮南節度使。

龍紀元年正月，龐師古攻下宿遷縣，進軍於吕梁。時溥領軍二萬，晨壓師古之軍而陣，師古促戰，敗之，斬首二千餘級，溥復入於彭門。

二月，蔡將申叢遣使來告，縛秦宗權於帳下，折其足而囚之矣〔二八〕。案舊唐書：文德元年十二月甲子朔〔二九〕，蔡州牙將申叢執秦宗權。新唐書作十一月辛酉〔三〇〕，與舊唐書月日互異。薛史作龍紀元年二月，蓋即其遣使來告之月而書之也。歐陽史作正月，誤。帝即日承制以叢爲淮西留後。未幾，叢復爲都將郭璠所殺。是月，璠執宗權來獻，帝遣行軍司馬李璠、牙校朱克讓檻進於長安。既至，昭宗御延喜樓受俘，即斬宗權於獨柳樹下。蔡州平。昭宗詔加帝食實封一百户，賜莊宅各一區。三月，又加帝檢校太尉、兼中書令，進封東平王，賞平蔡之功也。案舊唐書：四月壬戌朔，以宣武淮南等節度副大使、知節度事、管內營田觀察處置等使、開府儀同三司、檢校太傅、兼侍中、揚州大都督府長史、汴州刺史、充蔡州四面行營都統、上柱國、沛郡王、食邑四千户朱全忠爲檢校太尉、中書令，進封東平王，仍賜賞軍錢十萬貫。薛史及歐陽史俱作三月，與舊唐書異。

大順元年四月丙辰，宿州小將張筠逐刺史張紹光，擁衆以附時溥。帝率親軍討之，殺千餘人，筠遂堅守。乙卯，時溥出兵碭山縣，帝遣朱友裕以兵襲之，敗徐軍三千餘衆，獲沙陁援軍石君和等三十人〔三〕，斬於宿州城下。

六月辛酉，淮南孫儒遣使修好於帝，帝表其事，請以淮南節度授於儒焉。辛未，昭宗命帝爲宣義軍節度使，充河東東面行營招討使。案舊唐書：五月，以宣武軍節度使朱全忠爲太原東南面招討使。歐陽史從舊唐書作東南面，通鑑作南面，與舊唐書異。考新唐書云：五月，以朱全忠爲南面招討使。六月辛未，朱全忠爲河東東面行營招討使。蓋先爲南面招討使，後改東面也。又六月，全忠兼領宣義軍，新、舊唐書皆不載，通鑑用薛史。時朝廷宰臣張濬將兵討太原故也。

八月甲寅，昭義都將馮霸殺沙陁所署節度使李克恭來降，帝請河陽節度使朱崇節爲潞州留後。戊辰，李克用自率蕃漢步騎數萬以圍潞州，帝遣葛從周率驍勇之士，夜中銜枚犯圍而入於潞。案舊唐書：五月，潞州軍亂，殺其帥李克恭。七月，朱全忠遣大將葛從周率千騎入潞州。薛史統作八月，蓋據入潞之月而追言之也。

九月壬寅，帝至河陽，遣都將李讜引軍趨澤潞，行至馬牢川，爲晉人所敗。帝又遣朱友裕、張全義率精兵至澤州北以爲應援〔三〕。既而崇節、從周棄潞來歸。戊申，帝廷責諸將敗軍之罪，斬李讜、李重胤以狥，遂班師焉。案：自「九月壬寅」至此，又見通鑑考異，與册府元龜同。

十月乙酉，帝自河陽赴滑臺。時奉詔將討太原，先遣使假道於魏，魏人不從。先是，帝遣行人雷鄴告糴於魏，既而爲牙軍所殺。羅弘信懼，故不敢從命，遂通好於太原。

十二月辛丑，帝遣丁會、葛從周率衆渡河取黎陽、臨河，又令龐師古、霍存下淇門、衞縣，帝徐以大軍繼其後。

二年春正月，魏軍屯於内黄。丙辰，帝與之接戰，自内黄至永定橋，魏軍五敗，斬首萬餘級。羅弘信懼，遣使持厚幣請和。帝命止其焚掠而歸其俘，弘信繇是感悦而聽命焉。乃收軍屯於河上。

八月己丑，帝遣丁會急攻宿州，刺史張筠堅守其壁，會乃率衆於州東築堰，壅汴水以浸其城。十月壬午，筠遂降，宿州平。案：舊唐書作十一月，汴軍陷宿州，與薛史異。歐陽史及新唐書、通鑑俱從薛史作十月。

十一月丁未，曹州裨將郭紹賓殺刺史郭饒，舉郡來降。案新唐書：十一月己未，曹州將郭銖殺其刺史郭詞，叛附於全忠。通鑑從新唐書，與薛史異。歐陽史仍從薛史。是月，徐將劉知俊率衆二千來降，自是徐軍不振。

十二月，兗州朱瑾領軍三萬寇單父，帝遣丁會領大軍襲之，敗於金鄉界〔三三〕，殺三萬餘衆，瑾單馬遁去。

景福元年正月，遣丁會於兗州界徙其民數千户於許州。

二月戊寅，帝親征鄆，先遣朱友裕屯軍於斗門。甲申，次衞南，有飛鳥止於峻堞之上，鳴噪甚厲，副使李璠曰：「將有不如意之事。」是夜，鄆州朱瑄率步騎萬人襲朱友裕於斗門，友裕拔軍南去。乙酉，帝晨救斗門，不知友裕之退，前至斗門者皆爲鄆人所殺。帝追襲鄆人至瓠河，不及，遂領兵於村落間〔三四〕。時朱瑄尚在濮州，丁亥，遇朱瑄率兵將歸於鄆，遂來衝擊。帝策馬南馳，爲賊所追甚急，前有浚溝〔三五〕，躍馬而過，張歸厚援矟力戰於其後，乃免。時李璠與都將數人皆爲鄆軍所殺。

五月丙午，遣朱克讓率衆暴兗、鄆之麥。

十一月，遣朱友裕率兵攻濮州，下之，擒刺史邵儒以獻，濮州平。遂命移軍伐徐州。册府元龜卷一百八十七。

二年四月丁亥〔三六〕，師古下彭門，梟溥首以獻。通鑑考異引薛史梁紀。案：册府元龜引薛史，於景福二年事多所删節。考是年春有石佛山之戰，今不載。通鑑注引薛史云：「石佛山在彭門南。」疑即此處闕文也。

八月，帝遣龐師古移兵攻兖，駐於曲阜，與朱瑾屢戰，皆敗之。

十二月，師古遣先鋒葛從周引軍以攻齊州，刺史朱威告急於兖、鄆。既而朱瑄以援兵至，遂固其壘。册府元龜卷一百八十七。

乾寧元年二月，帝親領大軍由鄆州東路北次於魚山。歐陽史作漁山，考通鑑亦作魚山，今仍其舊。（舊五代史考異）朱瑄覘知，即以兵逕至，且圖速戰。帝整軍出寨，時瑄、瑾已陣於前。須臾，東南風大起，我軍旌旗失次，甚有懼色，帝即令騎士揚鞭呼嘯〔三七〕。俄而西北風驟發，時兩軍皆在草莽中，帝因令縱火。既而煙焰亘天，乘勢以攻賊陣，瑄、瑾大敗，永樂大典卷一萬五千一百二十。殺萬餘人，餘衆擁入清河，因築京觀於魚山之下，駐軍數日而還。

二年正月癸亥，遣朱友恭帥師復伐兖，遂塹而圍之。未幾，朱瑄自鄆率步騎援糧欲入於兖，友恭設伏以敗之，盡奪其餉於高吴，案：通鑑作高梧，考薛史前後俱作高吴，今仍其舊。（舊五代史考異）因擒蕃將安福順、安福慶。

二月己酉，帝領親軍屯於單父，以爲友恭之援。

四月，濠、壽二州復爲楊行密所陷。是時，太原遣將史儼兒、李承嗣以萬騎馳入於鄆。案通鑑：乾寧二年四月，河東遣其將史儼、李承嗣以萬人馳入於鄆。此據薛史梁紀原文，惟史儼兒作史儼爲微異耳。下又云：七月，克用遣史儼將三千騎詣石門侍衛。十二月，李克用遣大將史儼、李承嗣假道於魏以救之。前後複互，且其時汴、鄆日有戰爭，道路阻隔，史儼既於四月入鄆，不應七月已在石門，十二月又過魏也。考舊唐書云：初，兗、鄆求援於太原，克用令蕃將史完府、何懷寶等千騎赴之。不言其赴鄆爲何時。據此篇下云：八月，獲蕃將史完府。十一月〔三八〕，擒何懷寶。然則四月馳入於鄆者，當是史完府、何懷寶，非史儼、李承嗣也。參考薛史唐武皇紀及李承嗣傳，承嗣等入鄆定在二年之冬，梁紀似有舛誤。通鑑並采梁、唐帝紀，亦未能考定畫一。朱友恭遂歸於汴。

八月，帝領親軍伐鄆，至大仇，遣前軍挑戰，設伏於梁山以待之。既而獲蕃將史完府，奪馬數百匹。朱瑄脱身遁去，復入於鄆。案通鑑：九月辛未，朱全忠自將擊朱瑄，戰於梁山，瑄敗走還鄆。與薛史異。歐陽史仍從薛史作八月。

十月，帝駐軍於鄆，齊州刺史朱瓊遣使請降，瓊即瑾之從父兄也。案新唐書昭宗紀：十一月壬申，齊州刺史朱瓊叛降於朱全忠。據薛史則朱瓊自請降至見殺皆在十月，與新唐書異。通鑑從新唐書。帝因移軍至兗，瓊果來降。未幾，瓊爲朱瑾所紿，掠而殺之，帝即以其弟玭爲齊州防禦使。

十一月，朱瑄復遣將賀瓌、柳存及蕃將何懷寶等萬餘人以襲曹州，案：通鑑作薛懷寶，考舊唐書亦作何懷寶，今仍之。（舊五代史考異）庶解兗州之圍也。帝知之，自兗領軍策馬先路至鉅野南，追而敗之，殺戮將盡，生擒賀瓌、柳存、何懷寶及賊黨三千餘人。是日申時，狂風暴起，沙塵沸湧，帝曰：「此乃殺人未足耳。」遂下令盡殺所獲囚俘，風亦止焉。翼日，縶賀瓌等以示於兗，帝素知瓌名，乃釋之，惟斬何懷寶於兗城之下，乃班師。

十二月，葛從周領兵復伐兗。案通鑑云：朱全忠之去兗州也，留葛從周將兵守之，與薛史梁紀異。又薛史葛從周傳作十月事。既至，與朱瑾戰於壘下，殺千餘衆，擒其將孫漢筠已下二十人，遂旋師。

三年正月，河東李克用既破邠州，欲謀爭霸，乃遣蕃將張污落以萬騎寨於河北之莘縣，聲言欲救兗、鄆。魏博節度使羅弘信患之，使來求援。册府元龜卷一百八十七。

二月〔三九〕，帝領親軍屯於單父，會寒食，帝乃親拜文穆皇帝陵於碭山縣午溝里。册府元龜卷一百八十九。

四月辛酉，河東泛漲〔四〇〕，將壞滑城，帝令決隄岸以分其勢爲二河，夾滑城而東，爲害滋甚。是月，帝遣許州刺史朱友恭領兵萬人渡淮，以便宜從事。時洪、鄂二州累遣使求援，故有是行。

五月，命葛從周統軍屯於洹水，以備蕃軍。

六月，李克用帥蕃漢諸軍營於斥丘，遣其男落落將鐵林小兒三千騎薄於洹水。從周與戰，大敗之，生擒落落以獻。克用悲駭，請修舊好以贖其子，帝不許，遂執落落送於羅弘信，斬之。越七日，我軍還屯陽留以伐鄆。

八月，復壁於洹水。是時，昭宗幸華州，遣使就加帝檢校太師、守中書令。

四年正月，帝以洹水之師大舉伐鄆。辛卯，營於濟水之次，案胡三省云：漢以後無濟水，此濟水蓋即鄆城清河水也。（舊五代史考異）龐師古令諸將撤木爲橋。乙未夜，師古以中軍先濟，聲振於鄆，朱瑄聞之，棄壁夜走。葛從周逐之至中都北，擒瑄并其妻男以獻，案：自「辛卯營於濟水之次」至此，又見通鑑考異，惟中少數字，蓋引書間有刪節也。尋斬汴橋下。鄆州平。己亥[四二]，帝入於鄆，以朱友裕爲鄆州兵馬留後。案通鑑：正月，以龐師古爲天平軍留後。三月，表朱友裕爲天平軍留後。據薛史郴王友裕傳，四年，帝下東平，即爲天平留後。與通鑑異。時帝聞朱瑾與史儼兒在豐沛間搜索糧饋，豐沛，原本作「澧沛」，今據文改正。（影庫本粘籤）惟留康懷英以守兖州，帝因乘勝遣葛從周以大軍襲兖。懷英聞鄆失守，俄又我軍大至，乃出降。朱瑾、史儼兒遂奔淮南。兖、海、沂、密等州平。案新唐書昭宗紀：四年正月丙申，朱全忠陷鄆州，天平軍節度朱宣死之。二月，朱全忠寇兖州，泰寧軍節度使朱瑾奔於淮南。舊唐書：正月癸未，汴將龐師古陷鄆州。二月戊申，汴將葛從周陷兖州。與薛史月日前後不同，詳見通鑑考異。乃以葛從周爲兖州留後。册府元龜卷一百八十七。

五月丁丑，朱友恭遣使上言，大破淮寇於武昌，收復黄、鄂二州。通鑑考異引薛史梁紀。

八月，陝州節度使王珙遣使來乞師。是時，珙弟珂實爲蒲帥，案：珂，原本訛作「琦」，今據新唐書王重榮傳改正。（舊五代史考異）迭相憤怒，日尋干戈，而珙兵寡，故來求援。帝遣張存敬、楊師厚等領兵赴陝，既而與蒲人戰於猗氏，大敗之。

九月，帝以兖、鄆既平，將士雄勇，遂大舉南征。案舊唐書昭宗紀，師古渡淮在十月，而清口之敗在十一月，薛史繫於九月，蓋舉南征之議實始於九月，其後遂終言之耳。歐陽史改作九月，攻淮南。則清口之役，乃因雨雪而敗，有九國志可據，斷非九月事也。命龐師古以徐、宿、宋、滑之師直趨清口，葛從周以兖、鄆、曹、濮之衆徑赴安豐。淮人遣朱瑾領兵以拒師古，因決水以浸軍，遂爲淮人所敗，師古殁焉。葛從周行及濠梁，聞師古之敗，亦命班師。册府元龜卷一百八十七。

## 校勘記

〔一〕既而鄰人以誕孩告　「而」，原作「入」，據册府卷一八二、卷二〇三、通曆卷一二改。

〔二〕昆仲三人　句上册府卷二〇三有「帝」字。

〔三〕糾合諸侯　「合」，原作「兵」，據册府卷一八七改。

〔四〕爲僞軍使孟楷所蔽　「軍使」，原作「左軍使」，據册府卷一八七改。

〔五〕王鐸承制拜温左金吾衛大將軍　「左」字原闕，據新五代史卷一梁本紀補。

〔六〕委之關東國無患矣　原作「遷之關無患矣」，據鑑誡録卷二改。殿本考證作「遷之關東國無患矣」。

〔七〕許州　原作「司州」，據册府（宋本）卷一八七、舊唐書卷一九下僖宗紀、新唐書卷九僖宗紀、通鑑卷二五六改。按通鑑卷二五六胡注：「中和四年，晏弘據許州，至是敗亡。」

〔八〕鹿晏弘　原作「鹿宴弘」，據本書卷一三六王建傳、册府（宋本）卷一八七、新五代史卷四〇韓建傳、舊唐書卷一九下僖宗紀、新唐書卷九僖宗紀、通鑑卷二五四改。本卷下一處同。

〔九〕蓋全忠雖嘗兼領義成而不之鎮故署其將胡真爲留後　孔本作「是全忠未嘗兼領義成軍也。歐陽史亦作以胡真爲留後」。

〔一〇〕武陽橋　册府卷一八七同，册府卷一八七下文及本卷下文作「陽武橋」。按通鑑卷二五七胡注：「陽武橋在鄭州陽武縣，縣在汴州西北九十里。」

〔一一〕秦賢屯於板橋　「板橋」，原作「版橋」，據通鑑卷二五七、新五代史卷一梁本紀、新唐書卷二二五下秦宗權傳、武經總要後集卷一一改。按通鑑胡注：「據舊史，板橋在汴州城西。」

〔二〕盧塘於圃田北夾汴水爲梁　「水」字原闕，據通鑑卷二五七胡注引薛史梁紀補。

〔三〕僵仆相枕　「相」，原作「就」，據彭校、册府卷一八七改。

〔四〕永樂大典卷三千二百七十一　檢永樂大典目録，卷三二七一爲「軍」字韻「事韻一」，與本則內容不符，恐有誤記。疑出自卷三二二二「隕」字韻。

〔五〕兼領淮南節度使　通鑑卷二五七考異引薛居正五代史梁太祖紀繫其事於八月。

〔六〕光啓三年十一月　「光啓」，原作「光化」，據殿本考證、舊唐書卷一九下僖宗紀改。按光啓爲唐僖宗年號，光化爲唐昭宗年號。

〔七〕充淮南節度觀察等使　「等」字原闕，據舊唐書卷一九下僖宗紀補。

〔八〕而通鑑作閏十一月　「閏十一月」，原作「閏十二月」，據劉本、孔本、彭本、殿本考證、舊五代史考異卷一、通鑑卷二五七考異改。按通鑑本文作十二月。

〔九〕輕重必爲四境所侵　「輕」，原作「輜」，據孔本、通鑑卷二五七考異引高若拙後史補改。

〔一〇〕珍拔曹州　「拔」，原作「伐」，據册府（宋本）卷一八七改。

〔一一〕帝親騎數千　殿本、劉本作「帝親帥騎數千」。影庫本粘籤：「帝親騎數千，以文義求之，『親』字上疑脱『帥』字，今無别本可校，姑仍其舊，附識於此。」

〔一二〕帝請行軍司馬李璠權知淮南留後　「行軍司馬」，原作「行營司馬」，據本書卷一三四楊行密傳、册府卷一八七、新五代史卷一梁本紀、通鑑卷二五七及本卷下文改。

〔二三〕全義歸於洛陽　「洛陽」，原作「河陽」，據册府（宋本）卷一八七改。按本卷上文記全義爲河南尹，本書卷六三張全義傳敍其事作「梁祖以丁會守河陽，全義復爲河南尹」。

〔二四〕詔改帝鄉曰衣錦鄉　原作「詔改帝鄉錦衣」，據册府卷一八七改。

〔二五〕兼糧料應接使　「使」字原闕，據彭校、册府卷一八七補。

〔二六〕敗蔡賊於汝水之上　「敗蔡」二字原闕，據册府卷一八七補。

〔二七〕永樂大典卷二萬七百十二　檢永樂大典目録，卷二〇七一二爲「易」字韻「易書一百五十六」，與本則内容不符，恐有誤記。疑出自卷二〇五五三「腋」字韻。

〔二八〕折其足而囚之矣　通鑑卷二五八考異引薛居正五代史：「初，申叢縛宗權，折足而囚之，雖納款於太祖，欲自獻於長安以邀旄鉞。及姦謀不就，乃欲復奉宗權以接取其柄，爲其將郭璠所殺，繫宗權送于太祖，即以璠爲留後。太祖遣都統判官韋震奏事，且疏時溥之罪，願委討伐，仍請降滄、兗二帥之命。」按此則係舊五代史佚文，清人失輯，姑附於此。

〔二九〕文德元年十二月甲子朔　「十二月」，原作「十一月」，據殿本考證、舊唐書卷二〇上昭宗紀改。

〔三〇〕新唐書作十一月辛酉　「十一月」，原作「十二月」，據殿本考證、新唐書卷一〇昭宗紀改。

〔三一〕獲沙陁援軍石君和等三十人　「三十」，册府卷一八七同，本書卷二一霍存傳、新五代史卷二一霍存傳、册府卷三四六作「五十」。

〔三一〕澤州　原作「渾州」，據册府（宋本）卷一八七、通鑑卷二五八考異引薛史改。

〔三二〕帝遣丁會領大軍襲之敗於金鄉界　「襲之敗於金鄉界」，册府卷一八七同，殿本作「襲敗之於金鄉界」。

〔三四〕遂領兵於村落間　「領」，册府卷一八七同，殿本作「頓」。舊五代史考異卷一：「案『領』字考文義應是『頓』字之譌，今改。」

〔三五〕前有浚溝　「有」，原作「後」，據彭校、册府卷一八七改。

〔三六〕二年四月丁亥　「丁亥」，原作「丁丑」，據通鑑卷二五九考異引薛史改。按是月己巳朔，丁丑爲初九，丁亥爲十九日。通鑑卷二五九：「戊子，龐師古拔彭城，時溥舉族登燕子樓自焚死。」戊子爲四月二十日，則此當作丁亥。

〔三七〕帝即令騎士揚鞭呼嘯　「帝」字原闕，據册府卷一八七補。

〔三八〕十一月　原作「十月」，據殿本考證及本卷下文改。

〔三九〕二月　册府卷一八九繫其事於乾寧二年二月，本書誤繫於三年。

〔四〇〕河東泛漲　册府卷一八七同，劉本作「河東水泛漲」，邵本校作「河水泛漲」，通鑑卷二六〇作「河漲」。

〔四一〕己亥　原作「乙亥」，據册府（宋本）卷一八七改。按通鑑卷二六一繫朱温入鄆事於己亥。是月丁丑朔，無乙亥，己亥爲二十三日。

# 舊五代史卷二

梁書二

## 太祖紀第二

光化元年正月，帝遣葛從周統諸將略地於山東，遂次于邢洺。

三月，昭宗以帝兼領天平軍節度使，餘如故。案舊唐書：光化元年正月，朱全忠遣判官韋震奏事，求兼領鄆州。薛史作三月事，蓋奏事在正月，制下在三月也。歐陽史及通鑑俱從薛史。

四月，滄州節度使盧廷彥爲燕軍所攻〔一〕，棄城奔於魏，魏人送於汴。是月，帝以大軍至鉅鹿，屯於城下，敗晉軍萬餘衆於青山口，俘馬千餘匹。丁卯，遣從周分兵攻洺州，斬刺史邢善益，擒將五十餘人。

五月己巳，邢州刺史馬師素棄城遁去。辛未，磁州刺史袁奉滔自剄而死。磁州，原本作「惠州」，今從新唐書及通鑑改正。（影庫本粘籤）五日之內，連下三州。案通鑑，朱全忠陷洺州在四月，陷邢州、磁州在五月，俱以薛史爲據。新、舊唐書總繫於五月，歐陽史總繫於四月，皆非實録。因以葛從周兼邢州昭義軍節度使留後，帝遂班師。是時，襄州節度使趙匡凝案：趙匡凝，原本避宋諱作趙凝，今從新、舊唐書及歐陽史增「匡」字，後倣此。聞帝軍有清口之敗，密附於淮夷。

七月，帝遣氏叔琮率師伐之。未幾，其泌州刺史趙璠越墉來降，隨州刺史趙璘臨陣就擒〔二〕。案新唐書：七月丙申，朱全忠陷唐州，又陷隨州，執刺史趙匡璘。八月戊午，陷鄧州，執刺史國湘。通鑑從新唐書，與薛史詳略不同。舊唐書俱作七月。歐陽史以唐州爲泌州，尚仍薛史之舊。

二年正月，淮南楊行密舉全吴之衆，精甲五萬，以伐徐州，帝領大軍禦之。行密聞帝親征，乃收軍而退。時幽州節度使劉仁恭大舉蕃漢兵號十萬以伐魏，遂攻陷貝州，州民萬餘户，無少長悉屠之。進攻魏州，魏人來乞師，帝遣朱友倫、張存敬、李思安等先屯於内黄，案：舊唐書及通鑑俱以屯内黄爲三月事，與薛史異。帝遂親征。

三月，與燕軍戰於内黄北，燕軍大敗，殺二萬餘衆，奪馬二千餘匹，擒都將單無敵已下七十餘人。案通鑑：單可及，幽州驍將，號「單無敵」。舊唐書作生擒單可及，薛史梁紀作單無敵，蓋仍當時軍檄之文也。是月，葛從周自山東領其部衆，馳以救魏。翼日乘勝，諸將張存敬以下連破八寨，遂逐燕軍，北至於臨清，擁其殘寇於御河，溺死者甚衆。仁恭奔於滄州。

六月，帝表丁會爲潞州節度使，以李罕之疾亟故也。又遣葛從周由固鎮路入於潞州，以援丁會。案：自「六月帝表丁會」至此，又見通鑑考異。

七月壬辰朔，海州陳漢賓擁所部三千奔於淮南。戊戌，晉人陷澤州。帝遣召葛從周於潞，留賀德倫以守之。未幾，德倫爲晉人所逼，遂棄潞而歸，繇是潞州復爲晉人所有。案新唐書：八月，李克用陷澤、潞、懷三州。與薛史異。通鑑從新唐書作八月，歐陽史從薛史作七月。

十一月，陝州都將朱簡殺留後李璠，自稱留後，送款於帝。

三年四月，遣葛從周以兗、鄆、滑、魏之師伐滄州。

五月庚寅，攻德州，拔之，梟刺史傅公和於城上。己亥，進攻浮陽。

六月，燕帥劉仁恭大舉來援，從周與諸將逆戰於乾寧軍老鵶隄，大破之，殺萬餘衆，俘其將佐馬慎交已下百餘人。既而以連雨，遂班師。

八月，河東遣李進通襲陷洺州，執刺史朱紹宗。帝遣葛從周自鄴縣渡漳水，屯于黃龍鎮，親領中軍涉洺而寨。晉人懼而宵遁，洺州復平。案：收復洺州，通鑑作九月，舊唐書及歐陽史俱作八月。

九月，帝以仁恭、進通之入寇也，皆繇鎮、定爲其囊橐，即以葛從周爲上將以伐鎮州。遂攻下臨城，渡滹沱以環其城。帝領親軍繼至，鎮帥王鎔懼，納質請盟，仍獻文繒二十萬以犒戎士，帝許之。

十月，晉人以帝宿兵於趙，遂南下太行，急攻河陽，留後侯言與都將閻寶力戰固守，僅而獲全。

十一月，以張存敬爲上將，自甘陵發軍，北侵幽薊，連拔瀛、莫二郡，案新唐書昭宗紀：九月甲寅，朱全忠陷瀛州。十月丙寅，陷景州。辛酉，陷莫州。辛巳，陷祁州。通鑑與新唐書同，舊唐書俱作九月事，薛史又俱作十一月事，前後互異。遂移軍以攻中山。定帥王郜以精甲二萬戰於懷德亭，盡殪之。郜懼，奔於太原。遲明，大軍集於城下，郜季父處直持印鑰乞降，亦以繒帛三十萬爲獻〔三〕，帝即以處直代郜領其鎮焉。是月，燕人劉守光赴援中山，寨於易水之上，繼爲康懷英、張存敬等所敗，斬獲甚衆。繇是河朔知懼，皆弭伏焉。

是歲，唐左軍中尉劉季述幽昭宗於東內〔四〕，立皇子德王裕爲帝，仍遣其養子希度來言，願以唐之神器輸於帝。帝時方在河朔，聞之，遽還於汴，大計未決。案：通鑑考異引唐補紀，謂全忠初與季述通謀，後乃改計。今考新、舊唐書皆不載此事，薛史亦不取。會李振自長安使迴，因言於帝曰：「夫豎刁、伊戾之亂，所以資霸者之事也。今閹豎幽辱天子，王不能討，無以令諸侯。」帝悟，因請振復使於長安，與時宰潛謀反正。案：自「季述幽昭宗」至此，亦見通鑑考異，惟字句稍有删節。

天復元年正月乙酉朔，案：天復元年正月，當從舊唐書作甲申朔。考光化三年十二月爲乙卯朔，天復元年二月爲甲寅朔。舊唐書作癸未夜，孫德昭等以兵攻劉季述、王仲先。通鑑作德昭等謀以除夜伏兵俟之。以癸未爲除夜，則正朔斷爲甲申也。通鑑從薛史作乙酉朔，疑誤。唐辛相崔胤潛使人以帝密旨告於侍衞軍將孫德昭已下，令誅左右中尉劉季述、王仲先等，即時迎昭宗於東內，御樓反正。癸巳，降制進封帝爲梁王，酬反正之功也。案舊唐書：二月，制以全忠檢校太師、守中書令，進封梁王。新唐書：二月辛未，封全忠爲梁王。與薛史月日先後不同，詳見通鑑考異。昭宗之廢也，汴之邸吏程巖牽昭宗衣下殿。帝聞之，召巖至汴，折其足，送於長安，杖殺之。是時，河中節度使王珂結援於太原，帝怒，遣大將張存敬率將涉河，繇含山路鼓行而進。戊申，攻下絳州。壬子，晉州刺史張漢瑜舉郡來降，帝即以大將侯言權領晉州、何絪權領絳州。晉、絳平。

二月己未〔五〕，大軍至河中，存敬命繚其垣而攻之。壬戌，蒲人颺素幡以請降。庚午，帝至河中，以張存敬權領河中軍府事。河中平，帝乃東還。是月，李克用遣牙將張特來聘，請尋舊好，帝亦遣使報命。

三月癸未朔，帝歸自河中。是月，遣大將賀德倫、氏叔琮領大軍以伐太原，氏叔琮，原本作「氏叔琮」，今據列傳改正。（影庫本粘籤）叔琮等自太行路入，魏博都將張文恭自磁州新口入，葛從周以兗、鄆之衆自土門路入，洺州刺史張歸厚以本軍自馬嶺入，定州刺史王處直以本軍自飛狐入，案：原本闕「王處直」三字，今據通鑑增入。晉州侯言自陰地入。澤州刺史李存璋棄郡奔歸太原。叔琮引軍逼潞州，節度使孟遷乞降。河東屯將李審建、王周領步軍一萬、騎二千詣叔琮歸命，乃進軍趨太原。

四月乙卯，大軍出石會關，營於洞渦驛。都將白奉國自井陘入，收承天軍。張歸厚引兵至遼州，刺史張鄂迎降。氏叔琮即日與諸軍至晉陽城下〔六〕，城中雖時出精騎來戰，然危蹙已甚，將謀遁矣。會叔琮以芻糧不給，遂班師。案舊唐書：四月癸丑朔，汴軍大舉攻太原。據薛史，則汴人伐太原自在三月也。新唐書云：三月辛亥，昭義軍節度使孟遷叛附於朱全忠。四月壬子，全忠陷沁、澤二州。丁巳，儀州刺史張鄂叛附於全忠。大略與薛史同，惟旋師之期，薛史梁紀作四月，唐紀作五月，微有互異。歐陽史作三月旋師，誤。

五月癸卯，昭宗以帝兼領護國軍節度使、河中尹。

六月庚申，帝發自大梁。册府元龜卷一百八十七。丁卯，視事於河中，以素服出郊，拜故節度使王重榮墓。尋辟其子瓚爲節度判官，請故相張濬爲重榮撰碑。帝自中和初歸唐，首依重榮，至是思其舊德，故恩禮若是。永樂大典卷二千七百九十五。

七月甲寅，帝東還梁邸。

十月戊戌，奉密詔赴長安。是時，朝廷既誅劉季述，以韓全誨、張弘彦爲兩軍中尉，袁易簡、周敬容爲樞密使。是時，軍國大政專委宰相崔胤，每事裁抑宦官，宦官側目。胤一日於便殿奏〔七〕，欲盡去之，全誨等屬垣聞之，嘗於昭宗前祈哀自訴。自是昭宗敕胤，每有密奏，令進囊封。全誨等乃訪京城美婦人十數以進，使求宮中陰事，昭宗不悟，胤謀漸泄。中官視胤皆裂，以重賂甘言誘藩臣以爲城社，時因讌聚，則相向流涕。時胤掌三司貨泉〔八〕，全誨等教禁兵伺胤出，聚而呼譟，訴以冬衣減損，又於昭宗前訴之，昭宗不得已，罷胤知政事。案舊唐書：十一月壬子，出幸鳳翔。甲戌，崔胤責授朝散大夫、守工部尚書。新唐書亦作十一月甲戌，崔胤罷。是未幸鳳翔以前，崔胤未罷知政事也，與薛史異。胤怒，急召帝，請以兵入輔，故有是行。戊申，行次河中。同州留後司馬鄴，華之幕吏也，舉郡來降。

辛亥〔九〕，駐軍於渭濱，華帥韓建遣使奉牋納款，華帥，原本作「華師」，今據文改正。（影庫本粘籤）又以銀三萬兩助軍。是日，行次零口。癸丑，聞長安亂，昭宗爲閹官韓全誨等劫遷，西幸鳳翔，蓋避帝之兵鋒也。翼日，遂命旋師，夕次于赤水。乙卯，大軍集于華州城下，韓建惶駭失措，即以城降。丙辰，帝表建權知忠武軍事，促令赴任。案：自「丙辰」至「促令赴任」，又見通鑑考異，與册府元龜同。同、華二州平。是時，唐太子太師盧知猷等二百六十三人列狀請帝速謀迎奉〔一〇〕。己未，遂帥諸軍發自赤水。壬戌，次于咸陽。偵者云：「天子昨暮至岐山，且日宋文通扈蹕入其闉矣。」是時，岐人遣大將符道昭領兵萬人屯於武功以拒帝，帝遣康懷英敗之，擒甲士六千餘衆。乙丑，次于岐山，文通遣使奉書自陳其失，文通，原本作「文帝」，今據文改正。（影庫本粘籤）請帝入覲。丙辰[一一]，及岐闉，文通渝約，閉壁不獲通，復次于岐山。是時，昭宗累遣使齎朱書御札賜帝，遣帝收軍還本道，帝診之曰：「此必文通、全誨之謀也。」皆不奉詔。癸酉，飛章奉辭，且移軍北伐。乙亥，至邠州，節度使李繼徽舉城降。繼徽因請去文通所賜李姓，復本宗楊氏，又請納其孥以爲質[一二]，帝皆從之，仍易其名曰崇本。邠州平。

己丑[一三]，唐丞相崔胤、京兆尹鄭元規至自華州[一四]，以速迎奉爲請，許之。案舊唐書：十二月己卯，崔胤至三原砦，與全忠謀攻鳳翔。通鑑作癸未，至三原。薛史又作己丑，與舊唐書異。

二年正月，帝復次于武功，岐人堅壁不下，乃迴軍於河中。

二月，聞晉軍大舉南下，聲言來援鳳翔，帝遣朱友寧帥師會晉州刺史氏叔琮以禦之，帝以大軍繼其後。

三月，友寧、叔琮與晉軍戰於晉州之北，大敗之，生擒克用男廷鸞以獻[一五]。帝喜，謂左右曰：「此岐人之所恃也，今既如此，岐之變不久矣。」

四月，岐人遣符道昭領大軍屯於虢縣，康懷英帥驍騎敗之。康懷英，原本脫「英」字，今據文增入。（影庫本粘籤）丁酉，唐丞相崔胤自華來謁帝，屢述艱運危急，事不可緩，又慮羣閹擁昭宗幸蜀，且告帝，帝爲動容。胤將辭，啓宴於府署，帝舉酒，胤情激於衷[一六]，因自持樂板，聲曲以侑酒。帝甚悦，座中以良馬珍玩答之〔一七〕，既行，命諸將繕戎具。

五月丁巳，帝復西征。

六月丁丑，次于虢縣。癸未，與岐軍大戰，自辰至午，殺萬餘衆，擒其將校數百人，乘勝遂逼其壘。案舊唐書：五月，岐軍出戰，大敗於武功南之漠谷。新唐書：五月丙申，李茂貞及朱全忠戰於武功，敗績。與薛史異。

七月丙午，岐軍復出求戰，帝軍不利。是月，遣孔勍帥師取鳳、隴、成三州，皆下之。是時，岐人相率結寨於諸山，以避帝軍，帝分兵以討之〔一八〕，浹旬之內，并平之。册府元龜卷一百八十七。

九月甲辰〔一九〕，帝以岐軍諸寨連結稍盛，因親統千騎登高診之。時秋空澄霽，煙靄四絶，忽有紫雲如繖蓋，凝於龍旌之上，久之方散，觀者咸訝之。永樂大典卷三千一二百八。是時，帝以岐人堅壁不戰，且慮師老，思欲旋旆以歸河中，因密召上將數人語其事。時親從指揮使高季昌獨前出抗言曰：「天下雄傑，窺此舉者一歲矣，今岐人已困，願少俟之。」帝嘉其言，因曰：「兵法貴以正理，以奇勝，奇者詐也〔二〇〕，乘機集事，必由是乎。」乃命季昌密募人入岐以紿之。尋有騎士馬景堅願應命，且曰：「是行也，必無生理，願録其孥。」願録其孥，原本作「願戮其孥」，今參考通鑑及北夢瑣言，據文改正。（影庫本粘籤）帝悽然止其行，景固請，乃許之。明日軍出，案北夢瑣言：時因朱友倫總騎軍且至，將大出兵迓之。諸寨屏匿如無人，景因躍馬西走，直叩岐闉，詐以軍怨東遁爲告，且言列寨尚留萬餘人，俟夕將遁矣，宜速掩之。李茂貞信其言，考李茂貞即宋文通，薛史前後分見，似未畫一。據通鑑亦以李茂貞、宋文通前後互載，蓋仍當日軍書赴告之文也。今仍其舊，附識於此。（影庫本粘籤）遽啓二扉，悉衆來寇。時諸軍以介馬待之，中軍一鼓，百營俱進，又分遣數騎以據其闉〔二一〕。岐人進不能駐其趾，退不能入其壘，殺戮蹂踐，不知其數。茂貞繇是喪膽，但閉壁而已。

十一月癸卯朔〔二二〕，鄜帥李周彝統兵萬餘人屯于岐之北原，與城中舉烽以相應。翼日，帝以周彝既離本部，鄜時必無守備，因命孔勍乘虛襲下之。甲寅，鄜州平。周彝聞之，收軍而遁。案舊唐書：十二月癸酉，汴將孔勍乘虛襲下鄜州，獲周彝妻子，周彝即以兵士來降。新唐書：十二月己亥，朱全忠陷鄜州，保大軍節度李茂勳叛附於全忠。考茂勳即周彝也。薛史統作十一月事，與新、舊唐書異。茂貞既失鄜州之援，愕然有瓦解之懼，繇是議還警蹕，誅閹寺以自贖焉。册府元龜卷一百八十七。

三年正月甲寅，岐人啓壁，唐昭宗降使宣問慰勞，兼傳密旨。尋又命翰林學士韓偓〔二三〕、趙國夫人寵顏趙國夫人寵顏，原本作「龍顏」，考舊唐書作寵顏，舊唐書又有內夫人可證，蓋寵顏、可證皆其名也，今改正。（影庫本粘籤）齎詔押賜帝紫金酒器、御衣玉帶。永樂大典卷一萬四千四百七。丙辰，華州留後李存遣飛騎來告〔二四〕，青州節度使王師範遣牙將張厚輂甲胄弓槊，詐言來獻，欲盜據州城，事覺，已擒之矣。是日，師範又遣其將劉鄩盜據兖州。案：劉鄩陷兖州，新、舊唐書俱作丙午，薛史作丙辰，與唐書異。丁巳，昭宗遣中使押送軍容使韓全誨已下二十餘人首級以示帝〔二五〕。甲子，昭宗發離鳳翔，幸左劍寨，權駐蹕帝營。帝素服待罪，昭宗命學士傳宣免之，帝即入見稱罪，拜伏者數四。冊府元龜卷一百八十七。既而促召升殿，密邇御座，且曰：「宗廟社稷是卿再造，朕與戚屬是卿再生。」因解所御玉帶面以賜帝，帝亦以玉鞍勒馬、金銀器、紋錦、御饌酒菓等躬自拜進焉。永樂大典卷一萬五千一十六。及翠華東行，帝匹馬前導十餘里。宣令止之。己巳，昭宗至長安，謁太廟，御長樂樓。禮畢，謂帝曰：「朕生入舊京，是卿之力也。自古救君之危，曾無有如是者。況今日再及清廟，得親奉觴酒，奠於先皇帝室前，卿之德，朕知不能報矣。」即召帝執手，聲淚俱發者久之。翼日，誅宦官第五可範等五百餘人於內侍省。

二月庚辰〔二六〕，制以帝爲守太尉、兼中書令、宣武宣義天平護國等軍節度使、諸道兵馬副元帥，加食邑三千户、實封四百户，仍賜回天再造竭忠守正功臣。戊戌，帝建旆東還，昭宗御延喜樓送之，案：喜，原本訛「熹」，今據通鑑改正。（舊五代史考異）既辭〔二七〕，遣內臣賜帝御製楊柳詞五首。

三月戊午，至大梁。時以青州未平，命軍士休澣，以俟東征。

四月丙子，巡師於臨朐，亟命逼其城，與青州兵戰於城下，大敗之。是夕，淮將王景仁以所部援軍宵遁，帝遣楊師厚追及輔唐，殺千人，乘勝攻下密州。

八月戊辰，以伐叛之柄委於楊師厚，帝乃東還。

九月癸卯，師厚率大軍與王師範戰于臨朐，青軍大敗，殺萬餘人，并擒師範弟師克，卯時徙寨以逼其城。辛亥，偏將劉重霸擒棣州刺史邵播來獻。播，師範之謀主也，帝命斃之。戊午，師範舉城請降。案：王師範之降，舊唐書作十一月丁酉朔，新唐書從薛史作九月戊午[二八]。青州平。翼日，分命將校略地於登、萊、淄、棣等州，皆下之，繇是東漸至海，皆爲梁土也。帝復命師範權知青州軍州事，師範乃請以錢二十萬貫犒軍，帝許之。

十月辛巳，護駕都指揮使朱友倫因擊鞠墮馬，卒於長安。訃至，帝大怒，以爲唐室大臣欲謀叛己，致友倫暴死。案九國志趙庭隱傳云：庭隱始事梁祖子友亮，因擊鞠墜馬死，庭隱、董璋等十數人皆追赴汴州，知其無過，竟釋不問。考歐陽史及通鑑並作友倫，而九國志以爲友亮，蓋傳聞之訛。

十一月丁酉，青將劉鄩舉兗州來降。案：劉鄩降于全忠，新唐書作十一月丁丑，與薛史異。（舊五代史考異）鄩，王師範之將也，師範令竊據兗州久之，及聞師範降，鄩乃歸命。帝以鄩善事其主，待之甚優，尋署爲元帥府都押牙、權知鄜州留後。

天祐元年正月己酉〔二九〕，帝發自大梁，西赴河中，京師聞之，爲之震懼。是時，將議迎駕東幸洛陽，慮唐室大臣異議，帝乃密令護駕都指揮使朱友諒矯昭宗命，收宰相崔胤、京兆尹鄭元規等殺之。案歐陽史云：遣朱友謙殺胤於京師，其與友倫擊鞠者皆殺之。據薛史則殺崔胤者乃友諒，非友謙也。歐陽史家人傳亦作友諒，與梁本紀不同，曾三異嘗校正其誤。又邠、岐兵士侵逼京畿，帝因是上表堅請昭宗幸洛，昭宗不得已而從之。帝乃率諸道丁匠財力，同搆洛陽宮，不數月而成。

二月乙亥，昭宗駐蹕於陝，帝自河中來覲，謁見行宮〔三〇〕，因灑涕而言曰：「李茂貞等竊謀禍亂，將迫乘輿，老臣無狀，請陛下東遷，爲社稷大計也。」昭宗命延於寢室見何皇后，面賜酒器及衣物。何后謂帝曰：「此後大家夫婦委身於全忠矣。」因欷歔泣下。後數日，帝開宴於陝之私第，請駕臨幸。翼日，帝辭歸洛陽，昭宗開內宴，時有宮人與昭宗附耳而語，韓建躡帝之足，帝遽出，以爲圖己，因連上章請車駕幸洛。案十國春秋吳世家：三月丁巳〔三一〕，唐帝遣間使以絹詔告難于我及西川、河東等，令糾率藩鎮，以圖匡復。詔有云：「朕至洛陽，則爲全忠所幽閉，詔敕皆出其手，朕意不得復通矣。」（舊五代史考異）

三月丁未，昭宗制以帝兼判左右神策及六軍諸衛事。是時，昭宗累遣中使及內夫人傳宣，謂帝曰：「皇后方在草蓐，未任就路，欲以十月幸洛。」帝以陝州小藩，非萬乘久留之地，期以四月内東幸。

閏月丁酉，昭宗發自陝郡。壬寅，次于穀水。是時，昭宗左右唯小黄門及打毬供奉内園小兒二百餘人，帝猶忌之。是日，密令醫官許昭遠告變，乃設饌於別幄，召而盡殺之，皆坑於幕下。先是選二百餘人，形貌大小一如内園人物之狀，至是使一人擒二人[三]，縊於坑所，即蒙其衣及戎具自飾。昭宗初不能辨，久而方察。自是昭宗左右前後皆梁人矣。甲辰，車駕至洛都，帝與宰相百官導駕入宮。乙卯，昭宗以帝爲宣武、宣義、護國、忠武四鎮節度使。時帝請以鄆州授張全義，故有此命。案洛陽縉紳舊聞記：梁祖之初兼四鎮也，英威剛狠，視之若乳虎，左右少忤其旨，立殺之。梁之職吏，每日先與家人辭訣而入，歸必相賀。（舊五代史考異）

五月丙寅，昭宗宴羣臣，曰：「昨來御樓前一夜亡失赦書，賴梁王收得副本，不然誤事，宰執不得無過矣。」是日宴次，昭宗入内，召帝於内殿曲宴，帝不測其事，不敢奉詔。又曰：「卿不欲來，即令敬翔入來。」帝密遣翔出，乃止。己巳，奉辭東歸。乙亥，至大梁。

六月，帝遣都將朱友裕率師討邠州，節度使楊崇本叛故也。癸丑，帝西征，遂朝於洛陽。

七月甲子，昭宗宴帝於文思鞠場。乙丑，帝發東都。壬申，至河中。

八月壬寅，昭宗遇弑於大内，遺制以輝王柷爲嗣。乙巳，帝自河中引軍而西。癸丑，次于永壽，邠軍不出。

九月辛未，班師。

十月癸巳，至洛陽，詣西内，臨於梓宫前，畢〔三三〕，祗見於嗣君。辛丑，制以案：原本有闕文。帝至自西征。

十一月辛酉，光州遣使來求援，時光州歸款於帝，尋爲淮人所攻，故來乞師。戊寅〔三四〕，帝南征渡淮，次于霍丘，大掠廬、壽之境，淮人乃棄光州而去。

二年正月庚申，進攻壽州，壽人堅壁不出。丁亥，帝自霍丘班師〔三五〕。

二月辛卯，帝至自南征。甲午，青州節度使王師範至大梁，帝待以賓禮，尋表授河陽節度使。

七月辛酉，天子賜帝迎鑾紀功碑，樹於洛陽。庚午，遣大將軍楊師厚率前軍討趙匡凝於襄州。辛未，帝南征。表趙匡凝罪狀，削奪官爵。案舊唐書：八月丁未，制削奪荆襄節度使趙匡凝在身官爵。十一月，削奪荆南留後趙匡明官爵。蓋匡凝官爵因全忠表奏而削奪，匡明官爵至奔蜀後始追奪也。

八月，楊師厚進收唐、鄧、復、郢、隨、均、房等七州。帝駐軍漢江北，自循江干，經度濟師之所。

九月甲子，師厚於陰谷江口造梁以濟師，趙匡凝率兵二萬振於江濱。師厚麾兵進擊，襄人大敗，殺萬餘衆。乙丑，趙匡凝焚其州，率親軍載輕舸沿漢而遁。丙寅，帝濟漢〔三六〕，至中流，舟壞，將没者數四，比及岸，舟沉。是日入襄城，帝因周視府署，其帑藏悉空，惟於西廡下有一亭，窗户儼然，扃鎖甚密。遂令破鎖啓扉，中有一大匱，緘鐍甚至，又令破其匱，内有金銀數百鋌〔三七〕。帝因歎曰：「亂兵既入，公私財貨固無孑遺矣。此帑當有陰物主之，不令常人所得，俟我以有之邪！」遂以百餘鋌賜楊師厚。襲荆州，留後趙匡明棄城上峽奔蜀。棄城上峽，原本作「并城」，今據文改正。（影庫本粘籤）荆、襄二州平。帝以都將賀瓌權領荆州，楊師厚權領襄州，即表其事。

十月丙戌朔，天子以帝爲諸道兵馬元帥。辛卯，帝自襄州引軍由光州路趨淮南，將發，敬翔切諫，請班師以全軍勢，帝不聽。壬辰，次於棗陽，遇大雨，頗阻師行之勢。軍至壽春，壽春人堅壁清野以待帝，帝乃還，舍於正陽。

十一月丙辰，大軍北濟。案十國春秋：柴再用抄其後軍，斬首三千級，獲輜重萬計。（舊五代史考異）帝至汝陰，深悔淮南之行，躁煩尤甚〔三八〕。案師友雜志：朱全忠嘗與僚佐及遊客坐于大柳之下，全忠獨言曰：「此樹宜爲車轂。」衆莫應。有遊客數人起應曰：「宜爲車轂。」全忠勃然厲聲曰：「書生輩好順口玩人，皆此類也。車須用夾轂，柳木豈可爲之！」顧左右曰：「尚何待！」左右數十人捽言爲車轂者，悉撲殺之。（舊五代史考異）丁卯，帝至自南征。辛巳，天子命帝爲相國，總百揆。以宣武、宣義、天平、護國、天雄、武順、佑國、河陽、義武、昭義、保義、戎昭〔三九〕、武定、泰寧、平盧、匡國、武寧、忠義、荆南等二十一道爲魏國，案：以二十一道爲魏國，薛史止載十九道，據舊唐書尚有忠武、鎮國二道，薛史闕載。進封帝爲魏王，入朝不趨，劍履上殿，讚拜不名，兼備九錫之命。癸未，唐中書門下奏：「中書印已送相國，中書公事權用中書省印。」甲申，中書門下奏：「天下州縣名與相國魏王家諱同者，請易之。」

十二月乙酉朔，帝讓相國、魏王、九錫之命。丙戌，京百司各差官齎本司須知孔目並印赴魏國送納。甲午，天子以帝堅讓九錫之命，乃命宰相柳璨來使〔四〇〕，且述揖讓之意焉。丁酉，帝又讓九錫之命，詔略曰：「但以鴻名難掩，懿實須彰，宜且徇於奏陳，未便行於典册。」又改諸道兵馬元帥爲天下兵馬元帥。是時，帝以唐朝百官服飾多闕，乃製造逐色衣服，請朝廷等第賜之。其所給俸錢，仍請自來年正月全支。

三年正月，幽、滄稱兵，將寇於魏。魏人來乞師，且以牙軍驕悍，謀欲誅之，遣親吏臧延範密告於帝，帝陰許之。乙丑，北征。先是，帝之愛女適羅氏，是月卒於鄴城，因以兵仗數千事實於橐中，遣客將馬嗣勳領長直軍千人，雜以工匠、丁夫，肩其橐而入於魏，聲言爲帝女設祭，魏人信而不疑。庚午夜，嗣勳率其衆與羅紹威親軍數百人同攻牙軍，遲明盡殺之，死者七千餘人，洎于嬰孺，亦無留者。是日〔四一〕，帝次于内黄，聞之，馳騎至魏。時魏之大軍方與帝軍同伐滄州，聞牙軍之死，即時奔還。帝之軍追及歷亭，殺賊幾半〔四二〕，餘衆乃擁大將史仁遇保於高唐，帝遣兵圍之。是月，天子詔河南尹張全義部署修制相國魏王法物。

三月甲寅〔四三〕，天子命帝總判鹽鐵、度支、户部等三司事，帝再上章切讓之，乃止。

四月癸未，攻下高唐，軍民無少長皆殺之，生擒逆首史仁遇以獻，帝命支解之。未幾，又攻下澶、博、貝、衞等州，皆爲魏軍殘黨所據故也。是時，晉人圍邢州，刺史牛存節堅壁固守，帝遣符道昭帥師救之，晉人乃遁去。

五月，帝略地於洺州，既而復入於魏。

七月己未，自魏班師。案：通鑑考異引編遺録作七月癸未，上起兵離魏都。七月壬子朔，無癸未，編遺録誤也。今考「癸未」乃「己未」傳寫之誤。是日，收復相州。自是魏境悉平。壬申，帝歸自魏。

八月甲辰，以滄州未平，復命北征。册府元龜卷一百八十七。

九月丁卯，營于長蘆。一夕，帝夢白龍附於兩肩，左右瞻顧可畏，怳然驚寤。永樂大典卷一萬三千一百三十九〔四四〕。

十月辛巳，邠州楊崇本以鳳翔、邠寧、涇、鄜、秦、隴之衆合五六萬來寇，屯於美原，列十五寨，其勢甚盛，帝命同州節度使劉知俊、都將康懷英帥師禦之。知俊等大破邠寇，殺二萬餘衆，奪馬三千餘匹，擒其列校百餘人，楊崇本、胡章僅以身免。案新唐書：九月乙亥，匡國軍節度使劉知俊陷坊州。十月辛巳，楊崇本戰于美原，敗績。與薛史互有詳略。

十一月庚戌，懷英乘勝進軍，遂收鄜州。

十二月己丑〔四五〕，帝以文武常參官每月一、五、九日赴朝，奏請備廊飡，詔從之。

閏月，晉人、燕人同攻潞帥，丁會舉城降于太原，帝聞之〔四六〕，遂自長蘆班師。案：以上疑有闕文。據舊唐書哀帝紀：戊辰，李克用與幽州之衆同攻潞州，全忠守將丁會以澤潞降太原，克用以其子嗣昭爲留後。甲戌，全忠燒長蘆營旋軍，聞潞州陷故也。以寨內糗糧山積，帝命焚之。滄帥劉守文以城中絕食，因致書於帝，乞留餘糧以救饑民，帝爲留十餘囷以與之。冊府元龜卷一百八十七。案容齋續筆：滄州還師，悉焚諸營資糧，在舟中者鑿而沉之。劉守文遺全忠書曰：「城中數萬口，不食數月矣，與其焚之爲煙，沉之爲泥，願乞其所餘以救之。」全忠爲之留數囷，滄人賴以濟。洪氏所述與冊府元龜略同，惟「留十餘囷」與「留數囷」微異。

## 校勘記

〔一〕盧廷彦　册府卷一八七同，本書卷九〇趙在禮傳、卷一三五劉守光傳、新五代史卷三九劉守光傳、舊唐書卷二〇上昭宗紀、新唐書卷一〇昭宗紀、通鑑卷二六一作「盧彦威」。

〔二〕趙璘　原作「趙琳」，據册府（宋本）卷一八七改。本書卷一七趙匡凝傳、新唐書卷一八六趙匡凝傳、卷一〇昭宗紀、通鑑卷二六一作「趙匡璘」。按「匡」字避宋諱省。

〔三〕亦以繒帛三十萬爲獻　「繒帛」，原作「繪帛」，據殿本、劉本、孔本、邵本校、彭校改。

〔四〕唐左軍中尉劉季述幽昭宗於東内　「東内」，原作「東宫内」，據册府（宋本）卷一八七改。按舊唐書卷二〇上昭宗紀：「左右軍中尉劉季述、王仲先廢昭宗，幽于東内問安宫。」本卷下文：「即時迎昭宗於東内，御樓反正。」

〔五〕二月己未　「二月」二字原闕，據通鑑卷二六二考異引薛居正五代史補。按是月甲寅朔，己未爲初六。

〔六〕氏叔琮即日與諸軍至晉陽城下　「晉」字原闕，據劉本、邵本校、彭校、本書卷一六葛從周傳、通鑑卷二六二補。

〔七〕胤一日於便殿奏　「胤」，册府卷一八七、通鑑卷二六二考異引薛居正五代史作「崔」。本段下文「胤」字，册府卷一八七皆作「崔」。

〔八〕時胤掌三司貨泉　「掌」，通鑑卷二六二考異引薛居正五代史作「專掌」。

〔九〕辛亥　舊唐書卷二〇上昭宗紀、通鑑卷二六二皆繫其事於十一月，按十一月己酉朔，辛亥爲初三，「辛亥」前疑脱「十一月」三字。

〔一〇〕唐太子太師盧知猷等二百六十三人列狀請帝速謀迎奉　「謀」，原作「請」，據册府（宋本）卷一八七改。

〔一一〕丙辰　册府卷一八七同，通鑑卷二六二、新唐書卷一〇昭宗紀作「戊辰」。按本卷上文已有丙辰，此處不當復見，此事繫於乙丑、乙亥間，疑爲戊辰。

〔一二〕又請納其孥以爲質　「孥」，原作「帑」，據邵本校、册府（宋本）卷一八七改。

〔一三〕己丑　舊唐書卷二〇上昭宗紀、通鑑卷二六二皆繫其事於十二月，按十二月己卯朔，己丑爲十一日，「己丑」前疑脱「十二月」三字。

〔一四〕唐丞相崔胤京兆尹鄭元規至自華州　「自」字原闕，據册府（宋本）卷一八七補。按新唐書卷二二三下崔胤傳：「以工部尚書罷知政事，胤出居華州。」

〔一五〕生擒克用男廷鸞以獻　「以獻」二字原闕，據册府（宋本）卷一八七補。

〔一六〕胤情激於衷　「衷」，原作「哀」，據册府（宋本）卷一八七改。

〔一七〕座中以良馬珍玩答之　「答之」，原作「之物賚」，據册府（宋本）卷一八七改。册府（明本）作「賚之」，彭校作「之物賚之」。

〔一八〕帝分兵以討之　「之」字原闕，據册府卷一八七補。

〔一九〕九月甲辰　「甲辰」，原作「甲戌」，據册府卷二〇三改。按是月甲辰朔，無甲戌。

〔二〇〕兵法貴以正理以奇勝奇者詐也　下二「奇」字原闕，據册府卷一八七補。武經總要後集卷一敍其事作「兵法以正合，以奇勝，奇者詐也」。

〔二一〕又分遣數騎以據其闉　「數騎」，通曆卷一二、通鑑卷二六三、武經總要後集卷一作「數百騎」。

〔二二〕十一月癸卯朔　「朔」字原闕，據大事記續編卷七〇引舊五代史本紀補。按是月癸卯朔。

〔二三〕韓偓　原作「韓渥」，據彭校、舊唐書卷二〇上昭宗紀、通鑑卷二六三改。按新唐書卷一八三有韓偓傳。

〔二四〕李存　原作「李存審」，據册府（宋本）卷一八七改。按通鑑卷二六二「以前商州刺史李存權知華州」，即其人。本書卷五六符存審傳，存審未嘗任華州，且時在雲州討王敬暉。舊五代史考異卷一：「按『李存審』三字疑有舛誤，考王師範傳作崔胤在華州。」

〔二五〕昭宗遣中使押送軍容使韓全誨已下二十餘人首級以示帝　「二十餘人」，原作「三千餘人」，據册府（宋本）卷一八七、通曆卷一二、通鑑卷二六二改。

〔二六〕二月庚辰　「二月」，原作「三月」，據劉本、册府（宋本）卷一八七、通鑑卷二六四及本卷下文改。按三月壬寅朔，無庚辰；二月壬申朔，庚辰爲初九。

〔二七〕既辭　原作「既醉」，據册府（宋本）卷一八七改。按舊唐書卷二〇上昭宗紀：「上臨軒泣別，又令中使走送御制楊柳枝詞五首賜之。」通鑑卷二六四略同。

〔一八〕新唐書從薛史作九月戊午　「九月」，原作「十月」，據新唐書卷一〇昭宗紀及本卷上文改。

〔一九〕天祐元年正月己酉　「己酉」，通鑑卷二六四考異引薛居正五代史梁紀作「辛酉」。按是月丁酉朔，己酉爲十三日，辛酉爲二十五日。

〔二〇〕謁見行宫　「行宫」，原作「行營」，據册府（宋本）卷一八七改。

〔二一〕三月丁巳　原作「二月丁酉」，據十國春秋卷一改。按二月丙寅朔，無丁酉；三月丙申朔，丁巳爲二十二日。

〔二二〕至是使一人擒二人　「二」，通曆卷一二作「一」。

〔二三〕畢　此字原闕，據册府卷一八七補。

〔二四〕戊寅　通鑑卷二六五作「戊辰」。按是月辛酉朔，戊辰爲初八，戊寅爲十八日。

〔二五〕帝自霍丘班師　通鑑卷二六五胡注引薛居正五代史：「是年正月甲辰，有彗出于北河，貫文昌，其長三丈餘。五月乙丑，復出軒轅、大角，及于天市垣，光耀嚴猛。」按此則係舊五代史佚文，清人失輯，姑附於此。

〔二六〕帝濟漢　「漢」，原作「江」，據册府（宋本）卷一八七改。

〔二七〕内有金銀數百鋌　「鋌」，原作「錠」，據册府（宋本）卷一八七及本卷下文改。

〔二八〕躁煩尤甚　「煩」，册府卷一八七作「撓」。

〔二九〕戎昭　原作「武昭」，據舊唐書卷二〇下哀帝紀、通鑑卷二六五改。按戎昭軍治金州，原名昭信軍，避朱全忠祖諱改，唐代無武昭軍。影庫本粘籤：「『武昭』，原本脱『武』字，『匡國』，原本作『章國』，今俱從歐陽史增改。」

〔四〇〕柳璨　原作「柳燦」，據邵本校、册府卷一八七改。按舊唐書卷一七九、新唐書卷二二三下有柳璨傳。

〔四一〕是日　原作「是月」，據劉本、册府卷一八七改。

〔四二〕殺賊幾半　「半」，原作「千」，據册府（宋本）卷一八七改。本書卷二一符道昭傳叙其事作「殺四萬餘人」。

〔四三〕三月甲寅　「甲寅」，舊唐書卷二〇下哀帝紀、通鑑卷二六五作「戊寅」。按是月甲寅朔，戊寅爲二十五日。

〔四四〕永樂大典卷一萬三千一百三十九　「一萬三千一百三十九」，原作「一萬五千二百七」，今檢永樂大典目録，卷一五二〇七爲「歲」字韻「王充論衡」等，與本則内容不符。按此則實出永樂大典卷一三一三九，據改。

〔四五〕十二月己丑　「己丑」，原作「乙丑」，據舊唐書卷二〇下哀帝紀改。按是月己卯朔，無乙丑，己丑爲十一日。

〔四六〕閏月晉人燕人同攻潞帥丁會舉城降于太原帝聞之　以上二十一字原闕，據册府卷一八七補。下文「遂自長蘆班師」句下注「案：以上疑有闕文」，彭校：「册府元龜原文不闕，此案應删。」

# 舊五代史卷三　　梁書三

## 太祖紀第三

開平元年正月丁亥，帝迴自長蘆，次于魏州。節度使羅紹威以帝迴軍，羅紹威，原本作「昭威」，今據歐陽史改正。（影庫本粘籤）慮有不測之患，由是供億甚至，因密以天人之望切陳之。帝雖拒而不納，然心德之。冊府元龜卷一百八十七。壬寅，帝至自長蘆。是日，有慶雲覆於府署之上〔一〕。冊府元龜卷二百三〔二〕。甲辰，天子遣御史大夫薛貽矩來傳禪代之意。永樂大典卷五千一百四十九。貽矩謁帝，陳北面之禮，帝揖之升階，貽矩曰：「殿下功德及人，三靈所卜已定。皇帝方議裁詔，行舜禹之事，臣安敢違。」既而拜伏於砌下，帝側躬以避之。冊府元龜卷一百八十七。

二月戊申朔〔三〕，帝之家廟棟間有五色芝生焉，狀若芙蓉，紫煙蒙護，數日不散。又是月，家廟第一室神主上有五色衣自然而生，識者知梁運之興矣。永樂大典卷一萬七千一百六十七。唐乾符中，木星入南斗，數夕不退，諸道都統、晉國公王鐸觀之，問諸知星者吉凶安在，咸曰：「金火土犯斗即爲災，唯木當爲福耳。」或亦然之。時有術士邊岡者，洞曉天文，博通陰陽曆數之妙，窮天下之奇祕，有先見之明，雖京房、管輅不能過也。鐸召而質之，岡曰：「惟木爲福神，當以帝王占之。然則非福於今，必當有驗於後，未敢言之，請他日證其所驗。」一日，又密召岡，因堅請語其詳，至於三四，岡辭不獲。鐸乃屏去左右，岡曰：「木星入斗，帝王之兆也。木在斗中，『朱』字也。以此觀之，將來當有朱氏爲君者也，天戒之矣。且木之數三，其禎也應在三紀之內乎。」鐸聞之，不復有言。册府元龜卷二百三。天后朝有讖辭云：「首尾三鱗六十年，兩角犢子自狂顛，龍蛇相鬬血成川。」當時好事者解云：「兩角犢子，牛也，必有牛姓干唐祚。」故周子諒彈牛仙客、李德裕謗牛僧孺，皆以應圖讖爲辭。然「朱」字「牛」下安「八」，「牛」下安「八」，原本作「牛不安八」，今據文改正。（影庫本粘籤）八即角之象也，故朱滔、朱泚構喪亂之禍，冀無妄之福，豈知應之帝也。永樂大典卷一萬九千三百九十六。

四月，唐帝御札敕宰臣張文蔚等備法駕奉迎梁朝。通鑑考異引薛史。宋州刺史王皋進赤烏一雙。又宰臣張文蔚正押傳國寶、玉册、金寶及文武羣官、諸司儀仗法物及金吾左右二軍離鄭州〔四〕。丙辰，達上源驛。是日，慶雲見。册府元龜卷二百三。令曰：「王者創業興邦，立名傳世，必難知而示訓，從易避以便人。案：原本有闕文。或稽其符命，應彼開基之義，垂諸象德之言。爰考簡書，求於往代，周王昌、發之號，漢帝詢、衎之文〔五〕，或崇一德以徽稱〔六〕，或爲二名而更易，先王令典，布在縑緗。寡人本名，兼于二字，且異帝王之號，仍兼避易之難，郡職縣官，多須改換。況宗廟不遷之業，憲章百世之規，事叶典儀，豈憚革易。寡人今改名晃，是以天意雅符於明德，日光顯契於瑞文，昭融萬邦，理斯在是，庶順玄穹之意，永臻康濟之期。宜令有司分告天地宗廟，其舊名，中外章疏不得更有迴避。」册府元龜卷一百八十二〔七〕。時將受禪，下教以本名二字異帝王之稱，故改名。通鑑注引薛史。己未，賜文武百官一百六十人本色衣一副〔八〕。册府元龜卷一百九十七。

戊辰，即位〔九〕。制曰：

王者受命於天，光宅四海，祇事上帝，寵綏下民。革故鼎新，諒曆數而先定；創業垂統，知圖籙以無差。神器所歸，祥符合應。是以三正互用，五運相生，前朝道消，中原政散，瞻烏莫定，失鹿難追。朕經緯風雷，沐浴霜露，四征七伐，垂三十年，糾合齊盟，翼戴唐室。隨山刊木，罔憚胼胝；投袂揮戈，不遑寢處。洎玄穹之所贊，知唐運之不興，莫諧輔漢之謀，徒罄事殷之禮。事殷，原本作「事般」，今據文改正。（影庫本粘籤）唐主知英華已竭，算祀有終，釋龜鼎以如遺，推劍紱而相授。朕懼德弗嗣，執謙允恭，避駿命於南河，眷清風於潁水。而乃列嶽羣后，盈廷庶官，東西南北之人，斑白緇黄之衆，謂朕功蓋上下，澤被幽深，宜應天以順時，俾化家而爲國。拒彼億兆，至於再三，且曰七政已齊，萬幾難曠。萬幾，原本作「萬機」，今據文改正。（影庫本粘籤）勉遵令典，爰正鴻名，告天地神祇，建宗廟社稷。

顧惟涼德，曷副樂推，慄若履冰，懔如馭朽。金行啓祚，玉曆建元，方弘經始之規，宜布惟新之令。可改唐天祐四年爲開平元年，國號大梁。書載虞賓，斯爲令範；詩稱周客，蓋有明文。是用先封，以禮後嗣，宜以曹州濟陰之邑奉唐主，封爲濟陰王。凡曰軌儀〔一〇〕，並遵故實。姬庭多士，比是殷臣；楚國羣材，終爲晉用。歷觀前載，自有通規，但遵故事之文，勿替在公之効。應是唐朝中外文武舊臣見任、前資官爵，一切仍舊。凡百有位，無易厥章，陳力濟時，盡瘁事我。古者興王之地，受命之邦，集大勳有異庶方，霑慶澤所宜加等。故豐沛著啓祚之美，穰鄧有建都之榮，用壯鴻基，且旌故里，爰遵令典，先示殊恩。宜升汴州爲開封府，建名東都。其東都改爲西都，仍廢京兆府爲雍州、佑國軍節度使。案五代會要：四月，改京兆府爲大安府，長安縣爲大安縣〔一一〕，萬年縣爲大年縣，仍置佑國軍節度使額。始命韓建爲佑國軍節度使。（舊五代史考異）

是日大酺，賞賜有差。永樂大典卷五千一百四十九。案通鑑：甲辰，唐昭宣帝降御札禪位於梁。以攝中書令張文蔚爲册禮使，禮部尚書蘇循副之；攝侍中楊涉爲押傳國寶使，翰林院學士張策副之；御史大夫薛貽矩爲押金寶使，尚書左丞趙光逢副之。帥百官備法駕詣大梁。甲子，張文蔚、楊涉乘輅自上源驛從册寶〔一二〕，諸司各備儀衛鹵簿前導，百官從其後，至金祥殿前陳之。王被衮冕，即皇帝位。張文蔚、蘇循奉册升殿進讀，楊涉、張策、薛貽矩、趙光逢以次奉寶升殿，讀已，降，帥百官舞蹈稱賀。帝遂與文蔚等宴於玄德殿。帝舉酒曰：「朕輔政未久，此皆諸公推戴之力。」文蔚等慚懼，俯伏不能對，獨蘇循、薛貽矩及刑部尚書張禕盛稱帝功德〔一三〕，宜應天順人。案：朱梁篡位之事，薛史應爲詳載，今全篇不可得見，謹附録通鑑於此。宋州刺史王皋進兩歧麥，陳州袁象先進白兔一〔一四〕，付史館編録，兼示百官。册府元龜卷二百二。詔在京百司及諸軍州縣印一例鑄換〔一五〕，其篆文則各如舊。册府元龜卷一百九十一。辛未，武安軍節度使馬殷進封楚王。册府元龜卷一百九十六。以太府卿敬翔知崇政院，翔與帷幄之謀，故首擢焉。永樂大典卷一萬二千一百十三〔一六〕。追尊四代廟號：皇高祖嬀州府君〔一七〕，上謚曰宣元皇帝，廟號肅祖，太廟第一室，陵號興極〔一八〕；祖妣高平縣君范氏，追謚宣僖皇后。皇曾祖宣惠王，上謚曰光獻皇帝，廟號敬祖，第二室，陵號永安；祖妣秦國夫人楊氏，追謚光孝皇后。皇祖武元王，上謚曰昭武皇帝，廟號憲祖，第三室，陵號光天；祖妣吳國夫人劉氏，追謚昭懿皇后。皇考文明王，上謚曰文穆皇帝，廟號烈祖，第四室，陵號咸寧；皇妣晉國太夫人王氏，追謚文惠皇后。

册府元龜卷一百八十九。以宣武節度副使皇子友文爲開封尹，判建昌院事。判建昌院事，原本缺「昌」字，今據文增入。（影庫本粘籤）友文，本康氏子也，帝養以爲子。永樂大典卷一萬二千一百十三。

是月，制宫殿門及都門名額：正殿爲崇元殿，東殿爲玄德殿，内殿爲金祥殿，萬歲堂爲萬歲殿，門如殿名。册府元龜卷一百九十六[一九]。帝自謂以金德王，又以福建上獻鸚鵡，諸州相繼上白烏、白兔洎白蓮之合蒂者，以爲金行應運之兆，故名殿曰金祥。通鑑注引薛史。以大内正門爲元化門，皇牆南門爲建國門，滴漏門爲啓運門，下馬門爲升龍門，玄德殿前門爲崇明門，正殿東門爲金烏門，西門爲玉兔門，正衙東門爲崇禮門，東偏門爲銀臺門，宴堂門爲德陽門，天王門爲賓天門，皇牆東門爲寬仁門，浚儀門爲厚載門，皇牆西門爲神獸門，望京門爲金鳳門，宋門爲觀化門，尉氏門爲高明門，鄭門爲開明門，梁門爲乾象門，酸棗門爲興和門，封丘門爲含耀門，曹門爲建陽門。升開封、浚儀爲赤縣，尉氏、封丘、雍丘、陳留爲畿縣。永樂大典卷三千五百二十。案五代會要：四月，改左右長直爲左右龍虎軍，左右内衙爲左右羽林軍，左右堅鋭夾馬突將爲左右神武軍，左右親隨軍將馬軍爲左右龍驤軍。（舊五代史考異）

五月，以唐朝宰臣張文蔚、楊涉並爲門下侍郎、平章事，以御史大夫薛貽矩爲中書侍郎、平章事。冊府元龜卷一百九十九。帝初受禪，求理尤切，委宰臣搜訪賢良：或有在下位抱負器業久不得伸者，特加擢用；有明政理得失之道規救時病者，可陳章疏，當親鑒擇利害施行，然後賞以爵秩；有晦跡丘園不求聞達者，令彼長吏備禮邀致，冀無遺逸之恨。冊府元龜卷二百一十三〔一〇〕。進封河南尹、兼河陽節度使張全義爲魏王，兩浙節度使錢鏐進封吴越王。冊府元龜卷一百九十六。辛巳，有司奏，以降誕之日爲大明節，休假前後各一日。永樂大典卷一萬六千一百八十七〔一一〕。壬午，保義軍節度使朱友謙進百官衣二百副。冊府元龜卷一百九十七〔一二〕。乙酉，立皇兄全昱爲廣王，皇子友文爲博王、友珪爲郢王、友璋爲福王、友雍爲賀王、友徽爲建王。永樂大典卷一萬六千六百二十八。案歐陽史：封姪友諒衡王，友能惠王，友誨邵王。辛卯，以東都舊第爲建昌宮，改判建昌院事爲建昌宮使〔一三〕。永樂大典卷一萬二千一百十三。初，帝創業之時，以四鎮兵馬倉庫籍繁，因總置建昌院以領之，至是改爲宮，蓋重其事也。通鑑注引薛史。甲午，詔天下管屬及州縣官名犯廟諱者，各宜改換：城門郎改爲門局郎，茂州改爲汶州，桂州慕化縣改爲歸化縣，潘州茂名縣改爲越裳縣。冊府元龜卷一百八十九。案魏泰東軒筆録：「京師呼城外爲州東、州西、州南、州北，而韋城、相城、胙城等縣，但呼韋縣、相縣、胙縣。」蓋沿梁時避諱之舊也。詔樞密院宜改爲崇政院〔一四〕，以知院事敬翔爲院使。永樂大典卷一萬二千一百十三。改文思院爲乾文院，同和院改爲儀鸞院〔一五〕。

案五代會要：五月，改御食使爲司膳使，小馬坊使爲天驥使。（舊五代史考異）以西都水北宅爲大昌宮，冊府元龜卷一百九十六。廢雍州太清宮，改西都太微宮、亳州太清宮皆爲觀，諸州紫極宮皆爲老君廟。冊府元龜卷一百九十四。泉州僧智宣自西域回，進辟支佛骨及梵夾經律。永樂大典卷二萬一千一百七十五。丙申，御玄德殿，宴犒諸軍使劉捍、符道昭已下，賜物有差。

是月，青州、許州、定州三鎮節度使請開內宴，各進方物〔二六〕。永樂大典卷一萬六千七百四十六。以青州節度使韓建守司徒、青州，原本誤作「清州」，今據文改正。（影庫本粘籤）平章事。帝以建有文武材，且詳於稼穡利害，軍旅之事、籌度經費，欲盡詢焉，恩澤特異，於時罕有比者，遂拜爲上相〔二七〕，賜賚甚厚。冊府元龜卷一百九十九。宿州刺史王儒進白兔一。濮州刺史圖嘉禾瑞麥以進。冊府元龜卷二百二。廣州進奇寶名藥〔二八〕，品類甚多。河南尹張全義進開平元年已前羨餘錢十萬貫、紬六千疋、綿三十萬兩，仍請每年上供定額每歲貢絹三萬疋，以爲常式。荊南高季昌進瑞橘數十顆，質狀百味，「百味」二字，以文義求之當作「甘味」，五代會要亦作「百味」，今姑仍其舊。（影庫本粘籤）倍勝常貢。且橘當冬熟，今方仲夏，時人咸異其事，因稱爲瑞。冊府元龜卷一百九十七〔二九〕。案五代春秋：五月，李思安及晉人戰于潞城，思安師敗績。冊府元龜引薛史，八月始命李思安代帥，而五代春秋于五月已書李思安

敗績，疑有舛誤。今仍録五代春秋于六月以前，以備參考。（影庫本粘籤）

六月，幸乾元院，宴召宰臣、學士及諸道入貢陪臣。永樂大典卷一萬六千七百四十六。己亥，帝御崇元殿，内出追尊四廟上謚號玉册寶共八副，宰臣文武百官儀仗鼓吹導引至太廟行事。癸卯[三〇]，司天監奏：「日辰内有『戊』字，請改爲『武』。」從之。册府元龜卷一百八十九。案：容齋續筆以爲「戊」類「成」字[三一]，故司天諂之。殊不知「戊」字乃避梁祖曾祖茂琳諱，非以其類「成」字也。雲谷雜記嘗辨正之。今崇福侯廟碑立於開平二年，正作武辰[三二]，可見當時避諱之體。癸亥，詔以前朝官僚，譴逐南荒，積年未經昭雪，其間有懷抱材器爲時所嫉者，深負冤抑。仍令録其名姓，盡復官資，兼告諭諸道，令津致赴闕；如已亡没，並許歸葬，以明恩蕩。册府元龜卷一百九十一。以西都徽安門北路逼近大内宮垣，兼非民便，令移自榆林直趣端門之南。册府元龜卷一百九十六。改耀州報恩禪院爲興國寺。册府元龜卷一百九十四。馬殷奏破淮寇。丙辰[三三]，靜海軍節度使曲裕卒。

七月丙申，以靜海軍行營司馬、權知留後曲顥起復爲安南都護[三四]，充節度使。通鑑考異引薛史。案五代會要：七月，敕云：「建國遷都，俾新其制，況山河之險，表裏爲防。今二京俱在關東以内，仍以潼關隸陝州，復置河潼軍使，命虢州刺史兼領之。」其月，敕改虎牢關爲軍，仍置虎牢關軍使。（舊五代史考異）己亥，案長曆，七月不得有己亥，今考通鑑亦作七月己亥，當是引薛史原文，今仍之。（舊五代史考異）追尊皇妣爲皇太后。永樂大典卷一萬七千二百九十六。

八月，以潞州軍前屯師旅，壁壘未收，乃別議戎帥〔三五〕，於是以亳州刺史李思安充潞州行營都統。册府元龜卷一百九十九。敕：「朝廷之儀，封册爲重，用報勳烈，以隆恩榮，固合親臨，式光典禮。舊章久缺，自我復行。今後每封册大臣，宜令有司備臨軒之禮。」永樂大典卷一萬六千七百五十一。案五代會要：八月，敕云：「諸道所有軍事申奏，令直至右銀臺門，委客省使畫時引進〔三六〕，尋常公事依前四方館收接。」（舊五代史考異）甲子平明前，老人星見於南極。壬申，密州進嘉禾，又有合歡榆樹，並圖形以獻。是月，隰州奏，大寧縣至固鎮上下二百里，案前後多作李固鎮，疑原本有脱字，考通鑑亦間作固鎮，蓋當時奏牘省文也，今仍之。（舊五代史考異）今月八日，黄河清，至十日如故〔三七〕。册府元龜卷二百二。

九月辛丑，西京大内放出西宫内人及前朝宫人〔三八〕，任其所適。册府元龜卷一百九十五。敕以近年文武官諸道奉使，皆於所在分外停住，踰年涉歲，未聞歸闕，非唯勞費州郡，抑且侮慢國經，臣節既虧，憲章安在？自今後兩浙、福建、廣州、安南、邕、容等道使到發許住一月〔三九〕，湖南、洪、鄂、黔、桂許住二十日，荆、襄、同、雍、鎮、定、青、滄許住十日，其餘側近不過三五日〔四〇〕。凡往來道路，據遠近里數，日行兩驛。如遇疾患及江河阻隔，委所在長吏具事由奏聞。如或有違，當行朝典，命御史點檢糾察，以儆慢官。册府元龜卷一百九十一。魏博羅紹威二男廷望、廷矩，年在幼稚，皆有材器，帝以其藩屏勳臣之胄，宜受非次之用，皆擢爲郎。恩命既行之後，二子亦就班列。紹威乃上章，以齒幼未任公事，乞免主印、宿直。從之。冊府元龜卷二百一十。浙西奏〔四一〕，道門威儀鄭章、道士夏隱言，焚修精志，妙達希夷，推諸輩流，實有道業。鄭章宜賜號貞一大師，仍名玄章；隱言賜紫衣。冊府元龜卷一百九十四。案五代會要：九月，置左右天興、左右廣勝軍，仍以親王爲軍使。（舊五代史考異）

十月，帝以用軍，未暇西幸，文武百官等久居東京，漸及疑訝，令就便各許歸安，只留宰臣韓建、薛貽矩〔四二〕，翰林學士張策、韋郊、杜曉，中書舍人封舜卿、張衮并左右御史、司天監、宗正寺兼要當諸司節級外，其宰臣張文蔚已下文武百官，並先於西京祇候。冊府元龜卷二百五。庚午，大明節〔四三〕，内外臣僚各以奇貨良馬上壽。故事，内殿開宴，召釋、道二教對御談論，宣旨罷之。命閤門使以香合賜宰臣佛寺行香。永樂大典卷一萬六千四百八十七。駕幸繁臺講武。永樂大典卷一萬六千八百三。癸酉，御史司憲薛廷珪奏請文武百官仍舊朝參。先是，帝欲親征河東〔四四〕，命朝臣先赴洛都，至是緩其期，乃允所奏。宰臣請每月初入閤，望日延英聽政，永爲常式。冊府元龜卷一百九十七。山南東道節度使楊師厚進納趙匡凝東第書籍。先是，收復襄漢，帝閱其圖書，至是命師厚進焉。冊府元龜卷一百九十四。廣州進獻助軍錢二十萬，又進龍腦、腰帶、珍珠枕、玳瑁、香藥等。册府元龜卷一百九十七。

十一月壬寅，帝以征討未罷，調補爲先，遂命盡赦逃亡背役髠黥之人，各許歸鄉里。册府元龜卷一百九十五〔四五〕。廣州進龍形通犀腰帶、金托裹含稜玳瑁器百餘副，香藥珍巧甚多。册府元龜卷一百九十七。廣南管内獲白鹿，並圖形來獻，耳有兩缺。按符瑞圖，鹿壽千歲變白，耳一缺。今驗此鹿耳有二缺，其獸與色皆應金行，實表嘉瑞。册府元龜卷二百二〔四六〕。

十二月辛亥，詔曰：「潞寇未平，王師在野。攻戰之勢，難緩於寇圍；飛輓之勤，實勞於人力。永言輟耒，深用軫懷。宜令長吏丁寧布告，期以兵罷之日，給復賦租。」於是人户聞之，皆忘其倦。册府元龜卷一百九十五〔四七〕。詔故荆南節度使、守中書令、上谷王周汭贈太師，故武昌軍節度使、兼中書令、西平王杜洪贈太傅。先是，鄂渚再爲淮夷所侵，攻圍甚急，杜洪以兵食將盡，繼來乞師。帝料其隔越大江，難以赴援，兼以荆州據上游，多戰艦，去江夏甚邇，因命周汭舉舟師沿流以救之。薛史本紀仍當時詔誥之文，稱成汭爲周汭，列傳仍作成汭，謹附識于此。（影庫本粘籤）汭於是引兵東下，纔及鄂界，遇朗州背盟作亂，乘江陵之虚，縱兵襲破之，俘掠且盡。既而汭士卒知之，皆顧其家，咸無鬭志，遂爲淮寇所敗，將卒潰散，汭忿恚自投於江。汭之本姓犯文穆皇帝廟諱，至是因追贈，以其系出周文，故賜姓周氏。案：薛史本傳仍作成汭。（舊五代史考異）及汭兵敗之後，武昌以重圍經年，糧盡力困，救援不至，訖爲淮寇所陷，載洪以送淮師，淮師，原本作「淮賜」，今據文改正。（影庫本粘籤）遂殺之。此二鎮也，皆以忠貞歿於王事。帝每言諸藩屏翰經綸之業，必首痛汭、洪之薨，至是追贈之，深加軫悼，各以其子孫宗屬録用焉。册府元龜卷二百一十。棣州蒲臺縣百姓王知嚴妹，以亂離併失怙恃，因舉哀追感，自截兩指以祭父母。帝以遺體之重，不合毁傷，言念村閭，何知禮教。自今後所在郡縣，如有截指割股，不用奏聞。是年，諸道多奏軍人百姓割股，青齊、河朔尤多。帝曰：「此若因心，亦足爲孝。但苟免徭役，自殘肌膚，欲以庇身，何能療疾？並宜止絶。」册府元龜卷一百九十一。案五代會要：十二月，于輝州碭山縣置崇德軍。太祖楡社在碭山，置使以領之，始命朱彦讓爲軍使。（舊五代史考異）

## 校勘記

〔一〕有慶雲覆於府署之上　「慶雲」，册府卷二〇二、卷二〇三（宋本）作「五色雲」。

〔二〕册府元龜卷二百三　按此則實出册府卷二〇二。册府卷二〇三敍其事云：「壬寅，至梁。是日，有五彩雲覆于府署之上，士庶靡不覩者。」

〔三〕二月戊申朔　「朔」字原闕，據册府卷二〇三補。按是月戊申朔。

〔四〕諸司儀仗法物及金吾左右二軍離鄭州　「二」，册府卷二〇三作「三」。

〔五〕漢帝詢衎之文　「衎」，原作「衍」，據册府（宋本）卷一八二、漢書卷一二平帝紀顔師古注改。

〔六〕或崇一德以徽稱　「崇」，原作「從」，據册府卷一八二改。

〔七〕册府元龜卷一百八十二　「一百八十二」，原作「二百八十二」，按此則實出册府卷一八二，據改。

〔八〕賜文武百官一百六十人本色衣一副　「一百六十人」，册府（宋本）卷一九七作「一百九十六人」。

〔九〕戊辰即位　新唐書卷一〇昭宗紀、新五代史卷二梁本紀、通鑑卷二六六敍其事作「甲子即位」。五代會要卷一作四月十八日，按是日即甲子。新五代史、通鑑又云：「戊辰，大赦。」

〔一〇〕凡曰軌儀　彭校作「凡百軌儀」。

〔一一〕長安縣爲大安縣　「爲大安縣」四字原闕，據殿本、劉本、五代會要卷一九補。

〔一二〕張文蔚楊涉乘輅自上源驛從册寶　「驛」下原有「至」字，據通鑑卷二六六删。

〔一三〕張禕　原作「張褘」，據殿本、劉本、通鑑卷二六六改。

〔一四〕陳州袁象先進白兔一　「白兔」，册府（宋本）卷二〇二作「白鹿」。

〔一五〕詔在京百司及諸軍州縣印一例鑄换　「百」字原闕，據册府卷一九一補。

〔一六〕永樂大典卷一萬二千一百十三　檢永樂大典目録，卷一二一一三爲「柳」字韻「事韻二」，與本則内容不符，恐有誤記。疑出自卷一六六四三「院」字韻「樞密院二」。本卷下三則引永樂大典卷一萬二千一百十三同。

〔一七〕皇高祖嬀州府君 「皇」字原闕，據新五代史卷二梁本紀及本卷下文補。按通鑑卷二六六：「追尊皇高祖考、妣以來皆爲帝、后。」

〔一八〕陵號興極 「興極」，原作「興極陵」，據册府卷一八九及本卷下文改。

〔一九〕册府元龜卷一百九十六 「一百九十六」，原作「一百八十六」，按此則實出册府卷一九六，據改。

〔二〇〕册府元龜卷二百一十三 「二百一十三」，原作「二百一十」，按此則實出册府卷二一三，據改。

〔二一〕永樂大典卷一萬六千一百八十七 檢永樂大典目録，卷一六一八七爲「漢」字韻「兩漢蒙求一」，與本則内容不符，恐有誤記。疑出自卷一六四八七「誕」字韻。

〔二二〕册府元龜卷一百九十七 「一百九十七」，原作「一百六十七」，按此則實出册府卷一九七，據改。

〔二三〕建昌院 原作「建昌宫」，據殿本、本書卷一四九職官志、五代會要卷二四、通鑑卷二六六及本卷下文改。

〔二四〕詔樞密院宜改爲崇政院 「改」，原作「加」，據殿本、本書卷一四九職官志、通鑑卷二六六考異引實録、五代會要卷二四、新五代史卷二梁本紀改。

〔三五〕儀鸞院　原作「佐鸞院」，據殿本、劉本、本書卷一四九職官志、晏殊類要引五代史太祖紀、五代會要卷二四改。

〔三六〕各進方物　「進」，原作「賜」，據册府（宋本）卷一九七改。

〔三七〕遂拜爲上相　「遂」，原作「隨」，據册府（宋本）卷一九九改。

〔三八〕廣州進奇實名藥　「名藥」，原作「名樂」，據殿本、册府（宋本）卷一九七改。按本卷下文亦有廣州進藥事，數見於册府卷一九七其他各條。

〔三九〕册府元龜卷一百九十七　「一百九十七」，原作「一百六十九」，按此則實出册府卷一九七，據改。

〔四〇〕癸卯　册府卷一八九繫其事於五月。按六月丙午朔，無癸卯；五月丁丑朔，癸卯爲二十七日。

〔四一〕容齋續筆　原作「容齋三筆」。按此事見容齋續筆卷六「戊爲武」條，據改。

〔四二〕武辰　原作「武寅」。按金石萃編卷一一九崇福侯廟碑碑文有「開平二年，歲在武辰」句，據改。「戊」避朱温曾祖茂琳諱改「武」。

〔四三〕丙辰　以上二字原闕，據通鑑卷二六六考異引薛史補。

〔四四〕以靜海軍行營司馬權知留後曲顥起復爲安南都護　「行營」，通鑑卷二六六考異謂當作「行軍」。

〔三五〕乃別議戎帥　「帥」，原作「師」，據殿本、劉本、邵本校、彭校、册府（宋本）卷一九九改。影庫本批校：「別議戎師之『師』，疑『帥』字之訛。」

〔三六〕委客省使畫時引進　「畫」，原作「晝」，據五代會要卷五改。

〔三七〕至十日如故　「日」，原作「月」，據册府（宋本）卷二〇二改。

〔三八〕西京大内放出西宮内人及前朝宮人　「西宮」，原作「兩宮」，據册府（宋本）卷一九五、五代會要卷一改。

〔三九〕自今後兩浙福建廣州安南邕容等道使到發許住一月　「安南」，原作「南安」，據殿本、册府（宋本）卷一九一、五代會要卷二四改。按南安屬福建，安南屬廣府，舊唐書卷四一地理志四：「永徽後，以廣、桂、容、邕、安南府，皆隸廣府都督統攝。」「住」，原作「任」，據殿本、劉本、彭校、五代會要卷二四改。本卷下文「許住二十日」、「許住十日」同。影庫本批校：「許任之『任』疑『住』字之訛。」

〔四〇〕其餘側近不過三五日　「不過」，五代會要卷二四作「歇泊」，册府（宋本）卷一九一作「歇」。

〔四一〕浙西奏　册府卷一九四同，句上殿本、劉本有「封鎮東軍神祠爲崇福侯」十字，見五代會要卷一一。

〔四二〕只留宰臣韓建薛貽矩　「宰臣」二字原闕，據册府卷二〇五補。

〔四三〕庚午大明節　本書卷一梁太祖紀一、五代會要卷一皆記朱温生於十月二十一日，五代會要注：「以其日爲大明節。」本卷上文開平元年五月辛巳，有司奏以降誕之日爲大明節。按是月乙巳朔，庚午爲二十六日，二十一日當爲乙丑。

〔四四〕帝欲親征河東　「河東」，册府卷一九七作「北虜」。

〔四五〕册府元龜卷一百九十五　「一百九十五」，原作「九十五」，按此則實出册府卷一九五，據改。

〔四六〕册府元龜卷二百二　「二百二」，原作「一百六十九」，按此則實出册府卷二〇二，據改。

〔四七〕册府元龜卷一百九十五　「一百九十五」，原作「一百九十四」，按此則實出册府卷一九五，據改。

# 舊五代史卷四

# 梁書四

## 太祖紀第四

開平二年正月癸酉，帝御金祥殿，受宰臣文武百官及諸藩屏陪臣稱賀。諸道貢舉一百五十七人，見于崇元門〔一〕。幽州劉守文進海東鷹鶻〔二〕、蕃馬、氈罽、方物。册府元龜卷一百九十七〔三〕。案五代春秋：正月，晉王克用薨。

二月，自去冬少雪，春深農事方興，久無時雨，兼慮有災疾，帝深軫下民，遂命庶官徧祀於羣望，掩瘞暴露，令近鎮案古法以禳祈，旬日乃雨。永樂大典卷二千六百三十〔四〕。案通鑑：二月癸亥，酖殺濟陰王於曹州。新唐書昭宣帝紀亦云二月遇弒。歐陽史作正月己亥，卜郊于西都，弒濟陰王，與諸書異。帝以上黨未收，因議撫巡，便往西都赴郊禋之禮。乃下令曉告中外，取三月一日離東京，以宰臣韓建權判建昌宮事，案五代會要：十月，以尚書兵部侍郎李皎爲建昌宮副使。（舊五代史考異）兵部侍郎姚洎爲鹵簿使〔五〕，開封尹、博王友文爲東都留守〔六〕。

三月壬申，帝親統六軍，巡幸澤潞。是日寅時，車駕西幸，宰臣并要切司局皆扈從，晚次中牟。冊府元龜卷二百五。下詔，以去年六月後，昭義行營陣歿都將吏卒死于王事，追念忠赤，乃録其名氏，各下本軍，令給養妻孥，三年内官給糧賜。冊府元龜卷一百九十五。丁丑，幸澤州。辛巳，案：辛巳，歐陽史、通鑑俱作壬午。（舊五代史考異）以同州節度使劉知俊爲潞州行營招討使。壬午，宴扈駕羣臣并勞知俊，賜以金帶、戰袍、寶劍、茶藥。永樂大典卷一萬六千七百四十六。甲申，登東北隅逍遥樓，蒐閱騎乘，旌甲滿野。冊府元龜卷二百一十四。丙申，招討使劉知俊上章請車駕還東京，蓋小郡湫隘，非久駐蹕之所。達覽，帝俞其請。冊府元龜卷二百五。以鴻臚卿李嵸唐室宗屬，封萊國公，爲二王後。有司奏：「萊國公李嵸合留三廟，於西都選地位建立廟宇，以備四仲祀祭，命度支供給，以遵彝典。」冊府元龜卷二百一十一。

四月，以吏部侍郎于兢爲中書侍郎、平章事，以翰林奉旨學士張策爲刑部侍郎、平章事。時帝在澤州，拜二相於行在。冊府元龜卷一百九十九。案通鑑：癸巳，門下侍郎、同平章事張文蔚卒。癸卯，門下侍郎、同平章事楊涉罷爲右僕射。是拜二相於行在，所以代張文蔚、楊涉也。梁代避諱，改「承旨」爲「奉旨」，通鑑誤作「承旨」。四月丙午，車駕離澤州。丁未，駐蹕於懷州，宴宰臣文武百官。辛亥，至鄭州。壬子，幸東京。案：五代春秋作丙午，帝還東都。歐陽史作壬子，至澤州。惟通鑑與薛史同。（舊五代史考異）丙寅，車駕幸繁臺觀稼。册府元龜卷二百五。鄢陵居人程震以兩歧麥穗并畫圖來進。册府元龜卷二百二。甲寅〔七〕，淮寇侵軼侵軼，原本作「侵軹」，今據文改正。（影庫本粘籤）潭、岳邊境，欲援朗州，以戰艦百餘艘揚帆西上，泊鼎口。湖南馬殷遣水軍都將黄璠率樓船遮擊之，賊衆沿流宵遁，追至鹿角鎮。册府元龜卷二百一十七。詔以户部尚書致仕裴迪復爲右僕射。迪敏事慎言，達吏治，明籌算。帝初建節旄於夷門，迪一謁見如故知，乃辟爲從事。自是之後，歷三十年，委四鎮租賦、兵籍、帑廩、官吏、獄訟、賞罰、經費、運漕，事無巨細，皆得專之。帝每出師，即知軍州事，逮于二紀，不出梁之闉閾，甚有裨贊之道。禪代之歲，命爲太常卿，屬年已耆耄，視聽昏塞，不任朝謁，遂請老，許之。期月復起，師長庶官焉。册府元龜卷二百一十二〔八〕。

五月丁丑，王師圍潞州將及二年，李進通危在旦夕，不俟攻擊，當自降。太原李存勗以厚幣誘結北蕃諸部，並其境内丁壯，悉驅南征決戰，以救上黨之急。部落帳族，馳馬勵兵〔九〕，數路齊進，於銅鞮樹寨，旗壘相望。王師敗於潞州。永樂大典卷一萬四千二百一十二。案：潞州之敗，歐陽史作五月己丑，通鑑作壬申。（舊五代史考異）己丑，令下諸州，去年有蝗蟲下子處，蓋前冬無雪，至今春亢陽，致爲災沴，實傷隴畝。必慮今秋重困稼穡，自知多在荒陂榛蕪之内，所在長吏各須分配地界，精加翦撲，以絶根本。壬辰夜，火星犯月，太史奏，災合在荆楚[一〇]。乃令設武備，寬刑罰，恤人禁暴以禳之。永樂大典卷二千六百三十。軍前行營都將康懷英、孫海金以下主將四十三人於右銀臺門進狀待罪。帝以去年發軍之日不利，有違兵法，並釋放，兼各賜分物酒食勞問。永樂大典卷一萬四千二百一十二。制[一一]：義昌軍節度使劉守文加中書令，封大彭王；盧龍軍節度使劉守光封河間郡王。「河間」，原本作「河澗」，今據文改正。（影庫本粘籤）許州節度使馮行襲封長樂王。册府元龜卷一百九十六。是月癸未，淮賊寇荆州石首縣，襄陽舉舟師沿灨港襲敗之。册府元龜卷二百一十七。

六月辛亥，以亢陽，慮時政之闕，乃詔曰：「邇者下民喪禮，法吏舞文，銓衡既失於選求，州鎮又無其舉刺，風俗未厚，獄訟實繁，職此之由，上遭天譴[一二]。」至是，決遣囚徒及戒勵中外。丙寅，月犯角宿，帝以其分野在兗州，乃令長吏治戎事，設武備，省獄訟，恤疲病，祈福禳災，以順天戒。永樂大典卷二千六百三十。丙辰[一三]，邠、岐來寇，雍西編户困于逃避，且芟害禾稼，結營自固。踰月，同州劉知俊領所部兵擊退，襲至幕谷，案：歐陽史作漠谷，五代春秋仍作幕谷。大破之，俘斬千計，收其器甲，宋文通僅以身免。册府元龜卷二百一十七。詔曰：「敦尚儉素，抑有前聞；斥去浮華，期臻至理。如聞近日貢奉，競務奢淫，或奇巧蕩心，或雕鐫溢目，徒殫資用，有費工庸。此後應諸道進獻，不得以金寶裝飾戈甲劍戟，至於鞍勒，不用塗金及雕刻龍鳳，如有此色，所司不得引進。」永樂大典卷一萬九千五百九十九〔一四〕。邕州奏，鏌鋣山僧法通、道璘有道行，各賜紫衣。冊府元龜卷一百九十四〔一五〕。是月壬戌，岳州爲淮賊所據，帝以此郡此郡，原本作「北郡」，今據文改正。（影庫本粘籤）五嶺、三湘水陸會合之地，委輸商賈，靡不由斯，遂令荆襄、湖南皆舉舟師〔一六〕，同力致討。王師集，淮夷毀壁焚郛郭而遁。冊府元龜卷二百一十七。

秋七月甲戌，大霖雨，陂澤泛溢，頗傷稼穡，帝幸右天武軍河亭觀水。冊府元龜卷二百五。幸高僧臺閱禁衛六軍。冊府元龜卷二百一十四。詔曰：「車服以庸，古之制也，貴賤無別，罪莫大焉。應內外將相，許以銀飾鞍勒，其刺史、都將、內諸司使以降，祇許用銅〔一七〕，冀定尊卑，永爲條制，仍令執法官糾察之。」冊府元龜卷一百九十一。案五代會要載七月敕曰：祭祀之儀，有國大事，如聞官吏慢于恪恭，牲具禮容有異精審，宜令御史臺疏其條件奏聞。（舊五代史考異）癸巳，以禪代已來，思求賢哲，乃下令搜訪牢籠之，期以好爵，待以優榮，各隨其材，咸使登用。宜令所在長吏，切加搜訪，每得其人，則疏姓名以聞。如在下位不能自振者，有司薦導之；如任使後顯立功勞，別加遷陟。冊府元龜卷二百一十三。敕禁屠宰兩月。冊府元龜卷一百九十五。甲午，以高明門外繁臺爲講武臺。是臺，西漢梁孝王之時嘗按歌閱樂於此，當時因名曰「吹臺」。其後有繁氏居於其側，里人乃以姓呼之，時代綿寢，案：綿寢，原作「綿浸」，今據通鑑注改正。（舊五代史考異）雖官吏亦從俗焉。帝每登眺，蒐乘訓戎，宰臣以是事奏而名之。册府元龜卷一百九十六〔一八〕。案：以上又見通鑑注所引薛史，與册府元龜相符，惟字句稍有異同。

八月辛亥，敕應有暴露骸骨，各委差人埋瘞。册府元龜卷一百九十五。兩浙錢鏐奏請重鑄换諸州新印。册府元龜卷一百九十一。詔禁戢諸軍節級、兵士及供奉官、受旨、殿直以下，各脩禮敬。册府元龜卷一百九十一。甲寅，太史奏，壽星見於南方。册府元龜卷二百二。兩浙錢鏐奏改管内紫極宫爲真聖觀，册府元龜卷一百九十四。改臨安縣廣義鄉爲衣錦鄉。通鑑注引薛史。案十國春秋吴越世家：八月，梁敕改唐山縣爲吴昌縣〔一九〕，唐興縣爲天台縣。又敕升杭、越等州爲大都督府。復改新城縣曰新登，長城縣曰長興，樂成縣曰樂清，避梁諱也。（舊五代史考異）甲子夜，東方有大流星，光明燭地，有聲如裂帛。永樂大典卷七千八百六十六。廣州上言〔二〇〕，白龍見，圖形以進。永樂大典卷五百二十。

九月丙子，太原軍出陰地關南牧，寇掠郡縣，晉、絳有備。帝慮諸將翫寇，乃下詔親議巡幸，命有司備行。丁丑，翠華西狩，宰臣、翰林學士、崇政院使、金吾仗及諸司要切官皆扈從，餘文武百官並在東京。壬午，達洛陽。帝御文思殿受朝參，許、汝、孟、懷牧守來朝，孟、懷，原本作「盂懷」，今據文改正。（影庫本粘籤）澤州刺史劉重霸面陳破敵之策。癸未，西幸，宿新安。丙戌，至陝州駐蹕〔二一〕，案：通鑑作乙酉。（舊五代史考異）蒲、雍、同、華牧守皆進鎧甲、騎馬、戈戟、食味、方物。册府元龜卷二百五。幽州都將康君紹等十人自蕃賊寨内來投，又幽州騎將高彦章八十人騎先在并州，乃於晉州軍前來降。至是到行在，皆賜分物衣服，放歸本道，以示懷服。册府元龜卷二百一十五。丁亥，至陳州，賜宴扈從官〔二二〕。永樂大典卷一萬六千七百四十六。戊子，延州賊軍寇上平關，又太原軍攻平陽，烽火羽書，晝夜繼至。乙丑〔二三〕，六軍統軍牛存節、黄文靖各領所部將士赴行在。甲午，太原步騎數萬攻逼晉、絳，踰旬不克，知大軍至，乃自焚其寨，至夕而遁。册府元龜卷二百五。至夕而遁，原本作「至久」，今參考通鑑改正。（影庫本粘籤）福州貢玳瑁琉璃犀象器，并珍玩、香藥、奇品、海味，色類良多，價累千萬。册府元龜卷一百九十七。

十月己亥，上在陝。兩浙節度使奏，於常州東州鎮殺淮賊萬餘人，獲戰船一百二隻〔二四〕。册府元龜卷二百一十七。以行營左廂步軍指揮使賀瓌爲左龍虎統軍，以左天武軍夾馬指揮使尹皓爲輝州刺史，以右天武都頭韓瑭爲神捷指揮使，左天武第三都頭胡賞爲右神捷指揮使，仍賜帛有差，以解晉州圍之功也。册府元龜卷二百一十。以尹皓部下五百人爲神捷軍。通鑑注引薛史。乙巳，御内殿，宴宰臣扈從官共四十五人。丙午，御毬場殿，宣夾馬都指揮使尹皓、韓瑭以下將士五百人，賜酒食。庚戌，至西都，御文思殿〔二五〕。辛亥，宰臣百僚起居於殿前，遂宣赴内宴，賜分物有差〔二六〕。丁巳，至東都。永樂大典卷一萬六千七百四十六。案：通鑑考異引編遺録作乙卯，實録作丁巳。今考五代春秋作丁巳，與薛史同。歐陽史作丁未，與薛史異。（舊五代史考異）己未，大明節，諸道節度、刺史各進獻鞍馬、銀器、綾帛以祝壽，宰臣百官設齋相國寺。永樂大典卷一萬六千四百八十七。壬戌，御宣和殿，宴宰臣文武百官。

十一月辛未，御宣和殿，宴宰臣文武百官，以大駕還京故也。庚辰，御宣和殿，宴宰臣文武百官。永樂大典卷一萬六千七百四十六。出開明門，登高僧臺閱兵。册府元龜卷一百一十四。諸道節度使、刺史各進賀冬田器、鞍馬、綾羅等。戊子，賜文武百官帛。册府元龜卷一百九十七。乙未〔二七〕，又宴宰臣文武百官於宣和殿。永樂大典卷一萬六千七百四十六。案歐陽史：癸巳，張策罷，左僕射楊涉同中書門下平章事。

十二月，立二王三恪。南郊禮儀使狀：「伏以詩稱有客，書載虞賓，實因禪代之初，必行興繼之命，俾之助祭，式表推恩，兼垂恪敬之文，別示優崇之典。徵於歷代，襲用舊章。謹按唐朝以後魏元氏子孫韓國公爲三恪，以周宇文氏子孫爲介國公、隋朝楊氏子孫爲酅國公，爲二王後。今伏以國家受禪，封唐朝子孫李嵸爲萊國公。今參詳合以介國公爲三恪，鄜國公、萊國公爲二王後。」冊府元龜卷二百一十一〔二八〕。　案五代會要：十二月，改左右天武爲龍虎軍，左右龍虎爲天武軍，左右天威爲羽林軍，左右羽林爲天威軍，左右英武爲神武軍，左右神武爲英武軍。前朝置龍虎六軍謂之衞士，至是以天武、神武、英武等六軍易其軍號而任勳舊焉。（舊五代史考異）癸丑，獵畋于含耀門外。冊府元龜卷二百五。

開平三年正月戊辰朔，帝御金祥殿，受宰臣、翰林學士稱賀，文武百官拜表於東上閤門。冊府元龜卷一百九十七。己巳，奉遷太廟四室神主赴西京，太常儀仗鼓吹導引齋車，文武百官奉辭於開明門外。冊府元龜卷一百八十九。甲戌，發東都，百官扈從，次中牟縣。乙亥，次鄭州。丙子，次汜水縣，河南尹張宗奭、河陽節度使張歸霸並來朝。戊寅，次偃師縣。己卯，備法駕六軍儀仗入西都。是日，御文明殿受朝賀。冊府元龜卷二百五。詔曰：「近年以來，風俗未泰，兵革且繁，正月燃燈，廢停已久。今屬創開鴻業，初建洛都〔二九〕，方在上春，務達陽氣，宜以正月十四、十五、十六日夜，開坊市門，一任公私燃燈祈福。」永樂大典卷六千六百六十六〔三〇〕。庚寅，親享太廟〔三一〕。冊府元龜卷一百八十九。辛卯，祀昊天上帝於圜丘。是日，降雪盈尺，帝昇壇而雪霽。禮畢，御五鳳樓，五鳳樓下原本衍一「于」字，今據文删去。（影庫本粘籤）宣制大赦天下。永樂大典卷四千三百七十六〔三二〕。賜南郊行事官禮儀使趙光逢以下分物。甲午，上御文思殿宴羣臣，賜金帛有差。丙申，賜文武官帛有差。命宣徽使王殷押絹一萬匹并茵褥圖帟二百六十件賜張宗奭〔三三〕。永樂大典卷一萬三千七百一十九。案歐陽史：丙申，羣臣上尊號曰睿文聖武廣孝皇帝。改西京貞觀殿爲文明殿、含元殿爲朝元殿。

二月，改思政殿爲金鑾殿〔三四〕。敕東都曰：「自昇州作府，建邑爲都，未廣邦畿，頗虧國體。其以滑州酸棗縣長垣縣、鄭州中牟縣陽武縣、宋州襄邑縣、曹州戴邑縣、許州扶溝縣鄢陵縣〔三五〕、陳州太康縣等九縣，宜並割屬開封府，仍昇爲畿縣。」冊府元龜卷一百九十六。案輿地廣記：朱梁時，楊氏據江淮，于是吴越錢氏上言，以淮寇未平，恥聞逆姓，請改松陽縣爲長松。（舊五代史考異）丁酉，宴羣臣於崇勳殿。甲辰，又宴羣臣於崇勳殿，蓋藩臣進賀，勉而從之〔三六〕。永樂大典卷一萬六千七百四十八。丙午，宗正寺請修興極、永安、光天、咸寧諸陵，並合添修上下宮殿〔三七〕，栽植松柏。制可。癸亥，敕：「豐沛之基，寢園所在，悽愴動關於情理，充奉自繫於國章。宜設陵臺，兼升縣望，其輝州碭山縣宜陞爲赤縣〔三八〕，仍以本縣令兼四陵臺令。」冊府元龜卷一百八十九。同州節度使劉知俊奏，延州都指揮使高萬興部領節級家累三十八人來降。

三月，以萬興檢校司徒，爲丹延等州安撫招誘等使。冊府元龜卷二百一十五。辛未，詔曰：「同州邊隅，繼有士衆歸化，暫思巡撫，兼要指揮，今幸蒲、陝，今幸蒲、陝，原本作「今宰」，今據文改正。（影庫本粘籤）取九日進發。」甲戌，車駕發西都，百官奉辭于師子門外。丁丑，次陝州。己卯，次解縣，河中節度使、冀王友謙來奉迎。庚辰，至河中府。冊府元龜卷二百五〔三九〕。幸右軍舊杏園講武。冊府元龜卷二百一十四。丙戌，以朔方節度使、兼中書令韓遜爲潁川王〔四〇〕。遜本靈州牙校，唐末據本鎮，朝廷因而授以節鉞。永樂大典卷一萬九千八百一十七〔四一〕。

四月丙申朔，駐蹕河中。壬寅辰時，駕巡于朝邑縣界焦黎店，冀王友謙及崇政內諸司使扈從，至申時迴。冊府元龜卷二百五〔四二〕。己亥〔四三〕，御前殿，宴宰臣及冀王友謙、扈從官。甲寅，宴宰臣及扈從官於內殿。永樂大典卷一萬六千七百四十八。制：易定節度使王處直進封北平王，福建節度使王審知封閩王，廣州節度使劉隱封南平王，案：甲寅，通鑑作庚子，與薛史異。（舊五代史考異）同州節度使劉知俊封大彭郡王，山南東道節度使楊師厚封弘農郡王。冊府元龜卷一百九十六。

五月乙丑朔，視朝〔四四〕，遂命宰臣及文武百官宴於內殿。己卯，車駕至西京〔四五〕。癸未，御崇勳殿，宴宰臣及文武官四品以上。己丑，復御崇勳殿，宴宰臣、文武官四品以上。永樂大典卷一萬六千七百四十八。升宋州爲宣武軍節鎮，仍以亳、輝、潁爲屬郡。通鑑注引薛史。

六月庚戌，同州節度使劉知俊據本郡反，制令削奪劉知俊在身官爵，仍徵發諸軍，速令進討。如有軍前將士，懷忠烈以知機；賊内朋徒，憤脅從而識變，便能梟夷逆豎，擒獲凶渠，務立殊功，當行厚賞。活捉得劉知俊者，賞錢一萬貫文，便授忠武軍節度使，並賜莊宅各一所。如活捉得劉知浣者，賞錢一千貫文，案：一千，原作「一萬」，今據通鑑長編引梁代賞功之典改正。（舊五代史考異）便與除刺史，有官者超轉三階，無官者特授兵部尚書。如活捉得劉知俊骨肉及近上都將並梟送闕廷者，賞賜有差。冊府元龜卷二百一十六。辛亥，駕幸蒲、陝〔四六〕，案：通鑑作癸丑，帝至陝，與薛史前後異。（舊五代史考異）文武百官於新安縣奉迎〔四七〕。冊府元龜卷二百五。劉知俊弟内直右保勝指揮使知浣自洛奔至潼關，右龍虎軍十將張温以上二十二人於潼關擒獲劉知浣，送至行在。敕：「劉知浣，逆黨之中最爲頭角；龍虎軍，親兵之内實冠爪牙。昨者攻取潼關，率先用命，尋則擒獲知浣，最上立功。頗壯軍威，將除國難。所懸賞格，便可支分；許賜官階，固須除授。但昨捉獲劉知浣是張温等二十二人，一時向前，共立功效，其賞錢一千貫文，數内一百貫文與最先打倒劉知浣衙官李稠，四十三貫文與十將張温，二十人各與錢四十二貫八百五十文。立功敕命便授郡府，亦緣同時立功人數不少，所除刺史，難議偏頗。宜令逐月共支給正刺史料錢二百貫文，數内十將張温一人每月與十貫文，餘二十一人每月每人各分九貫文，仍起七月一日以後支給。人與轉官職，仍勘名銜，分析申奏，當與施行。」册府元龜卷二百一十。是月，知俊奔鳳翔，同州平。永樂大典卷三千五百一十三〔四八〕。

七月乙丑，敕行營將士陣殁者〔四九〕，咸令所在給槥櫝，津置歸鄉里。戰卒聞之悉感涕。册府元龜卷一百八十九。丙寅，命宰臣楊涉赴西都，以孟秋享太廟。册府元龜卷一百八十九。改章善門爲左、右銀臺門，其左、右銀臺門却改爲左、右興善門。册府元龜卷一百九十六。敕：「大内皇牆使、諸門素來未得嚴謹，將令整肅，須示條章。宜令控鶴指揮，應於諸門各添差控鶴官兩人，守帖把門。其諸司使并諸司諸色人，並勒於左、右銀臺門外下馬，不得將領行官一人輒入門裏。其逐日諸道奉進，客省使於千秋門外排當訖〔五〇〕，勒控鶴官舁擡至内門前，準例令黄門殿直以下舁進，輒不得令諸色一人到千秋門内。其章善門仍令長關鎖〔五一〕，不用逐日開閉。」是日，又敕：「皇牆大内，本尚深嚴，宫禁諸門，豈宜輕易。未當條制，交下因循，苟出入之無常，且公私之不便〔五二〕，須加鈐轄，用戒門閭。宜令宣徽院使等切准此處分。」册府元龜卷一百九十一。進封幽州節度使、河間郡王劉守光爲燕王。册府元龜卷一百九十六。案通鑑：七月癸酉，帝發陝州。乙亥，至洛陽，寢疾。（舊五代史考異）己丑夕，寢殿棟折。詰旦，召近臣諸王視棟折之迹，帝慘然曰：「幾與卿等不相見。」君臣對泣久之。遂詔有司釋放禁人，從八月朔日後減膳，進素食，禁屠宰，避正殿，修佛事，以禳其咎。永樂大典卷一萬六千五百七十一。商州刺史李稠棄郡西奔，本州將吏以都牙校李玟權知州事[五三]。通鑑注引薛史。

八月甲午，以秋稼將登，霖雨特甚，命宰臣以下禱於社稷諸祠。永樂大典卷二千六百三十。詔曰：「封嶽告功，前王重事；祭天肆覲，有國恒規。朕以眇身，恭臨大寶，既功德未敷於天下，而災祥互降於域中[五四]。慮於告謝之儀，有缺齋虔之禮，爰修昭報，用契幽通。宜令中書侍郎、平章事于兢往東嶽祭拜禱祀訖聞奏。」永樂大典卷一萬六千九百五十八。于兢，原本作「於兢」，今據歐陽史改正。（影庫本粘籤）又敕：「朕以干戈尚熾，華夏未寧，宜循卑菲之言，用致雍熙之化。起八月一日，常朝不御金鑾、崇勳兩殿，只於便殿聽政。」册府元龜卷一百九十七。辛亥，制：「諸都如有陣歿將士[五五]，仰逐都安存家屬，如有弟兄兒姪，便給與衣糧充役。」册府元龜卷一百九十五。贈故山南東道節度使留後王班太保[五六]，贈故同州觀察判官盧匪躬工部尚書。珏，故河陽將，累以軍功爲郡守，主留事於襄陽，爲小將王求所殺。匪躬嘗爲劉知俊判官，知俊反，不偕行，爲亂兵所害。册府元龜卷二百一十。敕：「建國之初，用兵未罷，未罷，原本作「之罷」，今據五代會要改正。（影庫本粘籤）諸道章表，皆繫軍機，不欲滯留，用防緩急。其諸道所有軍事申奏，宜令至右銀臺門委客省畫時引進。諸道公事，即依前四方館准例收接。」冊府元龜卷一百九十一。司天臺奏：「今月二十七日平明前，東南丙上去山高三尺以來，老人星見，測在井宿十一度，其色光明潤大〔五七〕。」冊府元龜卷二百二。敕：「所在長吏放雜差役，兩稅外不得妄有科配。自今後州縣府鎮，凡使命經過，若不執敕文券，並不得妄差人驢及取索一物已上。又今歲秋田，皆期大稔，仰所在切如條流〔五八〕，本分納稅及加耗外，勿令更有科索〔五九〕。切戒所繇人更不得於鄉村乞託擾人。」冊府元龜卷一百九十一。

閏八月，襄陽叛將李洪差小將進表，帝示以含弘，特賜敕書慰諭。又制：「左馮背叛，左馮，原本作「左憑」，今據文改正。（影庫本粘籤）元惡遁逃，如聞相濟之徒，多是脅從之輩，若能迴心向國，轉禍全身，當與加恩，必不問罪。仍令同、華、雍等州切加招諭，如能梟斬溫韜，或以鎮寨歸化，必加厚賞，仍獎官班，兼委本界招復人户，切加安存〔六〇〕。」冊府元龜卷二百一十五。己卯，幸西苑觀稼。冊府元龜卷二百五。

## 校勘記

〔一〕見于崇元門　冊府卷一九七同，句下殿本、劉本有「封從子友寧爲安王友倫爲密王」十三字，事見五代會要卷一一。

〔二〕幽州劉守文進海東鷹鶻　「劉守文」，册府卷一九七同，劉本作「劉守光」。據本書卷一三五劉守光傳，天祐四年四月，守光自爲幽州節度，其兄守文在滄州。

〔三〕册府元龜卷一百九十七　「一百九十七」，原作「一百九十」，按此則實出册府卷一九七，據改。

〔四〕永樂大典卷二千六百三十　檢永樂大典目録，卷二六三〇爲「萊」字等韻，與本則內容不符，恐有誤記。陳垣舊五代史輯本引書卷數多誤例謂應作卷二六三一「災」字韻。本卷以下三則引永樂大典卷二六三〇同。

〔五〕姚洎　原作「姚泊」，據殿本、劉本改。按本書卷八梁末帝紀上、卷一四八選舉志有姚洎。

〔六〕開封尹博王友文爲東都留守　册府卷二〇五同，句下殿本、劉本有「辛未契丹主安巴堅遣使貢良馬」十三字。殿本考證：「安巴堅舊作阿保機，今改。」本書下文出現「安巴堅」，均係輯録舊五代史時所改，今一律恢復爲原文，不另出校。

〔七〕甲寅　是月辛丑朔，甲寅爲十四日，上文丙寅爲二十六日，甲寅不當在丙寅後。按本卷輯自各處，疑原本綴置失序。

〔八〕册府元龜卷二百一十一　「二百一十一」，原作「一百一十二」，按此則實出册府卷二一一，據改。

〔九〕馳馬勵兵　「勵」，册府卷二一七作「甲」。

〔一〇〕災合在荆楚　册府卷一九三作「災分合在荆楚」。

〔一一〕制　原作「封」，據殿本改。

〔一二〕上遭天譴　「遭」，册府卷一九三作「貽」。

〔一三〕丙辰　是月庚子朔，丙辰爲十六日，上文丙寅爲二十六日，丙辰不當在丙寅後。按本卷輯自各處，疑原本綴置失序。

〔一四〕永樂大典卷一萬九千五百九十九　檢永樂大典目録，卷一九五九九爲「屋」字「事韻一」，與本則内容不符，恐有誤記。按此則又見册府卷一九八。

〔一五〕册府元龜卷一百九十四　「一百九十四」，原作「一百一十七」，按此則實出册府卷一九四，據改。

〔一六〕遂令荆襄湖南皆舉舟師　「襄」，原作「湘」；「皆」，原作「北」，據册府卷二一六改。

〔一七〕祇許用銅　「許」，原作「取」，據彭校、册府卷一九一、五代會要卷六改。「銅」下五代會要有「飾」字。

〔一八〕册府元龜卷一百九十六　「一百九十六」，原作「一百九十五」，按此則實出册府卷一九六，據改。

〔一九〕梁敕改唐山縣爲吴昌縣　「改」，原作「封」，據十國春秋卷七八改。

〔二〇〕廣州　原作「唐州」，據册府卷二〇二改。按新唐書卷四〇地理志四，天祐三年，朱全忠表請唐州更名爲泌州。

〔二一〕至陝州駐蹕　「蹕」字原闕，據册府卷二〇五補。

〔二二〕丁亥至陳州賜宴扈從官　册府卷二〇五無「至陳州」三字，册府卷一九七作「丁亥，西幸陳州，錫宴扈從官」。按本卷上文有「丙戌，至陝州駐蹕」，丙戌、丁亥差一日，由陝州至陳州，非一日可達，下文又有「十月己亥，上在陝」，「至陳州」三字疑誤。

〔二三〕乙丑　按是月己巳朔，無乙丑，此則繫於戊子、甲午間，或爲己丑之訛。

〔二四〕兩浙節度使奏於常州東州鎮殺淮賊萬餘人獲戰船一百二隻　「東州鎮」，邵本校、册府卷四三五作「東洲鎮」。「一百二隻」，册府卷四三五作「一百二十隻」。

〔二五〕文思殿　原作「文明殿」，據册府卷一九七改。影庫本粘籤：「文明殿，原本脱『明』字，今據五代會要增入。」按册府卷一九六記開平三年正月始改西京貞觀殿爲文明殿，此時尚無「文明殿」之名。

〔二六〕賜分物有差　「分物」，原作「方物」，據册府（宋本）卷一九七改。

〔二七〕乙未　原作「己未」，據殿本、册府卷一九七改。按是月己巳朔，無己未，乙未爲二十七日。

〔二八〕册府元龜卷二百一十一　「二百一十一」，原作「二百一十二」，按此則實出册府卷二一一，據改。

〔二九〕初建洛都　「洛都」，原作「洛陽」，據册府卷一九一改。

〔二〇〕永樂大典卷六千六百六十六　檢永樂大典目録，卷六六六六爲「江」字韻「鎮江府三」，與本則内容不符，恐有誤記。陳垣舊五代史輯本引書卷數多誤例謂應作卷八六六六「燈」字韻。

〔二一〕庚寅親享太廟　本則原在上文「詔曰近年以來」前，據殿本移此。按是月戊辰朔，庚寅爲二十三日，上文詔中有「宜以正月十四、十五、十六日夜」之語，應在「庚寅」之前。

〔二二〕永樂大典卷四千三百七十六　檢永樂大典目録，卷四三七六爲「檀」字韻，與本則内容不符，恐有誤記。陳垣舊五代史輯本引書卷數多誤例謂應作卷四三七五「壇」字韻。

〔二三〕命宣徽使王殷押絹一萬匹并茵褥圖帟二百六十件賜張宗奭　「圖帟」，原作「圖幨」，據册府（宋本）卷一九七改。殿本作「幃帟」，劉本作「圍帟」。按幨，帶也；帟，幕之小者，所以承塵。「圖帟」當爲有圖之帟，與「茵褥」相對成文。

〔二四〕金鑾殿　原作「金鸞殿」，據殿本、册府卷一九六、五代會要卷一三改。本卷下一處同。按本書卷一四九職官志：「前朝因金鑾坡以爲門名……梁氏因之以爲殿名，仍改『鑾』爲『鑾』，從美名也。」

〔二五〕扶溝縣　「縣」字原闕，據殿本、劉本、邵本校補。殿本考證：「案『扶溝』下脱『縣』字，今據文增入。」

〔二六〕丁酉……從之　本條原在下文「丙午」條後，據殿本移此。按是月丁酉朔，甲辰爲初八，丙午爲初十。

〔三七〕並合添修上下宮殿　「合」，原作「令」，據册府卷一八九改。

〔三八〕其輝州碭山縣宜陞爲赤縣　「陞」字原闕，據册府卷一八九補。

〔三九〕册府元龜卷二百五　「二百五」，原作「二百二」，按此則實出册府卷二〇五，據改。

〔四〇〕以朔方節度使兼中書令韓遜爲潁川王　册府卷一九六敍其事作「進封朔方節度使、潁川郡公韓遜爲潁川郡王」，本書卷一三二韓遜傳、五代會要卷一一亦作「潁川郡王」。

〔四一〕永樂大典卷一萬九千八百一十七　檢永樂大典目録，卷一九八一七爲「服」字「事韻一」，與本則内容不符，恐有誤記。又此則全同通鑑卷二六七，疑係誤輯。

〔四二〕册府元龜卷二百五　「二百五」，原作「二百二」，按此則實出册府卷二〇五，據改。

〔四三〕己亥　是月丙申朔，己亥爲初四，本卷上文敍壬寅事，壬寅爲初七，己亥不當在壬寅後。按本卷輯自各處，疑原本綴置失序。

〔四四〕視朝　「視」字原闕，據册府卷一九七補。

〔四五〕車駕至西京　「車駕」，原作「車馬」，據殿本、劉本、彭校、册府卷一九七改。

〔四六〕駕幸蒲陝　「幸」，原作「至」，據册府卷二〇五改。又句下册府卷二〇五有「夜半發大内」五字。

〔四七〕文武百官於新安縣奉迎　句上册府卷二〇五有「七月癸酉，駕幸陝。乙亥，至自陝」十二字，則此事當繫於七月。

〔四八〕永樂大典卷三千五百一十三　檢永樂大典目録，卷三五一三爲「坤」字「坤卦十」，與本則内容不符，恐有誤記。陳垣舊五代史輯本引書卷數多誤例謂應作卷三五一六「奔」字韻。

〔四九〕敕行營將士陣歿者　「行營」，原作「行宫」，據劉本、册府（宋本）卷一九五改。

〔五〇〕客省使於千秋門外排當訖　「訖」，原作「抗」，據册府（宋本）卷一九一、五代會要卷二四改。

〔五一〕其章善門仍令長關鎖　「章善門」，原作「興善門」，據五代會要卷二四、册府卷一九一改。舊五代史考異卷一：「案『興善』原作『章善』，今據上文及五代會要改正。」「長關鎖」，原作「長官關鎖」，據册府（宋本）卷一九一改。

〔五二〕且公私之不便　「不便」，册府（宋本）卷一九一作「何辨」。

〔五三〕李玟　原作「李玫」，據通鑑卷二六七考異引薛史改。

〔五四〕而災祥互降於域中　「互」，原作「訝」，據殿本、册府卷一九三、五代會要卷三改。「域」，原作「城」，據彭校、册府卷一九三改。

〔五五〕諸都如有陣歿將士　「諸都」，原作「諸郡」，據册府（宋本）卷一九五改。

〔五六〕贈故山南東道節度使留後王班太保　「南」字原闕，據彭校、通鑑卷二六七補。「王班」，册府卷二一〇同，殿本、劉本作「王珏」。按通鑑卷二六七考異：「薛史作王珏，今從實録。」

〔五七〕其色光明潤大　「潤」，原作「闊」，據册府（宋本）卷二〇二改。

〔五八〕仰所在切如條流　「切如」，册府（四庫本）卷一九一作「切加」。

〔五九〕勿令更有科索　「科索」，册府（宋本）卷一九一作「科率」。

〔六〇〕又制……切加安存　本則册府卷二一五繫其事於八月。

# 舊五代史卷五

梁書五

## 太祖紀第五

開平三年九月〔一〕，御崇勳殿，宴羣臣文武百官。賜張宗奭、楊師厚白綾各三百疋、銀鞍轡馬。丁酉，上幸崇政院宴内臣，賜院使敬翔、直學士李珽等繒綵有差〔二〕。永樂大典卷一萬六千七百四十六。以門下侍郎、平章事薛貽矩判建昌宮事兼延資庫使〔三〕。案通鑑：丁未，以保義節度使王檀爲潞州東面行營招討使。辛亥，侍中韓建罷守太保，左僕射、平章事楊涉罷守本官。太常卿趙光逢爲中書侍郎、平章事，翰林學士奉旨、工部侍郎、知制誥杜曉爲尚書户部侍郎、平章事。册府元龜卷一百九十九。制：「内外使臣復命未見便歸私第者，朝廷命使，臣下奉行，唯於辭見之儀，合守敬恭之道。近者凡差出使，往復皆越常規，或已辭而尚在本家，或未見而先歸私第，但從己便，莫禀王程。在禮敬而殊乖，置典章而私舉。宜令御史臺别具條流事件具黜罰等奏聞。」册府元龜卷一百九十一。庚子，殿直王唐福自襄州走馬〔四〕，以天軍勝捷逆將李洪歸降事上聞。賜唐福絹銀有加，宰臣百官上表稱賀。壬寅，開封府虞候李繼業齎襄州都指揮使程暉奏狀〔五〕，以今月五日，殺戮逆黨千人，并生擒都指揮使傅霸以下節級共五百人，收復襄州人户歸業事。案歐陽史：九月壬寅，陳暉克襄州。歐陽史據薛史則陳暉以壬寅奏捷，非以是日克城。考通鑑克城繫九月丁酉，與薛史「今月五日」正合。蓋據奏捷之日而書之耳。（舊五代史考異）通鑑：八月，陳暉軍至襄州，李洪逆戰，大敗，王求死〔六〕。九月丁酉，拔其城，斬叛兵千人，執李洪、楊虔等送洛陽，斬之。（殿本）癸卯，帝御文明殿，以收復襄漢，襄漢下原本衍「收」字，今據文删去。（影庫本粘籤）受宰臣以下稱賀。册府元龜卷四百三十五。詔曰：「秋冬之際，陰雨相仍，所司擇日拜郊，或慮臨時妨事，宜令別更擇日奏聞。」是月，禮儀使奏：「今據所司申奏，十一月二日冬至〔七〕，祀昊天上帝于圜丘。今參詳十月十七日以後入十一月節，十一月二日冬至一陽生之辰，宜行親告之禮。」從之。册府元龜卷一百九十三。河中奏，准宣，詔使有銅牌者，所至即易騎以遣。册府元龜卷一百九十一。

十月癸未，大明節，帝御文明殿，設齋僧道，召宰臣、翰林學士預之，諸道節度、刺史及內外諸司使咸有進獻。永樂大典卷一萬六千四百八十七。詔以寇盜未平，凡諸給過所，並令司門郎中、案：司門，原本作「司關」，考五代會要有司門郎中，今改正。（舊五代史考異）員外郎出給〔八〕，以杜姦詐。永樂大典卷六千九百二十〔九〕。

十一月癸巳朔，帝齋於內殿，不視朝。甲午，日長至，五更一點自大內出，於文明殿受宰臣以下起居，自五鳳樓出南郊，左右金吾、太常、兵部等司儀仗法駕鹵簿及左右內直、控鶴等引從赴壇，文武百官太保韓建以下班以俟至〔一○〕，帝升壇告謝。册府元龜卷一百九十三。司天臺奏：冬至日，自夜半後，祥風微扇，帝座澄明，至曉，黄雲捧日。册府元龜卷二百二。丙申，畋于上東門外。册府元龜卷二百五。戊戌，制曰：

夫嚴祀報本〔一一〕，所以通神明；流澤覃休，所以惠黎庶。斯蓋邦家不易之道，皇王自昔之規，敢斁大猷，茲唯古義。粤朕受命，于今三年，何曾不寅畏晨興，焦勞夕惕。師唐虞之典，上則於乾功；揖殷夏之源，下涵於民極。欲使萬方有裕，六辨無愆。然而志有所未孚，理有所未達，致奸宄作釁，霖霪爲災〔一二〕。驕將守邊，擁牙旗而背義；積陰馭氣，陵玉燭以干和。載考休徵，式昭至警。朕是以仰高俯厚，靡惜於責躬；履薄臨淵，冀昭于玄鑒〔一三〕。兢兢慄慄，夙夜匪寧。及夫動干戈而必契靈誅，陳犧齋而克章善應，苟非天垂丕佑，神贊殊休，則安可致夷兇渠，「致」字疑有脱誤，蓋册府元龜引薛史原文偶有舛誤也。今無別本可校，姑仍其舊。（影庫本粘籤）就不戰之功，變沴戾氣，作有年之慶。況靈旗北指，喪犬羊于亂轍之間；飛騎西臨，下鄜翟若走丸之易。

息一隅之煙燧，復千里之封疆。而又掃蕩左馮，討除峴首。故得外戎內夏，內夏，原本作「內憂」，今據文改正。（影庫本粘籤）益知天命之攸歸；喙息蚑行，共識皇基之永固。仰懷昭應，欲報無階。爰因南至之辰，親展圜丘之禮。兹惟大慶，必及下民，乃弘渙汗之私，以錫疲羸之幸。所冀漸臻蘇息〔一四〕，亟致和平。噫！朕自臨御以來，歲時尚邇，氛昏未殄，討伐猶頻，甲兵須議於餽糧，飛輓頻勞於編户，事非獲已，慮若納隍。宜所在長吏，倍切撫綏，明加勉諭，每官中抽差徭役，禁猾吏廣斂貪求。免至流散靡依，凋弊不濟。宜令河南府、開封府及諸道觀察使切加鈐轄，刺史、縣令不得因緣賦斂，分外擾人。凡關庶獄，每尚輕刑〔一五〕。只候纔罷用軍，必當便議優給。德音節文內有未該者，宜令所司類例條件奏聞。册府元龜卷一百九十一。

己亥，以司門郎中羅廷規充魏博節度副使、知府事，仍改名周翰〔一六〕。時鄴王紹威病日甚，慮以後事，故奏請焉。通鑑考異引薛史〔一七〕。辛丑，幸穀水。册府元龜卷二百五。戊午，御文明殿，册太傅張宗奭爲太保韓建受册畢〔一八〕，按：原本疑有脱訛。金吾仗引昇輅車，儀仗導謁太廟訖，赴尚書省上。册府元龜卷一百九十九。幸榆林坡閱兵，教諸都馬步兵。册府元龜卷二百十四。敕改乾文院爲文思院、行從殿爲興安殿〔一九〕、毬場爲興安毬場〔二〇〕，又改弓箭庫殿爲宣威殿〔二一〕。册府元龜卷一百九十六〔二二〕。靈州奏，鳳翔賊將劉知俊率邠、岐、秦、涇之師侵迫州城。帝遣陝州康懷英、華州寇彥卿率兵攻迫邠寧，以緩朔方之寇。冊府元龜卷二百十六。　案五代春秋：十一月〔二三〕，秦人來侵靈州。陝州康懷英侵秦，克寧、慶、衍三州。秦人來襲，懷英師敗于昇平。

十二月乙丑臘，較獵于甘泉驛。冊府元龜卷二百五。以蒲州肇迹之地，且因經略鄜、延，於是巡幸數月。暇日游豫至焦梨店，頗述前事，念王重榮舊功，下詔褒獎而封崇之。冊府元龜卷二百十一〔二四〕。國子監奏：「創造文宣王廟，仍請率在朝及天下現任官僚俸錢，每貫每月尅一十五文，充土木之值〔二五〕。」允之。是歲，以所率官僚俸錢修文宣王廟。冊府元龜卷二百九十四。福建節度使王審知奏，捨錢造寺一所，請賜寺額。敕名「大梁萬歲之寺」，仍許度僧四十九人。冊府元龜卷一百九十四。贈牢牆使王仁嗣司空，故同州押衙史肇右僕射，押衙王彥洪、高漢詮、丘奉言、仇瓊並刑部尚書，王筠御史司憲。初，知俊將叛，謀會諸將詢所宜，仁嗣等持正不撓，悉罹其酷，至是褒贈之。冊府元龜卷二百一十。劉守光上言，于薊州西與兄守文戰，生擒守文。通鑑注引薛史。

開平四年正月壬辰朔，帝御朝元殿，受百官稱賀，用禮樂也〔二六〕。冊府元龜卷一百九十七〔二七〕。敕：「公事難於稽遲，居處悉皆遥遠。其逐日當直中書舍人及吏部司封知印郎官、少府監及篆印文兼書寫告身人吏等，並宜輪次于中書側近宿止。」冊府元龜卷一百九十一。帝出師子門〔二八〕，至榆林坡下閱教。冊府元龜卷二百十四。壬寅，幸保寧毬場，錫宴宰臣及文武百官。賜宰臣張宗奭已下分物有加，賜廣王分物。永樂大典卷一萬六千七百四十六。賜湖南開元寺禪長老可復號惠光大師〔二九〕，仍賜紫衣。冊府元龜卷一百九十四。案五代春秋：正月，燕王守光克滄州。通鑑引薛史劉守光生擒守文在三年十二月，五代春秋作正月克滄州，與薛史前後互異。今附録五代春秋于正月末，以備參考。（影庫本粘籤）

二月乙丑，幸甘水亭。冊府元龜卷二百五。帝出師子門，幸榆林東北坡，教諸軍兵事。冊府元龜卷二百十四。賜潞州投歸軍使張行恭錦服銀帶并食。冊府元龜卷二百十五。戊辰，宴於金鑾殿。甲戌，以春時無事，頻命宰臣及勳戚宴於河南府池亭。辛巳，楊師厚赴鎮于陜。寒食假，諸道節度使、郡守、勳臣競以春服賀。又連清明宴，以鞍轡馬及金銀器、羅錦進者迨千萬，乃御宣威殿，宴宰臣及文武官四品已上。己丑，出光政門，至穀水觀麥〔三〇〕。冊府元龜卷一百九十八。

三月壬辰，幸崇政院，宴勳臣。己亥，幸天驥院，宴侍臣。壬寅，幸甘水亭，宴宰臣、宴宰臣，原本脱「宴」字，今據文增入。（影庫本粘籤）勳戚、翰林學士。辛亥，宴宰臣於内殿。丙辰，於興安毬場大饗六軍，樂春時也。永樂大典卷一萬六千七百四十六。

四月壬戌，詔曰：「追養以祿，王者推歸厚之恩；欲靜而風，人子抱終身之感。其以刑部尚書致仕張策及三品、四品常參官二十二人先世，先世，原本作「先正」，今據文改正。（影庫本粘籤）各追贈一等。」冊府元龜卷二百十〔三一〕。乙丑，宴崇政院。帝在藩及踐阼，勵精求理，深戒逸樂，未嘗命堂上歌舞，是日止令內妓升階，擊鼓弄曲甚懽，至午而罷。冊府元龜卷一百九十七。丁卯，宋州節度使、衡王友諒進瑞麥，一莖三穗。冊府元龜卷二百二〔三二〕。案通鑑云：友諒獻瑞麥，帝曰：「豐年爲上瑞，今宋州大水，安用此爲！」詔除本縣令名，遣使詰責友諒。容齋續筆亦載此事，疑皆采薛史原文，而冊府元龜徵引梁書有所刪節也，謹附載于此。丙戌，幸建春門閱新樓，至七里屯觀麥，召從官食于樓。河南張昌孫及蒲、同主事吏賜物各有差。冊府元龜卷二百五。帝過朝邑，見鎮將位在縣令上，問左右，或對曰：「宿官秩高。」帝曰：「令長字人也，鎮使捕盜耳。且鎮將多是邑民，奈何得居民父母上，是無禮也。」至是，敕天下鎮使〔三三〕，官秩無高卑，位在邑令下。冊府元龜卷一百九十一。葉縣鎮遏使馮德武於蔡州西平縣界殺戮山賊，擒首領張濆等七人以獻。冊府元龜卷四百三十五。鎮海軍節度使錢鏐擊高澧於湖州，大敗之，案九國志：高澧以三年十月叛〔三四〕，四年二月奔吳。薛史繫于四月，蓋以奏聞之日爲據。（舊五代史考異）梟夷擒殺萬人，拔其郡，湖州平。先是，澧以州叛入淮南，故詔鏐討之也。冊府元龜卷二百十六。

五月己丑朔，以連雨不止，至壬辰，御文明殿，命宰臣分拜祠廟。永樂大典卷二千六百三十二。自朔旦至癸巳，内外以午日奉獻巨萬計，馬三千蹄，餘稱是，復相率助修内壘。冊府元龜卷一百九十七。甲辰，詔曰：「奇邪亂正，假僞奪真，既刑典之不容，宜犯違而勿赦。應東、西兩京及諸道州府制造假犀玉真珠腰帶、璧珥并諸色售用等，一切禁斷，不得輒更造作。如公私人家先已有者，所在送納長吏，對面毀棄。如行敕後有人故違，必當極法，仍委所在州府差人檢察收捕，明行處斷。」冊府元龜卷一百九十一〔三五〕。魏博節度使、守太師、兼中書令、鄴王羅紹威薨，帝哀慟曰：「天不使我一海内，何奪忠臣之速也！」詔贈尚書令。冊府元龜卷二百四。

六月己未朔，詔軍鎮勿起土功。冊府元龜卷一百九十一。

七月壬子，宴宰臣、河南尹、翰林學士、兩街使于甘水亭。丙辰，宴羣臣於宣威殿，賜物有差。冊府元龜卷一百九十七。劉知俊攻逼夏州。案通鑑：七月，岐王與邠、涇二帥各遣使告晉〔三六〕，請合兵攻定難節度使李仁福，晉王遣振武節度使周德威將兵會之，合五萬衆，圍夏州。案五代春秋：八月，晉人、秦人侵夏州，與薛史及通鑑異。（舊五代史考異）以宣化軍留後李思安爲東北面行營都指揮使，陝州節度使楊師厚爲西路行營招討使。冊府元龜卷二百十六。西路行營，原本作「兩路」，今從通鑑改正。（影庫本粘籤）福州貢方物，獻桐皮扇；廣州貢犀玉，獻舶上薔薇水。册府元龜卷一百九十七。時陳、許、汝、蔡、潁五州境内有蝝爲災，俄而許州上言，有野禽羣飛蔽空，旬日之間，食蝝皆盡，是歲乃大有秋。永樂大典卷五千一百九。

八月，車駕西征。己巳，次陝府。是時憫雨，且命宰臣從官分禱靈迹〔三七〕，日中而雨，翌日止，帝大悦。永樂大典卷二千六百三十二。案五代春秋：八月，晉人、秦人來侵夏州。庚午，次陝府。辛未，老人星見〔三八〕。是日，宴本府節度使楊師厚及扈從官于行宫，賜師厚帛千匹，仍授西路行營招討使。丙子，宴文武從官軍使已下，設龜兹樂，賜物有差。册府元龜卷一百九十七。

九月丁亥朔，命宰臣于兢赴西都，祀昊天上帝於圜丘。册府元龜卷一百九十三。甲午，至西京。案：五代春秋作九月己丑，帝還西都，歐陽史同。通鑑作己丑，上發陝。甲午，至洛陽。（舊五代史考異）下詔曰：

朕聞歷代帝王，首推堯舜；爲人父母，孰比禹湯。睿謀高出於古先，聖德普聞於天下，尚或卑躬待士，屈己求賢。俯仰星雲，慮一民之遺逸；網羅巖穴，恐片善之韜藏。延爵禄以徵求，設丹青而訪召，使其爲政，樂在進賢。蓋繇國有萬幾，朝稱百揆，非才不治，得士則昌。自朕光宅中區，迄今三載，宵分輟寐，日旰忘餐，思共力於廟謀，庶永清於王道。而乃朝廷之内，或未盡於昌言；軍旅之間，亦罕聞於奇策。眷言方岳，下及山林，豈無英奇，副我延佇。諸道都督、觀察、防禦使等，或勳高翊世，或才號知人，必於塗巷之賢，備察芻蕘之士。詔到，可精搜郡邑，博訪賢良，喻之以千載一時，約之以高官美秩，諒無求備，唯在得人。如有卓犖不羈，沉潛自負，通霸王之上略，達文武之大綱，究古今刑政之源，識禮樂質文之變，朕則待之不次，委以非常，用佐經綸，豈勞階級。如或一言拔俗，一事出羣，亦當舍短從長，隨才授任。大小方圓之器，寧限九流；溫良恭儉之人，難誣十室。勉思薦舉，勿至因循，俟爾發揚，慰予翹渴。仍從別敕處分。冊府元龜卷二百十三〔三九〕。

辛丑，以久雨，命宰臣薛貽矩禜定鼎門、趙光逢祠嵩岳。永樂大典卷一千五百二十二〔四〇〕。敕：「魏博管內刺史，比來州務，並委督郵，遂使曹官擅其威權，州牧同于閑冗，俾循通制，宜塞異端。宜依河南諸州例〔四一〕，刺史得以專達。」壬寅，頒奪馬令。先是，王師擊賊，獲馬多上獻，至是盡止之，蓋欲邀其奮擊之功也。冊府元龜卷一百九十一。乙巳，王師敗蕃寇於夏州。初，劉知俊誘沙陁振武賊帥周德威、涇原賊帥李繼鸞合步騎五萬大舉〔四二〕，欲俯拾夏臺，節度使李仁福兵力俱乏，以急來告。先是，供奉官張漢玫宣諭在壁，國禮使杜廷隱賜幣于夏，案：廷隱，原本作「定隱」，下仍作廷隱，今據九國志改正。（舊五代史考異）及石堡寨，聞賊至，以防卒三百人馳入州。既而大兵圍合，廷隱、漢玫與指揮使張初、李君用率州民防卒，與仁福部分固守，晝夜戮力踰月。及鄜、延援至，大軍奮擊，敗之。河東、邠、岐賊分路逃遁，夏州圍解。案通鑑：甲申，遣夾馬指揮使李遇、劉綰自鄜、延趨銀、夏。李遇等至夏州，岐、晉兵皆解去。（舊五代史考異）丙午，詔曰：「劉知俊貴爲方伯，尊極郡王，而乃背誕朝恩，竄投賊壘，固神人之共怒，諒天地所不容。雖命討除，尚稽擒戮，宜懸爵賞，以大功名，必有忠貞，咸思憤發。有生擒劉知俊者，賞錢千萬，授節度使，首級次之；得孟審登者，錢百萬，除刺史；得將孫坑、卓環、劉儒、張鄰等，賞有差。」冊府元龜卷一百十六。乙卯，宴會羣臣於宣威殿。冊府元龜卷一百九十七。

## 校勘記

〔一〕開平三年九月　「九月」，殿本作「九月癸巳朔」，冊府卷一九七繫其事於「九月甲午」。

〔二〕李珽　原作「李班」，據邵本校改。按本書卷二四李珽傳、通鑑卷二六七均記時任崇政院直學士者爲李珽。

〔三〕以門下侍郎平章事薛貽矩判建昌宮事兼延資庫使　以上二十一字原闕，據殿本補。按本書卷一四九職官志、冊府卷三二九、卷四八三、五代會要卷一五、卷二四皆繫其事於開平三年九月。

〔四〕殿直王唐福自襄州走馬 「襄州」，原作「襄城」，據册府卷四三五改。按本書卷四梁太祖紀四、通鑑卷二六七考異引梁太祖實録均記李洪據襄州叛，而襄城屬汝州。

〔五〕程暉 册府卷四三五同，殿本、舊五代史考異卷一引文、新五代史卷二梁本紀、通鑑卷二六七作「陳暉」。舊五代史考異卷一：「案歐陽史作行營招討使、左衛上將軍陳暉。」

〔六〕王求 原作「士求」，據通鑑卷二六七改。

〔七〕十一月二日冬至 「十一月」，原作「十月」，據册府卷一九三、通鑑卷二六七及本卷下文改。句上册府卷一九三有「晝日内」三字，按「晝日」疑爲「畫日」之訛。

〔八〕凡諸給過所並令司門郎中員外郎出給 五代會要卷一六敍其事云：「十月敕：過所先是司門郎中、員外郎出給，今寇盜未平，恐漏姦詐，宜令宰臣趙光逢專判。凡出給過所，先具狀經中書點檢，判下，即本司判郎中據狀出給。」册府卷一九一略同。

〔九〕永樂大典卷六千九百二十 檢永樂大典目録，卷六九二〇爲「臣」字韻「管子大臣篇」等，與本則内容不符，恐有誤記。疑出自卷一六九二〇「詔」字韻「詔式 詔語 詔儀」。

〔一〇〕文武百官太保韓建以下班以俟至 「俟」，原作「候」，據册府（宋本）卷一九三改。「至」字原闕，據册府卷一九三補。

〔一一〕夫嚴祀報本 「祀」，原作「親」，據册府卷一九一改。

〔一二〕霖霪爲災 「霖」，原作「旱」，據册府（宋本）卷一九一改。

〔一三〕冀昭于玄鑒　「鑒」，原作「覽」，據册府（宋本）卷一九一改。

〔一四〕所冀漸臻蘇息　「臻」，原作「增」，據册府卷一九一改。

〔一五〕每尚輕刑　「尚」，原作「望」，據册府卷一九一改。

〔一六〕以司門郎中羅廷規充魏博節度副使知府事仍改名周翰　殿本作「以羅周翰爲天雄軍節度副使、知府事，從鄴王紹威請也」。按本書卷一四羅紹威傳、新五代史卷三九羅紹威傳、通鑑卷二六七考異引梁功臣列傳均云紹威有三子：廷規、周翰、周敬。羅周敬墓誌（拓片刊北京圖書館藏中國歷代石刻拓本匯編第三十六册）云羅紹威有子四人：廷規、周翰、周敬、周允。與本書所云廷規改名周翰不符。通鑑卷二六七考異：「廷規更名周翰，亦恐實録之誤。」

〔一七〕通鑑考異引薛史　按本則實爲通鑑卷二六七考異引實録，本書誤輯。

〔一八〕册太傅張宗奭爲太保韓建受册畢　册府（宋本）卷一九九「太保」與「韓建」間有空闕，殿本無「爲」字。按本書卷一五韓建傳謂韓建「九月册拜太保」。此處疑有脱誤。

〔一九〕行從殿爲興安殿　「興安殿」，原作「興宅殿」，據殿本、五代會要卷五改。

〔二〇〕毬場爲興安毬場　「興安毬場」，原作「安毬場」，據殿本、五代會要卷五改。

〔二一〕又改弓箭庫殿爲宣威殿　「宣威殿」，原作「宣武殿」，據册府（宋本）卷一九六、五代會要卷五改。

〔二二〕册府元龜卷一百九十六　「一百九十六」，原作「一百九十九」，按此則實出册府卷一九六，據改。

〔三〕十一月　五代春秋卷上作「十月」。

〔四〕册府元龜卷二百十一　「二百十一」，原作「二百十二」，按此則實出册府卷二一一，據改。

〔五〕充土木之值　「值」，原作「植」，據劉本、邵本校改。册府卷一九六作「直」。

〔六〕用禮樂也　册府卷一九七同，殿本作「始用禮樂也」。按新五代史卷二梁本紀：「壬辰朔，始用樂。」

〔七〕册府元龜卷一百九十七　「一百九十七」，原作「二百五」，按此則實出册府卷一九七，據改。

〔八〕帝出師子門　册府卷二一四同，句上殿本有「乙未」二字，新五代史卷二梁本紀繫其事於丁未。

〔九〕賜湖南開元寺禪長老可復號惠光大師　「惠光」，册府（宋本）卷一九四作「慧光」。

〔一〇〕己丑出光政門至穀水觀麥　「己丑」，原作「丁卯」，據殿本、册府卷一九八、卷二〇五、新五代史卷二梁本紀改。本則原在上文「戊辰，宴於金鑾殿」前，據殿本移此。按是月辛酉朔，戊辰爲初八，己丑爲二十九日。另本卷上文「戊辰……宴宰巨及文武官四品已上」，輯自永樂大典卷一萬六千七百四十六。

〔一一〕册府元龜卷二百十　「二百十」，原作「二百五十」，按此則實出册府卷二一〇，據改。

〔一二〕册府元龜卷二百二　「二百二」，原作「二百二十」，按此則實出册府卷二〇二，據改。

〔三三〕敕天下鎮使　「鎮使」，册府卷一九一同，本書卷一四九職官志、五代會要卷一九作「諸州鎮使」。

〔三四〕高澧　原作「高灃」，據劉本考證、九國志卷二及本卷正文改。

〔三五〕册府元龜卷一百九十一　「一百九十一」，原作「一百九十七」，按此則實出册府卷一九一，據改。

〔三六〕岐王與邠涇二帥各遣使告晉　「邠」，原作「汾」，據通鑑卷二六七改。

〔三七〕旦命宰臣從官分禱靈迹　「旦」，原作「且」，據册府（宋本）卷一九三改。

〔三八〕辛未老人星見　按本則實出册府卷二〇二，本書漏記出處。下文「是日……賜物有差」，輯自册府卷一九七，「是日」，孔本、册府卷一九七作「辛未」。

〔三九〕册府元龜卷二百十三　「二百十三」，原作「二百十二」，按此則實出册府卷二一三，據改。

〔四〇〕永樂大典卷一千五百二十一　檢永樂大典目録，卷一五二一爲「齊」字韻，與本則內容不符，恐有誤記。陳垣舊五代史輯本引書卷數多誤例謂應作卷二五二一「齋」字韻。

〔四一〕宜依河南諸州例　「宜」字原闕，據孔本、本書卷一四九職官志、册府卷一九一補。

〔四二〕涇原賊帥李繼鸞合步騎五萬大舉　按李繼鸞本名張從訓，傳見本書卷九一，未記其嘗歷涇原。本書卷一三二李從曮傳記從曮自天復中鎮涇州，至同光中方代歸。按從曮本名繼曮，唐莊宗即位後賜名從曮，疑「李繼鸞」爲「李繼曮」之訛。

# 舊五代史卷六

## 梁書六

### 太祖紀第六

開平四年十月乙亥，東京留守博王友文入覲〔一〕，召之也。冊府元龜卷二百六十八。己卯，以新修天驥院開宴落成，内外并獻馬，而魏博進絹四萬匹爲駔價。冊府元龜卷一百九十七。壬午，以冬設禁軍，幸興安鞠場，召文武百官宴。冊府元龜卷一百九十七。幸開化，大閱軍實。冊府元龜卷二百十四。

十一月丁亥朔，幸廣王第作樂。冊府元龜卷二百五。幸廣王第，原本「幸」作「辛」，今據文改正。（影庫本粘籤）辛卯，宴文武四品已上於宣威殿。庚戌，幸左龍虎軍，宴羣臣。甲寅，幸右龍虎軍，宴羣臣。冊府元龜卷一百九十七。戊戌〔二〕，詔曰：「自朔至今，暴風未息，諒惟不德，致此咎徵。皇天動威，罔敢不懼，宜徧命祈禱，副朕意焉。」差官分往祠所止風。永樂大典卷二千六百三十二。己亥，日南至，帝被衮冕御朝元殿，列細仗，奏樂於庭，羣臣稱賀。冊府元龜卷一百九十七〔三〕。帝畋於伊水。冊府元龜卷二百五〔四〕。乙巳，詔曰：「關防者，所以譏異服、察異言也。況天下未息，兵民多姦，改形易衣，覘我戎事。比者有諜皆以詐敗，而未嘗罪所過地，叛將逃卒竊其妻孥而影附使者，亦未嘗詰其所經。今海內未同，而緩法弛禁，非所以息姦詐、止奔亡也。應在京諸司，不得擅給公驗。如有出外須執憑由者，其司門過所，先須經中書門下點檢，宜委宰臣趙光逢專判出給，俾繇顯重，冀絕姦源。仍下兩京、河陽及六軍諸衛、御史臺，各加鈐轄。公私行李，復不得帶挾家口向西。其襄、鄧、鄜、延等道，並同處分。」冊府元龜卷一百九十一。鄜、延，原本作「鹿延」，今據文改正。（影庫本粘籤）以寧國軍節度使王景仁充北面行營都招討使，潞州副招討使韓勍爲副，相州刺史李思安爲先鋒使。案：原本訛「湘州」，今據通鑑改正。（舊五代史考異）時鎮州王鎔、定州王處直叛，結連晉人，故遣將討之。冊府元龜卷二百十六。案五代會要：十一月十四日，司天奏：「月蝕，不宜用兵。」時王景仁方總大軍北伐，追之不及。至五年正月二日，果爲後唐莊宗大敗于柏鄉。（舊五代史考異）

十二月辛酉，宴文武四品已上於宣威殿。親閱禁軍，命格鬬於教馬亭。冊府元龜卷二百十四。己巳，詔曰：「滑、宋、輝、亳等州，水潦敗傷，人户愁嘆，朕爲民父母，良用痛心。其令本州各等給賑貸〔五〕，所在長吏監臨周給，務令存濟。」壬辰，賑貸東都畿內〔六〕，如宋、滑制。冊府元龜卷一百九十五。

乾化元年正月丙戌朔，日有蝕之，帝素服避殿，百官守司以恭天事，明復而止。永樂大典卷二千六百三十二。制曰：「兩漢以來，日蝕地震，百官各上封事，指陳得失。蓋欲周知時病，盡達物情，用緝國章，以奉天誡。朕每思逆耳，罔忌觸鱗，將洽政經，庶開言路。況茲謫見，當有咎徵。其在列辟羣臣〔七〕，危言正諫，極萬邦之利害，致六合之殷昌。毗予一人，永建皇極。」永樂大典卷一萬六千三百七十八。二日，日旁有祲氣，向背若環耳，案：原本訛「環爾」，今據五代會要改正。（舊五代史考異）崇政使敬翔望之曰：「兵可憂矣。」帝爲之旰食。是日，果爲晉軍及鎮、定之師所敗，都將十餘人被擒，餘衆奔潰。永樂大典卷九千三百二十四。庚寅，制曰：「恴氏不恭，固難去戰；鬼方未服，尚或勞師。其蟻聚餘妖，狐鳴醜類，棄天常而拒命，據地險以偷生，言事討除，將期戡定。問罪止誅於元惡，挻災可憫於遺黎〔八〕，每念傷痍，良深愧歎。應天兵所至之地，宜令將帥節級嚴戒軍伍，不得焚燒廬舍，開發丘壠，毀廢農桑，驅掠士女。使其背叛之俗，知予弔伐之心。」又制曰：「戎機方切，國用未殷，養兵須藉於賦租，輓粟尚煩於力役〔九〕。所在長吏，不得因緣徵發，自務貪求，苟有故違，必行重典。立法垂制，詳刑定科，傳之無窮，守而勿失。中書門下所奏新定格式律令，已頒下中外，各委所在長吏，切務遵行。盡革煩苛，皆除枉濫，用副哀矜之旨，無違欽恤之言。」冊府元龜卷一百九十一。詔徵陝州鎮國軍節度使楊師厚至京，見於崇勳殿，帝指授方略，依前充北面都招討使，恩賚甚厚，使督軍進發。冊府元龜卷一百九十九。案五代春秋：二月，晉師侵魏州，楊師厚帥師援邢州，晉人還師。

二月丙辰朔，帝御文明殿，羣臣入閤。冊府元龜卷一百九十七。以蔡州順化軍指揮使王存儼權知軍州事。蔡人久習叛逆，刺史張慎思又哀斂無狀，帝追慎思至京，而久未命代。右廂指揮使劉行琮乘虛作亂，行琮，原本作「行踪」，今據通鑑改正。（影庫本粘籤）因縱火驅擁，爲渡淮計。存儼誅行琮而撫遏其衆，都將鄭遵與其下奉存儼爲主〔一〇〕，而以衆情馳奏。時東京留守博王友文不先請，遂討其亂，兵至鄢陵，上聞之曰：「誅行琮，功也，然存儼方懼，若臨之以兵，蔡必速飛矣。」遂馳使還軍，而擢授存儼，蔡人安之。冊府元龜卷二百十四。壬戌，詔曰：「東京舊邦，久不巡幸，宜以今月九日幸東都，扈從文武官委中書門下量閑劇處分。」宰臣上言曰：「龍興天府，久望法駕，但陛下始康愈，未宜涉寒，願少留清蹕。」從之。案五代會要：二月，敕：「食人之食者憂人之事，況丞相尊位，參決大政，而堂封未給，且無餐錢，朕甚愧之。宜令日食萬錢之半〔一一〕。」（舊五代史考異）甲子，幸曜村民舍閱農事。庚午，幸白馬坡〔一二〕。冊府元龜卷二百五。詔金吾大將軍、待制官各奏事。冊府元龜卷一百九十一。武安軍節度使馬殷進呈虔州刺史盧延昌牋表。虔州本支郡也，兵甚鋭，自得韶州，益强大，升爲百勝軍使。始洪州之陷，盧光稠願收復使府，立功自效，上因兼授江西觀察留後。光稠卒，復命延昌領州事，方伯亦頗慰薦。楊渭遣人僞署爵秩，延昌佯受官牒，禮遣其使，因湖南自表其事曰：「郡小寇迫，欲綏其奸謀，且開導貢路，非敢貳也。」以其僞制來自陳。案：原本「僞」訛「爲」，今改正。（舊五代史考異）上覽奏曰：「我方有北事，不可不甚加撫卹。」尋兼授鎮南將軍節度使觀察留後〔一三〕，命使慰勞。冊府元龜卷二百十五。案九國志：盧延昌歸命于吳，僞乞命于梁。（舊五代史考異）

三月辛卯，以久旱，令宰臣分禱靈迹，翌日，大澍雨。永樂大典卷一千五百二十一〔一四〕。丙申，幸甘水亭，召宰臣、翰林學士、尚書侍郎孔續已下八人扈從，宴樂甚歡。戊戌，幸右龍虎軍，召文武官四品已上宴於新殿。甲辰，幸左龍虎軍新殿，宴文武官四品已上。

四月丁卯，幸龍門〔一五〕，召宰臣、學士、金吾上將軍、大將軍侍宴廣化寺〔一六〕。丁丑，幸宣威殿，宴文武官四品已上及軍使、蕃客。己卯，又幸左龍虎軍，宴羣臣。冊府元龜卷一百九十七。詔曰：「邠、岐未滅，關隴多虞，宜擇親賢，總兹戎任。應關西同、雍、華、鄜、延、夏等六道兵馬，并委冀王收管指揮。凡有抽差，先申西面都招討使，仍別奏聞，庶合機權，以寧邊鄙。」冊府元龜卷二百六十九。

五月甲申朔，帝被冕旒御朝元殿視朝，仗衛如式。制改開平五年爲乾化元年，大赦天下。永樂大典卷五千一百四十九。詔方伯州牧，近未加恩者并遷爵秩。復大賚軍旅，普宴於宣威殿，賜帛各有差。冊府元龜卷一百九十七〔一七〕。制封延州節度使高萬興爲渤海郡王。冊府元龜卷一百九十六。諸道節度使錢鏐、張宗奭、馬殷、王審知、劉隱各賜一子六品正員官，高季昌賜一子八品正員官，賀德倫賜一子九品正員官。冊府元龜卷二百一十。癸巳，觀稼於伊水，登建春門，幸會節坊張宗奭私第，臨亭皋視物色，賞賜甚厚。冊府元龜卷二百五。詔左、右銀臺門朝參〔一八〕，諸司使庫使已下，不得帶從人出入〔一九〕，親王許一二人執條床、手簡，餘悉止門外，闌入者抵律。閽守不禁，與所犯同。先時，通內無門籍〔二〇〕，且多勳戚，車騎衆者，尤不敢呵察。至是有以客星淩犯上言者，遂令止隔。冊府元龜卷一百九十一。清海軍節度使、守侍中、兼中書令劉隱薨，案：劉隱卒，五代會要、五代春秋俱作五月，惟通鑑作三月，與薛史異。（舊五代史考異）輟朝三日，百僚詣閤門奉慰〔二一〕。

六月乙卯，命北面都招討使、鎮國軍節度使楊師厚出屯邢洺。丁巳，鎮、定鈔我湯陰，案：原本作「蕩陰」，今從通鑑及歐陽史改正。（舊五代史考異）詔曰：「常山背義，易水效尤，誘其蕃戎，動我邊鄙，南侵相魏，東出邢洺。是用遣將徂征，爲人除害。但初頒赦令，不欲食言，宥而伐之，諒非獲已。況聞謀始，不自帥臣，致此厲階，並由姦佞。密通人使，潛結沙陁〔二二〕，既懼罪誅，乃生離叛。今雖行討伐，已舉師徒，亦開詔諭之門，不阻歸降之路。矧又王鎔、處直未曾削爵除名，若翻然改圖，不遠而復，必仍舊貫，當保前功〔二三〕。如有率衆向明，拔州效順，亦行殊賞，冀狗來情，免令受弊於疲民，用示惟新於污俗。宜令行營都招討使及陳暉軍前，准此敕文，散加招諭，將安衆懼，特舉明恩。鎮州只罪李弘規一人，其餘一切不問。」册府元龜卷二百十五。詔修天宮佛寺。又湖南奏，潭州僧法思、桂州僧歸真並乞賜紫衣。從之〔二四〕。册府元龜卷一百九十四。

七月，帝不豫，稍厭秋暑。自辛丑幸會節坊張宗奭私第，宰臣視事於歸仁亭子，崇政使、內諸司及翰林院並止於河南令廨署，至甲辰，復歸大內。册府元龜卷二百五。

八月庚申，幸保寧殿，閱天興、控鶴兵事，軍使、將校各有賜。册府元龜卷二百十四。癸亥，老人星見。册府元龜卷二百二。戊辰，幸故上陽宮，至於榆林觀稼。册府元龜卷二百五〔二五〕。丙子，閱四蕃將軍及親衛兵士於天津橋〔二六〕，南至龍門廣化寺。册府元龜卷二百十四。戊寅，幸興安鞠場大教閱，帝自指麾，無不踴抃，坐作進退，聲振宮掖。右神武統軍丁審衢對御，右神武統軍，原本「右」作「立」，今據通鑑改正。（影庫本粘籤）以紅帛囊劍，擬乘輿物，帝曰：「宿將也。」恕之，以劉重霸代其任。册府元龜卷二百九。

九月辛巳朔，帝御文明殿，羣臣入閤，刑法待制官各奏事。己丑，宴羣臣於興安殿。

册府元龜卷一百九十七。庚子，親御六師，次於河陽。甲辰，至於衞州。乙巳，至於宜溝，幸民劉達墅。丙午，至相州，賞左親騎指揮使張仙、右雲騎指揮使宋鐸，嘗身先陷陣，各賜帛。册府元龜卷二百一十。

十月辛亥朔，駐蹕於相州，相州，原本作「湘州」，今據歐陽史改正。（影庫本粘籤）宰臣洎文武從官並詣行宮起居。户部郎中孔昌序齎留都百官冬朔起居表至自西京，諸道節度使、刺史、諸藩府留後各以冬朔起居表來上。制以郢王友珪充控鶴指揮使，諸軍都虞候閻寶爲御營使。册府元龜卷二百五。有司以立冬太廟薦享上言，詔丞相杜曉赴西都攝祭行事。册府元龜卷一百八十九。癸丑，閲武於州闉之南樓。册府元龜卷二百十四。左龍驤都教練使鄧季筠、魏博馬軍都指揮使何令稠、右廂馬軍都指揮使陳令勳，以部下馬瘦，並腰斬於軍門。通鑑注引薛史。甲寅，將以其夕幸魏縣，命閤門使李郁報宰臣，案：原本李郁下衍「寶」，今據列傳删正。（舊五代史考異）兼敕内外。是夜[二七]，車駕發軔於都署。乙卯，次洹水。丙辰，至魏縣。册府元龜卷二百五。先鋒指揮使黃文靖伏誅[二八]。通鑑注引薛史。己未[二九]，帝御朝元門，以回鶻、吐蕃二大國首領入覲故也。癸亥，令諸軍指揮使及四蕃將軍賜食於行宮之外廡。册府元龜卷一百九十七。戊辰，幸邑西之白龍潭以觀魚焉。既而漁人獲巨魚以獻，帝命放之中流，從臣以帝有仁惻之心，皆相顧欣然，是日名其潭曰「萬歲潭」。永樂大典卷一千六百十二。丙子，帝御城東教場閲兵，諸軍都指揮、北面招討使、太尉楊師厚總領鐵馬步甲十萬，廣亘十數里陳焉。士卒之雄鋭，部隊之嚴肅，旌旗之雜遝，戈甲之照耀，屹若山岳，勢動天地，帝甚悦焉。即命丞相洎文武從臣列侍賜食，逮晚方歸。冊府元龜卷二百十四。

十一月辛巳朔，上駐蹕魏縣，從官自丞相而下並詣行宫起居，留都文武百官及諸道節度使、防禦使、刺史、諸藩府留後各奉表起居。壬午，帝以邊事稍息，宣命還京師。案通鑑：帝以夾寨、柏鄉屢失利，故力疾北巡，思一雪其恥，意鬱鬱，多躁忿，功臣宿將往往以小過被誅，衆心益懼。既而晉、趙兵不出。十一月壬午，帝南還。（舊五代史考異）車駕發自行闕，夕次洹水縣。癸未，至内黄縣。甲申，至黎陽縣。乙酉，命從官丞相而下宴於行次。丁亥，次衛州。戊子晨，次新鄉，夕止獲嘉。己丑，次武陟。庚寅，次温縣。冊府元龜卷二百五。延州節度使高萬興奏，當軍都指揮使高萬金統領兵士，今月五日收鹽州，僞刺史高行存泥首來降。丞相及文武百官各上表稱賀。冊府元龜卷四百三十五。辛卯，次孟州，命散騎常侍孫騭、右諫議大夫張衍、光禄卿李翼各齎香合、祝版[三〇]，告祭於孟津之望祠。冊府元龜卷一百九十三。留都文武官左僕射楊涉洎孟州守李周彝等皆匍匐東郊迎拜，其文武官並令先還。壬辰，詰旦離孟州，晚至都。冊府元龜卷二百五。宣宰臣各赴望祠禱雨。望祠，原本作「望詞」，今據文改正。（影庫本粘籤）故事，皆以兩省無功職事爲之，帝憂民重農，尤以足食足兵爲念，爰自御極，每愆陽積陰，多命丞相躬其事。辛丑，大雨雪，宰臣及文武師長各奉表賀焉。

十二月，詔以時雪稍愆，命丞相及三省官各詣望祠祈禱。永樂大典卷二千六百三十二。癸酉，臘假，詔諸王與河南尹、左右金吾、六統軍等較獵於近苑。册府元龜卷二百五。命大理卿王鄯使於安南，左散騎常侍吴藹使於朗州，皆以旌節官誥錫之也。又命將作少監姜弘道爲朗州旌節官告使副〔三一〕。册府元龜卷二百十三。案五代會要：舊制，巡撫、黜陟、册命、弔贈、入蕃等使，選朝臣爲之；其宣慰、加官、送旌節，即以中官爲之。今以三品送旌節，新例也。（舊五代史考異）延州節度使高萬興奏〔三二〕，領軍於邠州界蒿子谷韋家寨，殺戮寧、慶兩州賊軍約二千餘人，並生擒都頭指揮使及奪馬器甲等事。其入奏軍將使宣召赴内殿賜對，以銀器綵物錫之，宰臣及文武官各奉表賀〔三三〕。是月，魏博節度上言，於涇縣北戮殺鎮州王鎔兵士七千餘人〔三四〕，奪馬二千餘匹，戈甲未知其數，并擒都將以下四十餘人。册府元龜卷四百三十五。兩浙進大方茶二萬斤、琢畫宫衣五百副。廣州貢犀象奇珍及金銀等〔三五〕，其估數千萬。安南兩使留後曲美案通鑑：十二月戊午，以靜海留後曲美爲節度使〔三六〕。（舊五代史考異）進筒中蕉五百匹，龍腦、鬱金各五瓶，他海貨等有差。又進南蠻通好金器六物、銀器十二并乾陁綾花緤越氎等雜織奇巧者各三十件〔三七〕。福建進户部度支榷課葛三萬五千匹〔三八〕。冊府元龜卷一百九十七。

## 校勘記

〔一〕東京留守博王友文入覲　「留守」二字原闕，據冊府卷二六八補。

〔二〕戊戌　是月丁亥朔，戊戌爲十二日，上文甲寅爲二十八日，戊戌不當在甲寅後。按本卷輯自各處，疑原本綴置失序。

〔三〕冊府元龜卷一百九十七　按此則漏記出處，實出冊府卷一九七，據補。

〔四〕冊府元龜卷二百五　「二百五」，原作「一百七十九」，按此則實出冊府卷二〇五，據改。

〔五〕其令本州各等給賑貸　「各等給」，原作「分等級」，據冊府（宋本）卷一九五改。孔本、冊府（明本）卷一九五作「各等級」。

〔六〕東都　原作「東郡」，據劉本、冊府卷一九五改。

〔七〕其在列辟羣臣　「在」，冊府卷一九三作「令」。「臣」，冊府卷一九三作「僚」。

〔八〕拯災可憫於遺黎　「拯」，原作「挻」，據彭校、冊府卷一九一改。

〔九〕輓粟尚煩於力役　「輓」，原作「税」，據冊府卷一九一改。

〔一〇〕都將鄭遵與其下奉存儼爲主　「都將」，原作「諸將」，據殿本、孔本、冊府卷二一四改。

〔一一〕宜令日食萬錢之半　「日」字原闕，據五代會要卷一三補。

〔三〕白馬坡　册府卷二〇五同，本書卷三八唐明宗紀四作「白司馬陂」。通鑑卷一八二有「白司馬坂」，胡注：「白司馬坂在邙山北，邙山在洛城北，坂音反。」王鳴盛商榷卷九八：「坡當作坂，唐酷吏侯思止傳：思止鞫誣告人反者，輒云急承白司馬。此因洛有白司馬坂，故用歇後語誘令承反也。」

〔三〕尋兼授鎮南將軍節度使觀察留後　通鑑卷二六七敍其事作「以延昌爲鎮南留後」。按鎮南軍治洪州，此句疑衍「將」、「使」二字。

〔四〕永樂大典卷一千五百二十一　檢永樂大典目録，卷一五二一爲「齊」字韻，與本則内容不符，恐有誤記。陳垣舊五代史輯本引書卷數多誤例謂應作卷二五二一「齋」字韻。

〔五〕龍門　原作「龍虎門」，據册府（宋本）卷一九七改。

〔六〕召宰臣學士金吾上將軍大將軍侍宴廣化寺　句下殿本有「壬申契丹遣使來貢」八字，事見新五代史卷二梁本紀。

〔七〕册府元龜卷一百九十七　按此則漏記出處，實出册府卷一九七，據補。

〔八〕詔左右銀臺門朝參　「右」字原闕，據册府卷一九一、五代會要卷五補。

〔九〕不得帶從人出入　「出入」，原作「入城」，據册府卷一九一、五代會要卷五改。

〔一〇〕通内無門籍　「通」上原有「門」字，據册府（宋本）卷一九一删。

〔一一〕清海軍節度使守侍中兼中書令劉隱薨輟朝三日百僚詣閤門奉慰　以上二十七字原闕，據殿本補。按冊府卷二一五無此句，事見五代會要卷六。

〔三〕潛結沙陁　「沙陁」，冊府卷二一五作「犬戎」。

〔三〕當保前功　「前」，原作「全」，據彭校、冊府卷二一五改。

〔四〕從之　冊府卷一九四作「可之」。

〔五〕冊府元龜卷二百五　「二百五」，原作「二百二十」，按此則實出冊府卷二〇五，據改。

〔六〕閱四蕃將軍及親衛兵士於天津橋　「及親衛」，原作「屯衛」，據冊府卷二一四改。

〔七〕是夜　原作「丙寅夜」，據殿本改。按是月辛亥朔，甲寅爲初四，丙寅爲十六日，乙卯爲初五，丙寅不應在乙卯前。上文云「甲寅，將以其夕幸魏縣」，則此當即是日之夜。

〔八〕先鋒指揮使黄文靖伏誅　「先鋒指揮使」，原作「先鋒將」，據通鑑卷二六八胡注引薛史本紀改。

〔九〕己未　冊府卷一九七作「十月乙未」。新五代史卷二梁太祖紀繫其事於十一月乙未，冊府（宋本）卷九七二、五代會要卷二八、卷三〇皆繫其事於十一月。按十月辛亥朔，無乙未；十一月辛巳朔，乙未爲十五日。舊五代史考異卷一：「案己未，歐陽史作乙未。」

〔三〇〕命散騎常侍孫騭右諫議大夫張衍光禄卿李翼各齎香合祝版　「合」字原闕，據冊府卷一九三補。

〔三一〕又命將作少監姜弘道爲朗州旌節官告使副　「告」字原闕，據彭校、冊府卷二一三補。

〔三〕高萬興　原作「高萬行」，據殿本、劉本、邵本校、彭校及本卷上文改。按本書卷一三二、新五代史卷四〇有高萬興傳。

〔三〕宰臣及文武官各奉表賀　「奉」，原作「奏」，據殿本、孔本、册府卷四三五改。

〔四〕於涇縣北戮殺鎮州王鎔兵士七千餘人　本書卷六二張文禮傳云「文禮領趙兵三萬夜掠經、宗」，按舊唐書卷三九地理志二、新唐書卷三九地理志三，貝州下有經城。朱玉龍中華版舊五代史考證（安徽史學一九八九年第二期）疑避梁廟諱改「城」爲「縣」，復訛「經」爲「涇」。

〔五〕廣州貢犀象奇珍及金銀等　「奇珍」，册府（宋本）卷一九七作「奇貨」。

〔六〕以靜海留後曲美爲節度使　「留後」二字原闕，據通鑑卷二六八補。

〔七〕銀器十二并乾陁綾花緅越毦等雜織奇巧者各三十件　「各」，册府（宋本）卷一九七作「合」。

〔八〕福建進户部度支榷課葛三萬五千匹　「度」，原作「所」，據册府（宋本）卷一九七改。

# 舊五代史卷七

梁書七

## 太祖紀第七

乾化二年正月，宣：「上元夜，任諸寺及坊市各點彩燈[一]，金吾不用禁夜。」近年以來，以都下聚兵太廣，未嘗令坊市點燈故也。冊府元龜卷一百九十一。甲申，以時雪久愆，命丞相及三省官羣望祈禱。永樂大典卷二千六百三十二。三省，原本作「五有」，今改正。（影庫本粘籤）詔曰：「謗木求規，集囊貢事，將裨理道，豈限側言。應內外文武百官及草澤，並許上封事，極言得失。」冊府元龜卷二百十二。以丁審衢爲陳州，而審衢厚以鞍馬、金帛爲謝恩之獻，帝慮其漁民，復其獻而停之。冊府元龜卷二百十五。封保義節度使王檀爲琅琊郡王[二]。冊府元龜卷一百九十六。命供奉官朱嶠於河南府宣取先收禁定州進奉官崔騰並傔從一十四人，並釋放，仍命押領送至貝[三]。騰，唐户部侍郎潔之子也，廣明喪亂，客於北諸侯，爲定州節度使王處存所辟，去載領貢獻至闕，未幾，其帥稱兵，其帥，原本作「其師」，今據文改正。（影庫本粘籤）遂縶之。至是，帝念賓介之來，又已出境，特命縱而歸焉。冊府元龜卷二百九。丙戌，有司以孟春太廟薦享上言，命丞相杜曉攝祭行事。冊府元龜卷一百八十九。丙申夕，熒惑犯房第二星〔四〕。永樂大典卷二萬二千五百十六。

二月庚戌，中和節，御崇勳殿，召丞相、六學士〔五〕、河南尹，略對訖〔六〕，於萬春門外廡賜以酒食。冊府元龜卷一百九十七。案五代會要：二月，追封故魏博節度使羅弘信爲趙王。（舊五代史考異）癸丑，敕曰：「今載春寒頗甚，雨澤仍愆，司天監占以夏秋必多霖潦，宜令所在郡縣告喻百姓，備淫雨之患。」永樂大典卷二千六百三十二。案歐陽史：丁巳，光祿卿盧玭使於蜀。庚申，御宣威殿開宴，丞相洎文武官屬咸被召列侍，竟日而罷。冊府元龜卷一百九十七。壬戌，帝將巡按北境，中外戒嚴，詔以河南尹、守中書令、判六軍事張宗奭爲大內留守。中書門下奏，差定文武官領務尤切、宜扈駕者三十八人。詔工部尚書李皎、左散騎常侍孫騭、右諫議大夫張衍〔七〕、兵部侍郎劉邈、兵部郎中張儁、光祿少卿盧秉彝，並令扈蹕。甲子，發自洛師，夕次河陽。案通鑑云：至白馬頓，賜從官食，多未至，遣騎趣之於路。左散騎常侍孫騭、右諫議大夫張衍、兵部郎中張儁最後至，帝命撲殺之。乙丑，次温縣。丙寅，次武陟。懷州刺史段明遠迎拜於境上，其內外所備，咸豐霈焉。丁卯，次獲嘉。戊辰，次衞州之新鄉。己巳，晨發衞州，案：原本脫「發」字，今據文增入。（舊五代史考異）夕止淇門，內衙十將使以十指揮兵士至於行在。辛未，駐蹕黎陽。癸酉，發自黎陽，夕次内黄。甲戌，次昌樂縣。丁丑，次于永濟縣。青州節度使賀德倫奏，統領兵士赴歷亭軍前。戊寅，至貝州，命四丞相及學士李琪盧文度、知制誥竇賞等十五人扈從，其左常侍韋戩等二十三人止焉。己卯，發自貝州，夕駐蹕於野落。

三月庚辰朔，次于棗强縣之西城〔八〕。案通鑑：辛巳，至下博南，登觀津冢。趙將符習引數百騎巡邏，不知是帝，遽前逼之。或告曰：「晉兵大至矣！」帝棄行幄，亟引兵趣棗强，與楊師厚軍合。（舊五代史考異）丙戌，鎮、定諸軍招討使楊師厚奏下棗强縣，車駕即日疾馳南還。丁亥，復至貝州。案通鑑：帝以蓨縣未下，引兵攻之。丁亥，始至縣西。戊子，至冀州。與薛史異地。又案五代春秋：二月，侵趙，克棗强。與薛史異月。（舊五代史考異）庚寅，楊師厚與副招討李周彝等准詔來朝。册府元龜卷二百五。案五代春秋：二月，侵趙，克棗强，進次蓨縣，圍之。晉人救蓨，帝還師。滄州張萬進以地來歸。辛卯，詔丞相、翰林六學士〔九〕、文武從官、都招討使及諸軍統軍〔一〇〕、指揮使等，賜食於行殿。壬辰，命以羊酒等各賜從官。册府元龜卷一百九十七。甲午，幸貝州之東閩閱武。乙未，帝復幸東閩閱騎軍。册府元龜卷二百十四。敕以攻下棗强縣有功將校杜暉等一十一人並超加檢校官，衙官宋彦等二十五人並超授軍職。册府元龜卷二百一十。丙午，次濟源縣。詔曰：「淑律將遷，亢陽頗甚，宜令魏州差官祈禱龍潭〔一一〕。」戊申，詔曰：「雨澤愆期，祈禱未應，宜令宰臣各於魏州靈祠精加祈禱。」永樂大典卷二千六百三十二。案五代會要：三月，詔曰：「夫隆興邦國，必本于人民；惠養疲羸，尤資于令長〔一二〕。苟選求之踰濫，固撫理之乖違。如聞吏部擬官、中書除授〔一三〕，或緣親舊所請，或爲勢要所干，姑徇私情，靡求才實，念茲蠹弊〔一四〕，宜舉條章。今後應中書用人及吏部注擬，並宜省藩身之才業，驗爲政之否臧，必有可觀，方可任用。如或尚行請説，猶假貨財，其所司人吏，必當推窮，重加懲斷。」（舊五代史考異）

四月己酉，幸魏州。案通鑑：乙巳，帝發貝州。丁未，至魏州。俱在三月，與薛史異。（舊五代史考異）金波亭，賜宴宰臣、文武官及六學士。冊府元龜卷二百五。甲寅夕，月掩心大星〔一五〕。丙辰，敕：「近者星辰違度，式在修禳，宜令兩京及宋州、魏州取此月至五月禁斷屠宰。仍各於佛寺開建道場，以迎福應。」永樂大典卷二千六百三十二。己未，次黎陽縣。案通鑑：乙卯，博王友文來朝，請帝還東都。丁巳，發魏州。己未，至黎陽，以疾淹留。（舊五代史考異）東都留守官吏奉表起居。賜丞相、從官酒食有差。己巳，至東都，博王友文以新創食殿上言，并進准備内宴錢三千貫、内宴，原本作「内安」，今據文改正。（影庫本粘籤）銀器一千五百兩。辛未，宴於食殿，召丞相及文武從官等侍焉〔一六〕。冊府元龜卷一百九十七〔一七〕。帝泛九曲池，御舟傾，帝墮溺於池中，宮女侍官扶持登岸，驚悸久之。永樂大典卷一千五百五十二。制加建昌宮使、金紫光禄大夫、檢校司徒、開封尹、博王友文爲特進、檢校太保、兼開封尹，依前建昌宮使、充東都留守。冊府元龜卷二百六十九〔一八〕。戊寅，車駕發自東京，夕次中牟縣。

五月己卯朔，從官文武自丞相而下並詣行殿起居，親王及諸道藩帥咸奉表來上。庚辰，發自鄭州，發自鄭州，原本「發」作「鄧」，今據文改正。（影庫本粘籤）至滎陽，河南尹魏王宗奭望塵迎拜，河陽留後邵贊、懷州刺史段明遠等邐迤來迎。夕次汜水縣，帝召魏王宗奭入對，便於御前賜食，數刻乃退。壬午，駐蹕於汜水，宰臣、河南尹、六學士並於内殿起居〔一九〕，敕以建昌宮事委宰臣于兢領之。案五代會要：其年六月，廢建昌宮，以河南尹、魏王張宗奭爲國計使，凡天下金穀兵戎舊隸建昌宮者，悉主之。（舊五代史考異）癸未，帝發自汜水，宣令邵贊、段明遠各歸所理。午憇任村頓，夕次孝義宮。留都文武禮部尚書孔續而下道左迎拜。次偃師。甲申，至都，文武臣奉迎於東郊〔二〇〕。冊府元龜卷二百五。宰臣薛貽矩抱恙在假，不克扈從，宣問旁午，仍命且駐東京以俟良愈。及薨，帝震悼頗久，命洛苑使曹守瑫往弔祭之，又命輟六日、七日、八日朝參，丞相、文武並詣上閤門進名奉慰。冊府元龜卷三百一十九。丁亥，以彗星謫見，詔兩京見禁囚徒大辟罪以下，遞減一等，限三日内疏理訖聞奏。永樂大典卷二千六百三十二。案五代會要：彗星見于靈臺之西，至五月始降赦宥罪，以答天譴。又云：五月壬戌夜，熒惑犯心大星，去心四度，順行。司天奏：「大星爲帝王之星，宜修省以答天譴。」（舊五代史考異）詔曰：「生育之仁〔二一〕，爰當暑月；乳哺之愛，方及薰風。儻肆意於刲屠，豈推恩於長養〔二二〕，俾無殄暴，以助發生。宜令兩京及諸州府，夏季內禁斷屠宰及採捕。天民之窮，諒由賦分；國章所在〔二三〕，亦務興仁。所在鰥寡孤獨、廢疾不濟者，委長吏量加賑卹。史載葬枯，用彰軫卹〔二四〕；禮稱掩骼，將致和平。應兵戈之地，有暴露骸骨，委所在長吏差人專切收瘞〔二五〕。國癘之文，尚標七祀；良藥之效〔二六〕，亦載三醫。用憐無告之人，宜徵有喜之術。案：原本「有喜」訛「有嘉」，今改正。（舊五代史考異）凡有疫之處，委長吏檢尋醫方，於要路曉示。如有家無骨肉兼困窮不濟者，即仰長吏差醫給藥救療之。」冊府元龜卷一百九十五。辛卯，詔曰：「亢陽滋甚，農事已傷，宜令宰臣于兢赴中嶽、杜曉赴西嶽，精切祈禱。其近京靈廟，宜委河南尹；五帝壇、風師雨師、九宮貴神，案：原本「貴神」訛「降神」，今據通典及新唐書禮志改正。（舊五代史考異）委中書各差官祈之。」永樂大典卷二千六百三十二。

通鑑：閏月壬戌，帝疾甚，謂近臣曰：「我經營天下三十年，不意太原餘孽更昌熾如此，吾觀其志不小，天復奪我年，我死，諸兒非彼敵也，吾無葬地矣！」因哽咽，絕而復蘇。帝長子郴王友裕早卒。次假子友文，帝特愛之，常留守東都，兼建昌宮使。次郢王友珪，其母亳州營倡也，爲左右控鶴都指揮使。次均王友貞，爲東都馬步都指揮使。（殿本）　案通鑑：初，元貞張皇后嚴整多智，帝敬憚之。后殂，帝縱意聲色，諸子雖在外，常徵其婦入侍〔二七〕，帝往往亂之。友文婦王氏色美，帝尤寵之，雖未以友文爲太子，帝意常屬之。友珪心不平。友珪嘗有過，帝撻之，友珪益不自安。帝疾甚，命王氏召友文于東都，欲與之訣，且付以後事。友珪婦張氏亦朝夕侍帝側，知之，密告友珪曰：「大家以傳國寶付王氏懷往東都，吾屬死無日矣。」夫婦相泣。左右或說之曰：「事急計生，何不改圖，時不可失！」六月丁丑朔，帝命敬翔出友珪爲萊州刺史，即令之官。已宣旨，未行敕。時左遷者多追賜死，友珪益恐。戊寅，友珪易服微行入左龍虎軍，見統軍韓勍，以情告之。勍亦見功臣宿將多以小過被誅，懼不自保，遂相與合謀。勍以牙兵五百人從友珪，雜控鶴士入，伏於禁中，中夜斬關入，至寢殿，侍疾者皆散走。帝驚起，問：「反者爲誰？」友珪曰：「非他人也。」帝曰：「我固疑此賊，恨不早殺之。汝悖逆如此，天地豈容汝乎！」友珪曰：「老賊萬段！」友珪僕夫馮廷諤刺帝腹，刃出於背。友珪自以敗氈裹之，瘞于寢殿，祕不發喪。遣供奉官丁昭溥馳詣東都，命均王友貞殺友文。己卯，矯詔稱：「博王友文謀逆，遣兵突入殿中，賴郢王友珪忠孝，將兵誅之，保全朕躬。然疾因震驚，彌致危殆，宜令友珪權主軍國之務。」韓勍爲友珪謀，多出府庫金帛，賜諸軍及百官以取悦。辛巳，丁昭溥還，聞友文已死，乃發喪，宣遺制，友珪即皇帝位。今考友珪弒逆之事，薛史原文永樂大典已佚，册府元龜亦無所徵引，謹附録通鑑於此。

友珪葬太祖於伊闕縣，號宣陵。永樂大典卷一萬八千三百十四。案五代會要：太祖崩年六十一。中書侍郎、平章事杜曉撰哀册文，門下侍郎、平章事趙光逢撰謚册文，太常卿李燕撰謚議。又案：友珪篡位後諸僞政，考薛史之體，應附見太祖紀後。今原本已佚，而其事散見諸臣列傳者猶可考見，今不復援引他書補載於後焉。　五代史補：太祖朱全忠，黄巢之先鋒。巢入長安，以刺史王鐸圍同州，太祖遂降，鐸承制拜同州刺史。黄巢滅，淮蔡間秦宗權復盛，朝廷以淮、蔡與汴州相接，太祖汴人，必究其能否，遂移授宣武軍節度使以討宗權，未幾滅之。自是威福由己，朝廷不能制，遂有天下。先是，民間傳讖曰「五公符」，又謂之「李淳風轉天歌」，其字有「八牛之年」，識者以「八牛」乃「朱」字，則太祖革命之應焉。　太祖之用兵也，法令嚴峻，每戰，逐隊主帥或有没而不反者，其餘皆斬之，謂之「跋隊斬」，自是戰無不勝。然健兒且多竄匿州郡，疲於追捕，因下令文面，健兒文面自此始也。宋陶岳撰五代史補，多述瑣事以補薛史所未備。其事有關係者，通鑑及歐陽史亦間爲采取，並識小之流，于史學固不無裨益也。今每條分綴紀、傳之後，以備參考。（影庫本粘籤）　五代史闕文：世傳梁太祖迎昭宗於鳳翔，素服待罪，昭宗佯爲鞵系脱，呼梁祖曰：「全忠爲吾繫鞵。」梁祖不得已，跪而結之，汗流浹背。時天子扈蹕尚有衞兵，昭宗意謂左右擒梁祖以殺之，其如無敢動者。自是梁祖被召多不至，盡去昭宗禁衞，皆用汴人矣。臣謹案：梁祖以天復三年迎唐昭宗於岐下，歲在甲子，其年改天祐，至國初建隆庚申歲，纔五十六年矣，然則乾德七十歲人皆目睹其事。蓋唐室自懿宗失政，天下亂離，故武宗以下實録，不傳於世，昭宗一朝，全無記注。梁祖在位止及六年，均王朝詔史臣修梁祖實録，岐下繫鞵之事，恥而不書。晉天福中，史臣張昭重修唐史，始有昭宗本紀，但云即位之始，有會昌之風，岐陽事迹，不能追補。此亦明唐昭宗有英睿之氣，而衰運不振，又明左右無忠義奮發之臣，致梁祖得行其志。

有所警戒，不可不書。宋王禹偁撰五代史闕文，多舉軼事，兼駁正舊史之失，議論多可取。今每條附見紀、傳之末，後倣此。（影庫本粘籤）

## 校勘記

〔一〕任諸寺及坊市各點彩燈　「寺」，原作「市」，據册府卷一九一改。

〔二〕乾化二年正月……封保義節度使王檀爲琅琊郡王　册府卷一九六繫其事於七年，上敍乾化元年五月事。按乾化無七年，本書卷二二王檀傳繫其事於乾化元年七月，册府「七年」爲「七月」之訛。

〔三〕仍命押領送至貝　册府卷二〇九作「仍命押領漢送至貝」，疑「漢」是「津」之訛。按「津送」，唐宋習語，照料護送之意。舊五代史考異卷一：「案原本『貝』訛『具』，今據通鑑改正。」

〔四〕熒惑犯房第二星　按劉次沅考證，所犯者爲房北第一星。

〔五〕六學士　「六」，原作「大」，據册府卷一九七改。按本卷下文：「（四月己酉）幸魏州金波亭，賜宴宰臣、文武官及六學士。」玉堂雜記卷上引錢惟演金坡遺事：「舊規，學士六人。」

〔六〕略對訖　「對」，原作「封」，據邵本校、彭校、册府（宋本）卷一九七改。舊五代史考異卷一：「案：下疑有闕文，今無可校，姑仍之。」

〔七〕右諫議大夫張衍　「右」，原作「左」，據殿本、本書卷二四張衍傳、新五代史卷二梁本紀、通鑑卷二六八改。

〔八〕次于東强縣之西城　「西城」，殿本、劉本、舊五代史考異卷一引文作「西原」，册府卷二〇五作「西縣」。

〔九〕翰林六學士　「六」，原作「大」，據殿本、册府（宋本）卷一九七改。

〔一〇〕都招討使及諸軍統軍　下一「軍」字原闕，據册府（宋本）卷一九七補。

〔一一〕宜令魏州差官祈禱龍潭　「祈禱龍潭」，孔本、册府卷一九三作「攪龍祈禱」。按方輿勝覽卷三：「白龍潭……淳熙中用太平廣記所載『攪龍法』，以長繩繫虎頭骨投之，即雨。」

〔一二〕尤資于令長　「尤」，原作「凡」，據五代會要卷一九改。

〔一三〕中書除授　「除」，原作「降」，據五代會要卷一九改。

〔一四〕念茲蠹弊　「念茲」，原作「茲念」，據五代會要卷一九乙正。

〔一五〕甲寅夕月掩心大星　據劉次沅考證，月掩心大星在四月甲子。按是月己酉朔，甲寅爲初六，甲子爲十六日。

〔一六〕召丞相及文武從官等侍焉　「及」字原闕，據殿本、孔本、册府卷一九七補。

〔一七〕册府元龜卷一百九十七　「一百九十七」，原作「一百七十九」，按此則實出册府卷一九七，據改。

〔一八〕册府元龜卷二百六十九　「二百六十九」，原作「二百六十六」，按此則實出册府卷二六九，據改。

〔一九〕六學士並於內殿起居　「六」，原作「大」，據殿本、孔本、册府卷二〇五改。

〔二〇〕文武臣奉迎於東郊　「東郊」下殿本有「渤海遣使朝貢」六字，按册府卷二〇五無此句，事見新五代史卷二梁本紀。

〔二一〕生育之仁　「仁」，原作「人」，據册府（宋本）卷一九五改。

〔二二〕豈推恩於長養　「長」，册府（宋本）卷一九五作「字」。

〔二三〕國章所在　「在」，册府卷一九五作「載」。

〔二四〕用彰軫卹　「卹」，册府卷一九五作「惻」。

〔二五〕委所在長吏差人專切收瘞　「切」，原作「功」，據册府（宋本）卷一九五改。

〔二六〕良藥之效　「效」，原作「市」，據册府（宋本）卷一九五改。

〔二七〕常徵其婦入侍　「常」，原作「帝」，據通鑑卷二六八改。

# 舊五代史卷八

## 梁書八

### 末帝紀上

末帝諱瑱，案：永樂大典原本誤作「瑱」，册府元龜誤作「瑱」，今從歐陽史校正。初名友貞，及即位，改名鍠，貞明中又改今諱。太祖第四子也，案：歐陽史作第三子，五代會要與薛史同，蓋并假子博王友文而數之也。（舊五代史考異）母曰元貞皇后張氏，以唐文德元年戊申歲九月十二日生於東京。帝美容儀，性沉厚寡言，沉厚，原本作「沉原」，今據文改正。（影庫本粘籤）雅好儒士。唐光化三年，授河南府參軍。太祖受禪，封均王。時太祖初置天興軍，最爲親衛，以帝爲左天興軍使。案：原本脱「使」字，今據歐陽史增入。（舊五代史考異）開平四年夏，進位檢校司空，依前天興軍使、充東京馬步軍都指揮使。

乾化二年六月三日〔一〕，庶人友珪弑逆，矯太祖詔，遣供奉官丁昭溥馳至東京〔二〕，密令帝害博王友文。友珪即位，以帝爲東京留守、行開封府尹、檢校司徒。友珪以簒逆居位，羣情不附。會趙巖至東京，從帝私讌，從帝私讌，原本作「從常」，今從通鑑改正。（影庫本粘籤）因言及社稷事，帝以誠款謀之，巖曰：「此事易如反掌，成敗在招討楊令公之手，但得一言諭禁軍，其事立辦。」巖時典禁軍，洎還洛，以謀告侍衛親軍袁象先。帝令腹心馬慎交之魏州見師厚，且言成事之日，賜勞軍錢五十萬緡，仍許兼鎮。慎交，燕人也，素有膽辨，乃説師厚曰：乃説師厚，原本衍「既」字，今據文删去。（影庫本粘籤）「郢王殺君害父，篡居大位，宫中荒淫，靡所不至。洛下人情已去，東京物望所歸，公若因而成之，則有輔立之功，討賊之効。」師厚猶豫未決，謂從事曰：「吾於郢王，君臣之分已定，無故改圖，人謂我何！」慎交曰：「郢王以子弑父，是曰元凶。均王爲君爲親，正名仗義。彼若一朝事成，令公何情自處！」師厚驚曰：「幾悮計耳！」乃令小校王舜賢至洛，密與趙巖、袁象先圖議。時有左右龍驤都在東京，帝僞作友珪詔，遣還洛下。先是，劉重遇部下龍驤一指揮於懷州叛，經年捜捕其黨，帝因遣人激怒其衆曰：「郢王以龍驤軍嘗叛，追汝等洛下，將盡坑之。」翌日，乃以僞詔示之，案通鑑考異云：梁太祖實録：「丙戌，東京言龍驤軍准詔追赴西京，軍情不肯進發。」實友珪徵之，非友貞僞作，但激怒言坑之耳。諸軍憂恐，將校垂泣告帝，乞指生路。帝諭之曰：「先帝三十餘年經營社稷，千征萬戰，爾等皆曾從行。今日先帝尚落人奸計，爾等安所逃避。」因出梁祖御容以示諸將〔三〕，帝歔欷而泣曰：「郢王賊害君父，違天逆地，復欲屠滅親軍，爾等苟能自趨洛陽，擒取逆豎，告謝先帝，即轉禍爲福矣。」衆踊躍曰：「王言是也！」皆呼萬歲，請帝爲主，時友珪改元之二月十五日也〔四〕。

帝乃遣人告趙巖、袁象先、傅暉、案：原本脱「暉」字，今據通鑑增入。（舊五代史考異）朱珪等。十七日，象先引禁軍千人突入宫城，遂誅友珪。事定，象先遣趙巖齎傳國寶至東京，請帝即位於洛陽。帝報之曰：「夷門，太祖創業之地，居天下之衝，北拒并汾，東至淮海，國家藩鎮，多在厥東，命將出師，利於便近，若都洛下，非良圖也。公等如堅推戴，册禮宜在東京，賊平之日，即謁洛陽陵廟。」

是月，帝即位於東京，乃去友珪僞號〔五〕，稱乾化三年。詔曰：

我國家賞功罰罪，必叶朝章；報德伸冤，敢欺天道。苟顯違于法制，雖暫滯於歲時，終振大綱，須歸至理。重念太祖皇帝，嘗開霸府，有事四方，迨建皇朝，載遷都邑，每以主留重務，居守難才，慎擇親賢，方膺寄任。寄任，原本作「奇任」，今據文改正。（影庫本粘籤）故博王友文，才兼文武，識達古今，俾分憂於在浚之郊，亦共理於興王之地，一心無易，二紀于兹，嘗施惠於士民，實有勞於家國。去歲郢王友珪，常懷逆節，已露凶鋒，將不利於君親，欲竊窺於神器。此際值先皇寢疾，大漸日臻，博王乃密上封章，請嚴宫禁，因以萊州刺史授於郢王友珪。纔覩宣頭，俄行大逆，豈有自縱兵於内殿，却翻事於東都。又矯詔書，枉加刑戮，仍奪博王封爵，又改姓名，冤恥兩深，欺誣何極。伏賴上玄垂祐，宗社降靈，俾中外以叶謀，致遐邇之共怒，尋平内難，獲勦元凶，既雪恥於同天，且免譏於共國。朕方期遁世，敢竊臨人，遽迫推崇，爰膺纘嗣。冤憤既伸於幽顯，霈澤宜及於下泉。博王宜復官爵，仍令有司擇日歸葬云。

三月丁未，制曰：「朕仰膺天睠，近雪家讎，案：原本脱「家」字，今據册府元龜增入。（舊五代史考異）旋聞將相之謀，請紹祖宗之業。羣情見迫，三讓莫從，祇受推崇，懼不負荷。方欲烝嘗寢廟，禋類郊丘，合徵定體之辭〔六〕，用表事神之敬。其或於文尚淺，在理未周，亦冀隨時，别圖制義。雖臣子行孝，重更名於已孤；而君父稱尊，貴難知而易避。今則虔遵古典，詳考前聞，允諧龜筮之占，庶合帝王之道。載惟涼德，尤愧嘉名，中外羣僚，當體朕意。宜改名鍠。」庚戌，以天雄軍節度使、充潞州行營都招討使、開府儀同三司、檢校太尉、兼侍中、弘農郡王楊師厚爲檢校太師、兼中書令，進封鄴王。壬戌，以夏州節度使、檢校太尉、同平章事李仁福爲檢校太師，進封隴西郡王。戊辰，以邢州保義軍留後、檢校太保戴思遠爲檢校太傅，充邢州節度使。庚午，以鎮東軍節度副使、充兩浙西面都指揮使、行睦州刺史馬綽爲檢校太傅、同平章事，領秦州雄武軍節度使，進封開國侯。是月，文武百官上言，請以九月十二日帝降誕日爲明聖節，休假三日。從之。

夏四月癸未，以西京内外諸軍馬步軍都指揮使、檢校司徒、左龍虎統軍、濮陽郡開國侯袁象先爲特進〔七〕、檢校太保、同平章事，充鎮南軍節度、江南西道觀察處置等使、開封尹、判在京馬步諸軍事，進封開國公，增食邑一千户。丁酉，宣義軍節度副大使、知節度事、鄭滑濮等州觀察使、檢校太傅、長沙郡開國公羅周翰加特進、駙馬都尉。

五月乙巳，天雄軍節度使楊師厚及劉守奇率魏博、邢洺、徐、兗、鄆、滑之衆十萬討鎮州。庚戌，營於鎮之南門外。壬子，晉將史建瑭自趙州領騎五百入于鎮州，師厚知其有備，自九門移軍於下博。劉守奇以一軍自貝州掠冀州衡水、阜城，陷下博。師厚自弓高渡御河，迫滄州，張萬進懼，案：原本滄州作「涼州」，考歐陽史劉守光傳，張萬進乃滄州守將，今改。（舊五代史考異）送款〔八〕，師厚表請以萬進爲青州節度使，以劉守奇爲滄州節度使。詔曰：「太祖皇帝六月二日大忌。朕聞姬周已還，並用通喪之禮；炎漢之後，方行易月之儀。歷代相沿，萬幾斯重，遂爲故實，難遽改更。朕頃遘家冤，近平内難，倏臨祥制，俯迫忌辰，音容永遠而莫追，號感彌深而難抑。將欲表宅憂於中禁，是宜輟聽政於外朝，雖異常儀，願申罔極。宜輟五月二十二日至六月二十九日朝參，軍機急切公事，即不得留滯，並仰畫時聞奏施行。」宰臣文武百官三上表，以國忌廢務多日，請依舊制。詔報曰：「朕聞禮非天降，固可酌於人情；事繫孝思，諒無妨於國體。今以甫臨忌日，暫輟視朝，冀全哀感之情〔九〕，用表始終之節。宰臣等累陳章表，備述古今，慮以萬幾之繁，議以五日之請〔一〇〕。雖茲懇切，難盡允俞。況保身方荷於洪基，敢言過毀；而權制獲申於至性，必在得中。宜自今月二十九日輟至六月七日，無煩抑請，深體朕懷。」

六月戊子，以滄州順化軍節度使、并潞鎮定副招討使、檢校太傅、同平章事張萬進爲青州節度使。案：原本順化作「順倿」，今據通鑑注滄州爲順化軍改正。又青州，通鑑作平盧，考後文，是時賀德倫爲平盧節度使，當從薛史作青州爲是。（舊五代史考異）

秋九月甲辰，以光禄大夫、守御史大夫、吴興郡開國侯姚洎爲中書侍郎、平章事。

十二月庚午，以前鄆州節度、檢校司徒、食邑二千户、福王友璋爲許州節度使、檢校太保。是月，晉王收幽州，執僞燕主劉守光及其父仁恭歸晉陽。

乾化四年春正月壬寅，以青州節度使張萬進爲兗州節度使、檢校太尉。

二月甲戌，以感化軍節度使、華商等州觀察使、檢校太傅、同平章事、太原郡開國公康懷英爲大安尹，充永平軍節度使、大安金棣等州觀察處置使。

夏四月丁丑，以守司空、平章事于兢爲工部侍郎，尋貶萊州司馬，以其挾私與軍校遷改故也〔一一〕。是日，以行營左先鋒馬軍使、濮州刺史王彦章爲澶州刺史，充行營先鋒步軍都指揮使，加光祿大夫、檢校太保，封開國伯。以永平軍節度使、檢校太傅、同平章事劉鄩爲開封尹，遥領鎮南軍節度使。

五月癸丑，朔方軍留後、檢校司徒韓洙起復，授朔方軍節度使、檢校太保〔二〕。

秋七月，晉王率師自黄澤嶺東下，寇邢洺，案：原本「邢」作「鄜」，今據五代春秋「七月來侵邢州」改正。（舊五代史考異）魏博節度使楊師厚軍於漳水之東。晉將曹進金來奔，晉軍遂退。

九月，徐州節度使王殷反。時朝廷以福王友璋鎮徐方，殷不受代，乃下詔削奪殷在身官爵，仍令却還本姓蔣，便委友璋及天平軍節度使牛存節、開封尹劉鄩等進軍攻討。是時，蔣殷求救於淮南，楊溥遣大將朱瑾率衆來援，存節等逆擊，敗之。

貞明元年春，牛存節、劉鄩拔徐州，案：牛存節等克徐州，薛史本紀及蔣殷傳俱不書月，五代春秋及歐陽史皆作正月，通鑑作二月，據通鑑考異引朱友貞傳又作乾化四年十一月，疑皆屬傳聞之辭，當以薛史爲正。逆賊蔣殷舉族自燔而死，於火中得其屍，梟首以獻。詔福王友璋赴鎮。

閏二月甲午，延州節度使、太原西面招討應接使、檢校太師、兼中書令、渤海郡王高萬興進封渤海王。

三月辛酉朔，以天平軍節度副大使、知節度事、兼淮南西北面行營招討應接等使、檢校太傅、同平章事牛存節爲檢校太尉，加食邑一千户，賞平徐之功也。丁卯，以右僕射兼門下侍郎、同平章事、監修國史、判度支趙光逢案：原本「逢」作「逯」，今據唐書列傳改正。（舊五代史考異）爲太子太保致仕。魏博節度使楊師厚薨，輟視朝三日。

初，師厚握强兵、據重鎮，每邀朝廷姑息，及薨，輟視朝三日，或者以爲天意。租庸使趙巖、租庸判官邵贊獻議於帝曰：「魏博六州，精兵數萬，蠹害唐室百有餘年。羅紹威前恭後倨，太祖每深含怒。太祖尸未屬纊，師厚即肆陰謀。蓋以地廣兵强，得肆其志，不如分削，使如身使臂，即無不從也。陛下不以此時制之，寧知後人之不爲楊師厚耶！若分割相、魏爲兩鎮，則朝廷無北顧之患矣。」案通鑑考異引莊宗列傳，宰相敬翔與趙巖、邵贊同議。薛史無敬翔名，通鑑從薛史。帝曰：「善。」即以平盧軍節度使賀德倫爲天雄軍節度使，遣劉鄩率兵六萬屯河朔。詔曰：「分疆裂土，雖賞勳勞；建節屯師，亦從機便。比者魏博一鎮，巡屬六州，爲河朔之大藩，實國家之巨鎮〔一三〕。所分憂寄，允謂重難；將叶事機，須期通濟。但緣鎮、定賊境，最爲魏、博親鄰；其次相、衞兩州，皆控澤潞山口。兩道並連於晉土〔一四〕，分頭常寇於魏封。既須日有枝梧〔一五〕，未若俱分節制。免勞兵力，困奔命於兩途〔一六〕；稍泰人心，俾安居於終日。其相州宜建節度爲昭德軍〔一七〕，以澶、衞兩州爲屬郡，以張筠爲相州節度使。」

己丑，魏博軍亂，囚節度使賀德倫。是時，朝廷既分魏博六州爲兩鎮，命劉鄩統大軍屯于南樂，以討王鎔爲名，遣澶州刺史、行營先鋒步軍都指揮使王彥章領龍驤五百騎先入於魏州，屯於金波亭。詔以魏州軍兵之半隸于相州，并徙其家焉。又遣主者檢察魏之帑廩。既而德倫促諸軍上路，姻族辭決，哭聲盈巷。其徒乃相聚而謀曰：「朝廷以我軍府强盛，故設法殘破。況我六州，歷代藩府，軍門父子，姻族相連，未嘗遠出河門，離親去族，一旦遷於外郡，生不如死。」三月二十九日夜，魏軍乃作亂，放火大掠，首攻龍驤軍，王彥章斬關而遁。遲明，殺德倫親軍五百餘人於牙城，執德倫置之樓上。有効節軍校張彥者，最爲粗暴，膽氣伏人，乃率無賴輩數百，止其剽掠。是日，魏之士庶被屠戮者不可勝紀。

帝聞之，遣使齎詔安撫，案通鑑：夏四月，帝遣供奉官扈異撫諭魏軍。仍許張彥除郡厚賜，將士優賞。彥等不遜，投詔於地，侮駡詔使，因迫德倫飛奏，請却復相、衞，抽退劉鄩軍。帝復遣諭曰：「制置已定，不可改易。」如是者三。彥等奮臂南向而駡曰：「傭保兒，敢如是也！」復迫德倫列其事。時有文吏司空頲者，甚有筆才，彥召見，謂曰：「爲我更草一狀，詞宜抵突，如更敢違，則渡河擄之。」乃奏曰：「臣累拜封章，上聞天聽，在軍衆無非共切，何朝廷皆以爲閑。半月三軍切切，而戈矛未息；一城生聚皇皇，而控告無門。惟希俯鑒丹衷，苟從衆欲，須垂聖允，斷在不疑。如或四向取謀，但慮六州俱失，言非意外，事在目前。」張彥又以楊師厚先兼招討使，請朝廷依例授之，故復逼德倫奏曰：「臣當道兵甲素精，貔貅極鋭，下視并汾之敵，平吞鎮、定之人。特乞委臣招討之權，試臣湯火之節，苟無顯効，任賜明誅。」詔報曰：「魏博寇敵接連，封疆懸遠，凡於應赴，須在師徒。是以别建節旄，各令捍禦，并、鎮則委魏博控制，澤潞則遣相衞枝梧。咸逐便安，貴均勞逸，已定不移之制，宜從畫一之規。至於征伐事權，亦無定例。且臨清王領鎮之日，臨清王，原本作「臨清生」，考舊唐書：魏博節度使羅弘信封臨清王，今改正。（影庫本粘籤）羅紹威守藩以來，所領事銜，本無招討。衹自楊師厚先除陝、滑二帥，皆以招討兼權，因茲帶過鄴中，原本不曾落下。苟循事體，寧吝施行。況今劉鄩指鎮、定出征，康懷英往邠、岐進討，衹令統帥師旅，亦無招討使銜。切宜徧諭羣情，勿興浮議，倚注之意，卿宜體之。」詔至，張彥壞裂，抵之於地，謂德倫曰：「梁主不達時機，聽人穿鼻，城中擾攘，未有所依。我甲兵雖多，須資勢援，河東晉王統兵十萬，匡復唐朝，世與大梁仇讎，若與我同力，事無不濟。請相公改圖，以求多福。」德倫不得已而從之，乃遣牙將曹廷隱廷隱，原本作「延隱」，今據曹廷隱本傳改正。（影庫本粘籤）奉書求援於太原。彥使德倫告諭軍城曰：「可依河東稱天祐十二年[一八]，此後如有人將文字於河南往來，便仰所在處置。」

是月〔一九〕，邠州留後李保衡以城歸順。案：通鑑考異引蜀書劉知俊傳，保衡作彥康，蓋保衡爲楊崇本養子，故名彥康，迨殺其子彥魯而降梁，始復其本姓名也。五代春秋、歐陽史、通鑑俱從薛史作保衡。保衡，楊崇本養子也。崇本乃李茂貞養子，任邠州二十餘年，去歲爲其子彥魯所毒。彥魯領知州事五十餘日，保衡殺彥魯送款於帝，即以保衡爲華州節度使，以河陽留後霍彥威爲邠州節度使。

五月，晉王率師赴魏州。鄆州節度使牛存節薨〔二〇〕。是月，鳳翔李茂貞遣僞署涇州節度使劉知俊率師攻邠州，以李保衡歸順故也。自是凡攻圍十四月，節度使霍彥威、諸軍都指揮使黃貴堅守捍寇，會救軍至，岐人乃退。

六月庚寅，晉王入魏州，以賀德倫爲大同軍節度使，舉族遷於晉陽。是月，晉人陷德州。

秋七月，又陷澶州，刺史王彥章棄城來奔。案通鑑：晉人夜襲澶州，刺史王彥章在劉鄩營，晉人獲其妻子。薛史王彥章傳亦云：晉人攻陷澶州，彥章舉家陷没。是澶州陷時，彥章未嘗在城也。是月，劉鄩自洹水潛師由黃澤路西趨晉陽，至樂平縣，值霖雨積旬，乃班師還。次宗城，遂至貝州，軍於堂邑。遇晉軍，轉鬬數十里，晉軍稍退。翌日，鄩移軍于莘。

八月，賀瓌收復澶州。

九月，以行營先鋒步軍都指揮使、行澶州刺史、檢校太保王彦章爲汝州防禦使，案：原本汝州作「許州」，今據通鑑改正。（舊五代史考異）依前行營先鋒步軍都指揮使。壬午，正衙命使册德妃張氏。是夕，妃薨。

冬十月辛亥，康王友孜謀反，案：通鑑友孜作友敬，與薛史異。（舊五代史考異）伏誅。是夕，帝於寢殿熟寐，忽聞御榻上寶劍有聲，帝遽起視之，而友孜之黨已入於宫中，帝揮之獲免。案清異録：末帝夜于寢間擒刺客，乃康王友孜所遣，帝自戮之，造雲母匣貯所用劍，名匣曰「護聖將軍之館」。（舊五代史考異）壬子[二]，葬德妃張氏。

十一月乙丑，改乾化五年爲貞明元年。案：吴越備史作正月壬辰朔，改元大赦。歐陽史、五代春秋及通鑑俱從薛史作十一月。（舊五代史考異）

十二月乙未，詔昇華原縣爲崇州靜勝軍，以美原縣爲裕州，以爲屬郡。以僞命義勝軍節度使、鼎耀等州觀察使、特進、檢校太保、同平章事李彦韜爲特進、檢校太傅、同平章事，充靜勝軍節度使、崇裕等州觀察使、河内郡開國侯，仍復本姓温，名昭圖。昭圖，華原賊帥也，李茂貞以爲養子，以華原爲耀州、美原爲鼎州，僞命昭圖爲節度使。至是歸款，故有是命。

貞明二年春正月庚申，以皇伯父宋州節度使、開府儀同三司、檢校太師、兼中書令、廣王全昱爲守中書令，餘如故。案通鑑：二年春正月，宣武節度使、守中書令、廣德靖王全昱卒。（舊五代史考異）以浙江東道營田副使、檢校太傅、前常州刺史杜建徽遥領涇州節度使。

二月丙申，右僕射、門下侍郎、平章事、諸道鹽鐵轉運等使楊涉罷相，守左僕射。涉累上章以疾辭位，故有是命。是月，命許州節度使王檀、河陽節度使謝彦章、汝州防禦使王彦章率師自陰地關抵晉陽〔一二〕，急攻其壘，不克而旋。

三月，劉鄩率師與晉王大戰於故元城〔一三〕，鄩軍敗績。先是，鄩駐於莘，帝以河朔危急，師老於外，餉饋不充，遣使賜鄩詔，微有責讓。鄩奏以寇勢方盛，未可輕動。帝又問鄩決勝之策，鄩奏曰：「但人給糧十斛，盡則破敵。」帝不悦，復遣促戰。鄩召諸將會議，諸將欲戰，鄩默然。一日，鄩引軍攻鎮定之營〔一四〕，彼衆大駭，上下騰亂，俘斬甚衆。時帝遣偏將楊延直領軍萬餘人屯澶州以應鄩，楊延直，原本作「廷直」，今據歐陽史改正。（影庫本粘籤）既而晉王詐言歸太原，劉鄩以爲信。是月，召楊延直會于魏城下，鄩自莘率軍亦至，與延直會。既而晉王自貝州至，鄩引軍漸退，至故元城西，與晉人決戰，大爲其所敗。追襲至河上，軍士赴水死者甚衆，鄩自黎陽濟河奔滑州。己巳，制以鄩爲滑州宣義軍節度副大使、知節度事。晉人攻衞州，陷之，又陷惠州。

夏四月乙酉朔，威武軍節度使、守太傅、兼中書令、閩王王審知賜號忠勤保安興國功臣，餘如故。晉人陷洺州。癸卯夜，捉生都將李霸作亂，龍驤都將杜晏球討平之。時遣捉生軍千人戍楊劉，軍出宋門外。是夜，由水門復入，二鼓大譟，火發燭城，李霸與其徒燔建國門，不克。龍驤都將杜晏球屯鞠場，聞亂兵至，率騎擊之，亂軍退，走馬登建國門。晏球奏曰：「亂者惟李霸一軍，但守宮城，遲明臣必破之。」未明，晏球誅霸及其同惡，京師方定。是月，以行營先鋒步軍都指揮使、汝州防禦使王彥章爲鄭州防禦使，依前先鋒步軍都指揮使。

五月，晉軍還太原。

六月，晉人急攻邢州，帝遣捉生都將張温率步騎五百人入于邢州，張温，原本作「章温」，今據歐陽史及通鑑改正。（影庫本粘籤）至内黄，温率衆降於晉人。

秋七月甲寅朔，晉王自太原至魏州，相州節度使張筠棄城奔京師〔二五〕，邢州節度使閻寶以城降於晉王。壬戌，以淮南鎮海鎮東等軍節度使、充淮南宣潤等道四面行營都統、開府儀同三司、尚父、守尚書令、吴越王錢鏐爲諸道兵馬元帥，餘如故。以左僕射楊涉爲太子太傅致仕。

八月丁酉，以開府儀同三司、太子太保致仕趙光逢爲司空、兼門下侍郎、平章事、弘文館大學士、延資庫使，延資庫使，原本作「延貨」，考五代會要，五代承唐制，多以宰相兼領延資庫使，今改正。（影庫本粘籤）充諸道鹽鐵轉運使。

九月，晉王還太原。滄州節度使戴思遠棄城來奔。晉人陷貝州。案：歐陽史作晉人克貝州，守將張源德死之。又死事傳云：貝人勸源德出降，源德不從，遂見殺。通鑑考異引莊宗實録：源德聞河北皆平，有翻然之志，謀於衆，衆懼其歸罪，因殺源德。是源德之死，傳聞異詞，故薛史不取。（舊五代史考異）歐陽史本紀：二年九月，晉人克貝州，守將張源德死之。又死事傳略云：太祖時，源德自金吾衛將軍爲蔡州刺史。貞明元年，魏博節度使楊師厚卒，末帝分魏、相等六州爲兩鎮，遣劉鄩將兵萬人屯于魏。魏軍叛降晉，源德爲鄩守貝州。晉王入魏，諸將欲先擊貝州，晉王曰：「貝城小而堅，攻之難卒下。」乃先襲破德州，然後以兵五千攻源德，源德堅守不下，晉軍塹而圍之。已而劉鄩大敗于故元城，南走黎陽，六鎮數十州之地皆歸晉，獨貝一州，圍之踰年不可下。源德守既堅，而貝人聞晉已盡有河北，城中食且盡，乃勸源德出降，源德不從，遂見殺。（殿本）通鑑考異引莊宗實録云：賊將張源德固守貝州，既聞河北皆平，而有翻然之志，詢謀於衆。羣賊皆河南人，懼其歸罪，不從，因殺源德，噉人爲糧，因守其城。王師歷年攻圍，賊既食竭，呼我大將曰：「今欲請罪，懼晉王不我赦，請衿甲持兵而見，已即解之，如何？」報曰：「無便於此者。」賊衆三千，衿甲出降。我將甘言喻之，俱釋兵解甲。既而四面陳兵殺之。與歐陽史異。今考歐陽史，多前後互異。如魏博軍亂，本紀作元年，傳作三年：張源德死，紀作二年，據傳當在四年。紀、傳自相矛盾，恐不足據。薛史不載張源德事，附識於此。（孔本）己卯，天平軍節度副大使、知節度事、檢校太師、兼中書令、瑯琊郡王王檀薨。案：五代春秋作盜殺鄆州王檀。（舊五代史考異）

十月丁酉〔二六〕，以開府儀同三司、中書侍郎兼吏部尚書、同平章事、集賢殿大學士、判户部敬翔爲右僕射兼門下侍郎、平章事、監修國史、判度支。以光禄大夫、中書侍郎、同平章事鄭珏爲特進、兼刑部尚書、平章事、集賢殿大學士、判户部。十月，晉王自太原至魏州。是月，前昭義軍節度使、檢校太師、兼侍中、陳留郡王葛從周薨。

是歲，河北諸州悉入於晉。永樂大典卷六千六百五。

## 校勘記

〔一〕乾化二年六月三日　「三日」，殿本作「二日」。按新五代史卷二梁本紀載梁太祖崩於六月戊寅，是月丁丑朔，戊寅爲初二。

〔二〕丁昭浦　殿本、通曆卷一二、通鑑卷二六八作「丁昭溥」。

〔三〕因出梁祖御容以示諸將　「御容」，原作「御像」，據殿本、孔本改。

〔四〕時友珪改元之二月十五日也　「友珪改元之」，殿本、孔本作「僞鳳曆元年」。

〔五〕乃去友珪僞號　「友珪僞號」，殿本、孔本、通曆卷一二、册府卷一八八作「鳳曆之號」。

〔六〕合徵定體之辭　「定」，原作「文」，據册府卷一八二改。

〔七〕濮陽郡開國侯袁象先爲特進　「郡」字原闕，據殿本、孔本、舊五代史考異卷一引文補。舊五代史考異卷一：「案原本『濮陽』作『博陽』，今據象先本傳改正。」按本書卷五九袁象先傳記象先初封汝南縣男，後進封至開國公。

〔八〕送款　册府卷二一七作「送款於師厚」。

〔九〕冀全哀感之情　「感」，殿本作「戚」。按孝經喪親：「孝子之喪親也……聞樂不樂，食旨不甘，此哀戚之情也。」

〔一〇〕議以五日之請　「日」，原作「月」，據殿本、劉本改。

〔一一〕以其挾私與軍校遷改故也　「遷改」，册府卷三三七作「還往」。

〔一二〕檢校太保　本書卷九梁末帝紀中、卷一三三韓洙傳作「檢校太傅」。

〔一三〕實國家之巨鎮　「鎮」，册府卷二一四作「屏」。

〔一四〕兩道並連於晉土　「晉土」，大事記續編卷七二引舊史、册府卷二一四作「并晉」。

〔一五〕既須日有枝梧　「枝梧」，原作「戰爭」，據大事記續編卷七二引舊史、册府卷二一四改。舊五代史考異卷一：「案原本脱『戰爭』二字，今據册府元龜增入。」按今檢册府引文無「戰爭」二字。

〔一六〕困奔命於兩途　「困」，原作「因」，據册府卷二一四改。

〔一七〕其相州宜建節度爲昭德軍　「軍」字原闕，據殿本、彭校、册府卷二一四補。

〔一八〕可依河東稱天祐十二年　「十二年」，原作「十三年」，據劉本改。按唐天祐四年爲梁所代，晉沿用天祐年號，至此時當爲天祐十二年。

〔一九〕是月　册府卷二一七繫其事於四月。按本卷上文云「帝聞之，遣使齎詔安撫」，據注文引通鑑，已是夏四月間事，則此「是月」當指四月。

〔二〇〕鄆州節度使牛存節薨　「鄆州」二字原闕，據邵本校補。另牛存節墓誌（拓片刊河洛墓刻拾零）記其卒於六月。

〔二一〕壬子　原作「壬午」，據殿本改。按是月戊子朔，無壬午，壬子爲二十五日。

〔二二〕汝州防禦使王彦章　「汝州」，原作「鄭州」，據殿本改。按本書卷二一王彦章傳及本卷上下文，彦章貞明元年八月爲汝州防禦使，至貞明二年四月方改鄭州防禦使。

〔二三〕劉鄩率師與晉王大戰於故元城　「故」字原闕，據殿本、本書卷二三劉鄩傳、册府卷四四三、新五代史卷三梁本紀及本卷下文補。

〔二四〕鄩引軍攻鎮定之營　「鄩」字原闕，據册府卷二一七、卷四四三補。

〔二五〕相州節度使張筠棄城奔京師　「相州」二字原闕，據邵本校補。按本卷上文：「以張筠爲相州節度使。」

〔二六〕十月　原作「八月」，據彭校、通鑑卷二六九考異引薛史、册府卷一九九改。

# 舊五代史卷九　梁書九

## 末帝紀中

貞明三年春正月戊午，以前淄州刺史高允奇爲右羽林統軍。癸亥，以前天平軍馬步軍都指揮使、檢校太保朱勍爲懷州刺史。癸酉，以右天武軍使石釗爲密州刺史。戊寅，以前懷州刺史李建爲安州刺史，仍賜名知節。己卯，以宣義軍節度副大使、知節度事、案：原本脱「副」字，考新唐書百官志及五代會要，副大使爲藩鎮官爵，今增入。（舊五代史考異）北面行營副招討等使、特進、檢校太傅霍彦威爲天平軍節度副大使、知節度事。

二月甲申，晉王攻我黎陽，劉鄩拒之而退。乙酉，前蔡州刺史董璋權知宣義軍軍州事。丁亥，以前右羽林軍統軍梁繼業爲左衞上將軍。壬辰，以租庸判官、檢校司徒張紹珪爲光禄卿，依前充租庸判官。癸巳，以權知平盧軍軍州事、客省使、知銀臺事元湘爲檢校司空。甲午，以飛龍使婁繼英爲左武衞大將軍。

三月庚申，以前平戎軍使、檢校司徒郭紹賓爲禧州刺史。辛酉，以前天平軍節度副使裴彦爲隨州刺史。戊寅，湖州刺史錢傳璟、蘇州刺史錢傳璙、案：原本作「傳珏」，今據十國春秋改正。（舊五代史考異）鎮海軍節度副使錢傳瓘、温州刺史錢傳璲、睦州刺史錢傳璹[一]、竇州刺史錢傳瓘[二]、明州刺史錢傳球、義州刺史錢傳琈、峯州刺史錢傳珣、案：歐陽史職方志有封州而無峯州，薛史前後俱作峯州，未知何據，今仍其舊。（舊五代史考異）巒州刺史錢傳琰、鎮海軍都知兵馬使錢傳璛等凡一十一人，並加官勳階爵，從吴越王錢鏐之請也。案：吴越備史載錢鏐諸子所加官勳階爵，失載傳璟，故十一人僅存其十。又其名間有異同，當以薛史爲得實。（舊五代史考異）

夏四月庚辰，以前行左武衛大將軍蔡敬思爲右武衛上將軍。辛巳，以前安州刺史劉玘權知晉州軍州事。以前密州刺史張實爲潁州刺史，充本州團練使。癸未，以六軍押牙、充左天武軍使劉彦珪爲澶州刺史。辛卯，以右千牛衛大將軍劉璩充契丹宣諭使。詔諸道兵馬元帥開幕除吏，一同天策上將府故事。辛丑，以清海軍元從都押牙、隴州刺史吴鍔爲檢校司空[三]。癸卯，以兩浙衙内先鋒指揮使、守峯州刺史錢傳珣爲泗州刺史。

六月庚辰，以前東京馬步都指揮使兼左天武軍使雷景從爲汝州刺史，充本州防禦使。辛卯，以租庸判官、光禄大夫、檢校司徒、行光禄卿張紹珪爲申州刺史。壬辰，以權知晉州建寧軍軍州事、前安州刺史劉玘爲建寧軍節度觀察留後。

秋七月丁巳，以淄州刺史陳洪爲棣州刺史。乙丑，以刑部員外郎封翹爲翰林學士。封翹，原本作「封堯」，今據封舜卿傳改正。（影庫本粘籤）丙寅，以汝州刺史楊延直爲左衞大將軍，以前左衞上將軍劉重霸爲起復雲麾將軍、右驍衞上將軍。庚午，以六軍諸衞副使、起復雲麾將軍、檢校太保張業爲淄州刺史〔四〕。

八月辛巳，以左神武軍統軍周武爲寧州刺史，以左崇安指揮使、前申州刺史劉仁鐸爲衍州刺史。戊子，泰寧軍節度使張萬進賜名守進。案：吳縝纂誤云：「末帝本紀前作張萬進，後作守進，必有一誤。」（影庫本粘籤）　案：歐陽史不載賜名守進，吳縝纂誤云：「紀作張守進，劉鄩、劉處讓傳作張萬進，紀、傳不同，未知孰是。」蓋吳氏亦未詳考薛史也。（影庫本批校）

九月庚申，以遥領常州刺史張昌孫遥領壽州刺史，充本州團練使。

冬十月壬午，以權西面行營都監、右武衞上將軍張筠權知商州軍州事〔五〕。戊子，詔曰：「太子太傅李戩，多因釋教，誑惑羣情，此後不得出入無恒。」癸巳，以前崇德軍使張思綰爲左武衞上將軍。己亥，以啓聖匡運同德功臣、諸道兵馬元帥、淮南鎮海鎮東等軍節度使、充淮南宣潤等四面行營都統、開府儀同三司、尚書令、吳越王錢鏐爲天下兵馬元帥。壬寅，以尚書左丞吳藹爲工部尚書，充兩浙官告使。官告使不見于五代會要，疑有舛誤。考册府元龜亦作官告，今姑仍其舊。（影庫本粘籤）是月，晉王自魏州還太原。

閏十月丁卯，以前商州刺史徐瑺爲左驍衛上將軍，充西都大内皇牆使。

十一月壬午，以中書侍郎、平章事鄭珏權判户部事。戊子，以寧州刺史周武爲武靜軍防禦使、守慶州刺史。以河潼軍使竇廷琬爲寧州刺史。

十二月，晉王自太原復至魏州。庚申，以左金吾衛大將軍、充街使華温琪爲右龍虎軍統軍，以右龍虎軍統軍張彦勳爲商州刺史，以前西京大内皇牆使李項爲右威衛上將軍，以左金吾衛上將軍李周彝權兼左街使。壬戌，以守太尉、兼中書令、河南尹、判六軍諸衛事、魏王張宗奭爲天下兵馬副元帥。丙寅，以西面行營馬軍都指揮使、檢校太保、鄭州刺史、充本州防禦使王彦章爲檢校太傅。丁卯，以西面行營馬步都指揮使〔六〕、左龍虎軍統軍賀瓌爲檢校太傅、同中書門下平章事，充宣義軍節度使、鄭滑濮等州觀察處置等使。案通鑑：時論平慶州功，故賀瓌進秩。己巳，帝幸洛陽，爲來年有事於南郊也。遂幸伊闕，親拜宣陵。時租庸使趙巖勸帝郊天，且言：「帝王受命，須行此禮，願陛下力行之。」宰臣敬翔奏曰：「國家自劉鄩失律已來，府藏殫竭，箕斂百姓，供軍不暇，郊祀之禮，頒行賞賚，所謂取虚名而受實弊也。況晉人壓境，車駕未可輕動。」帝不聽，遂行。是月，晉人陷楊劉城，帝聞之懼，遂停郊禮，車駕急歸東京。案通鑑云：道路訛言晉軍已入大梁，扼汜水矣。從官皆憂其家，相顧涕泣，帝惶駭失圖，遂罷郊祀。癸酉，詔文武兩班，除元隨駕人數外，其餘並令御史司憲張衮部署，候車駕離京後一兩日，發赴東京。甲戌，以天下兵馬副元帥、太尉、兼中書令、河南尹、魏王張宗奭爲西都留守。

貞明四年春正月，晉人寇鄆、濮之境。車駕至自洛陽。案：五代春秋作己卯，帝還東都。（舊五代史考異）庚辰，以蔡州刺史姚勍權知感化軍節度觀察留後。乙酉，以前靜難軍馬步軍都指揮使黃貴爲蔡州刺史。甲午，以右領軍衞上將軍齊奉國爲左金吾衞大將軍，充街使。

二月，遣將謝彥章帥衆數萬迫楊劉城。甲子，晉王來援楊劉城，彥章之軍不利而退。

三月壬午，以前右武衞上將軍張筠爲左衞上將軍。癸巳，以鎮國軍節度押衙、充本道馬步軍都指揮使江可復爲衍州刺史。壬寅，鎮海鎮東等軍節度行軍司馬、秦州節度使、檢校太傅、同平章事馬綽加檢校太尉、同平章事，依前鎮海鎮東等軍節度行軍司馬，餘如故，從錢鏐之請也。

夏四月丁未，以宣徽院使、右衞上將軍趙縠權知青州軍州事，以宣徽院副使韋堅權知本院事。宣徽院，原本作「宣嶽院」，考五代會要，宣徽院次于樞密院，今考正。（影庫本粘籤）己酉，以銀青光禄大夫、行中書侍郎、同中書門下平章事、權判户部鄭珏爲金紫光禄大夫、中書侍郎、兼刑部尚書、平章事、集賢殿大學士、判户部、上柱國，仍進封滎陽郡開國侯，加食邑五百户。以金紫光禄大夫、行尚書吏部侍郎、上柱國、蘭陵縣開國男、食邑三百户蕭頃爲中書侍郎、同平章事〔七〕，仍進封蘭陵縣開國伯，加食邑四百户。庚戌，以前崇德軍使、前右武衛大將軍杜存爲右領軍衛上將軍。甲寅，以刑部郎中、充史館修撰竇專爲翰林學士。案：專，同州白水人，貞固之父也。貞固，宋史有傳。（舊五代史考異）初，學士竇夢徵草錢鏐麻，貶蓬萊尉，帝召專入翰林，遣崇政使李振問宰相云：「專是宰臣蕭頃女婿，令中書商量可否。」中書奏曰：「宰相親情，不居清顯，避嫌之道，雖著舊規，若蒙特恩，亦有近例，固不妨事。」帝乃可之。己未，靈武節度使韓洙案：原本作「韓殊」，考韓遜傳，洙即遜之子，歐陽史雜傳亦作「洙」，今改正。（舊五代史考異）落起復，授開府儀同三司，依前檢校太傅、同平章事。癸亥，以延州忠義軍節度使、太原西面招討應接使、檢校太師、兼中書令、渤海王高萬興兼鄜延兩道都制置使，餘如故。時萬興弟鄜州節度使萬金卒，故有是命。己巳，以開府儀同三司、守司空、兼門下侍郎、同平章事趙光逢爲司徒致仕，兼加食邑五百户，以光逢累上章請老故也。辛未，詔宰臣敬翔權判諸道鹽鐵使務。壬申，以太子賓客趙光胤爲吏部侍郎。

五月甲戌，以荆南衙内馬步軍都指揮使、檢校司徒高從誨領濠州刺史。乙亥，以特進、檢校太傅、前潁州團練使張實爲起復雲麾將軍，依前潁州團練使。庚辰，以工部尚書致仕孔拯爲國子祭酒。己丑，以太常少卿韋彖爲右諫議大夫。

六月甲辰，以金紫光禄大夫、檢校司徒、歙州刺史朱令德爲忠武軍節度觀察留後。己酉，以權知感化軍兩使留後、特進、檢校太保姚勍爲感化軍節度觀察留後。庚戌，上以祕書少監王翺爲將作監，以其父名祕故也。丙辰，以左監門衛將軍康贇美爲商州刺史，以左衛上將軍張筠爲權知永平軍節度觀察留後、兼判大安府事。戊午，以前景州刺史衛審符爲右衛大將軍。庚申，以河陽節度、充北面行營排陣、兩京馬軍都軍節度等使〔八〕、光禄大夫、檢校太保謝彦章爲匡國軍節度、陳許蔡等州觀察處置等使，以宣徽院副使韋堅權知河陽軍州事。

秋七月庚辰，以商州刺史康贇美爲起復雲麾將軍，依前商州刺史。辛卯，以前左驍衛上將軍楊詔爲右武衛上將軍〔九〕。戊戌，以前匡國軍節度使、檢校尚書左僕射羅周敬案：原本作「用敬」，考薛史晉列傳作周敬，歐陽史羅紹威傳亦作子周敬，今改正。（舊五代史考異）爲檢校司空、守殿中監、駙馬都尉。

八月丙午，以右廣勝軍使劉君鐸爲虢州刺史。戊申，以武寧軍節度副使李存權知宿州事。辛亥，涇原節度使杜建徽加檢校太傅、同平章事。建徽，案：原本訛作「達徽」，今據十國春秋改正。（舊五代史考異）吴越王錢鏐之將也，遥領涇原節制，至是以其上請加恩，故有是命。乙卯，以蔡州刺史黄貴爲絳州刺史。辛酉，以絳州刺史尹皓爲感化軍節度觀察留後。癸亥，以前永平軍節度副使張正己爲房州刺史。乙丑，以宿州團練使趙麓權知河陽節度觀察留後，以左驍衞將軍劉去非爲鄧州刺史。戊辰，以權知永平軍節度觀察留後、兼判大安府事張筠爲永平軍節度觀察留後，依前兼判大安府事。是月，晉王率師次楊劉口，遂軍於麻家渡，北面招討使賀瓌以兵屯濮州北行臺村，對壘百餘日。晉王以輕騎來覘，許州節度使謝彦章發伏兵掩擊，圍之數重，會救軍至，晉王僅以身免。

九月丁丑，靜勝軍節度、崇裕等州觀察處置等使、特進、檢校太傅、同平章事温昭圖加檢校太尉。甲午，崇政院副使張希逸加金紫光禄大夫、行祕書少監。乙未，起復雲麾將軍、檢校太保、壽州團練使張昌孫落起復，授光禄大夫、檢校太傅。

冬十月辛丑朔，以前感化軍節度觀察留後、特進、檢校太保姚勍爲左龍虎統軍，充西都内外馬步軍都指揮使。以洛苑使、金紫光禄大夫、檢校司徒、守左威衞大將軍董璋爲右龍虎統軍。己酉，以安南靜海節度使、檢校司徒曲美爲檢校太保、同平章事。庚戌，以商州刺史康贊美爲蔡州刺史。

十一月壬辰，前懷州刺史朱勍授起復雲麾將軍，依前懷州刺史。

十二月庚子朔，晉王領軍迫行臺寨，距寨十里結營而止。北面招討使賀瓌殺許州節度使謝彥章、濮州刺史孟審澄、别將侯温裕等於軍，以謀叛聞，爲行營馬步都虞候朱珪搆之也。晉王聞之，喜曰：「彼將帥不和，亡無日矣。」案通鑑：賀瓌密譖謝彥章于帝，因與朱珪伏甲以殺彥章。蓋賀瓌密奉帝旨也。五代春秋、歐陽史皆以賀瓌專殺爲文，恐非事實。丁未，以行營諸軍馬步都虞候、光禄大夫、檢校太保、曹州刺史朱珪爲檢校太傅，充匡國軍節度觀察留後，依前行營諸軍馬步都虞候。癸丑，詔曰：「行營諸軍馬步都虞候、匡國軍節度觀察留後朱珪，昨以寇戎未滅，兵革方嚴，所期朝夕之間，克弭烟塵之患，每於將帥，别注憂勞。而謝彥章、孟審澄、侯温裕忽搆異圖，將萌逆節，賴朱珪挺施貞節，密運沈機，果致梟擒，免資讎敵。特加異殊之命，用旌忠孝之謀，便委雄藩，俾荷隆渥。可檢校太傅，充平盧軍節度、淄青登萊等州觀察處置、押新羅渤海兩番等使、兼行營諸軍馬步軍副都指揮使，仍進封沛國郡開國侯。」乙巳，起復雲麾將軍、檢校太保、陳州刺史、惠王友能，惠王，原本作「忠王」，今據歐陽史改正。（影庫本粘籤）鎮國軍節度、陝虢等州觀察處置等使、起復雲麾將軍、檢校太保、邵王友誨，並落起復，加檢校太傅。以前房州刺史牛知業爲右羽林軍統軍。癸亥，北面招討使賀瓌率大軍與晉人戰於胡柳陂，晉人敗績。是日既晡，復爲晉人所敗。初，晉人起軍將襲東京，乃下令軍中老弱悉歸於鄴。是月二十二日，晉王次臨濮，賀瓌、王彦章自行臺寨率軍躡之。二十四日，至胡柳陂，晉王領軍出戰，瓌軍已成列，晉王以騎突之，王彦章一軍先敗，彦章走濮陽。晉人輜重在陣西，瓌領軍薄之，晉人大奔，自相蹈籍，死者不可勝紀，晉大將周德威歿於陣。瓌軍乃登土山，列陣於山之下，晉王復領兵來戰，瓌軍遂敗。翌日，晉人攻濮陽，陷之，京師戒嚴。

貞明五年春正月，晉人城德勝，夾河爲柵。

二月乙巳，以宣徽院副使韋堅權知徐州軍事。

三月己卯，以華州感化軍留後尹皓爲華州節度使，加檢校太保、同平章事。癸未，制削奪兗州節度使張守進在身官爵，以其叛故也。仍命劉鄩爲兗州管内安撫制置使，領兵以攻之。案：張守進歸晉，本紀繫於五年三月，張萬進傳作四年七月，劉鄩傳仍作五年。通鑑考異嘗並舉紀、傳之互文以明薛史之難據，因定從莊宗實録作四年八月。今以當日事勢考之，藩鎮反覆，向背無常，陰謀詭祕，姑示含容，討罪遣師，須有顯迹。蓋守進潛附于晉，自在四年秋，至削奪官爵，聲罪致討，則五年春事也。薛史采用舊聞，不加修飾，故語必徵實。若五代春秋以守進叛爲五年事，歐陽史又以劉鄩討之爲四年事，皆删改成文，自爲臆斷，不如薛史之存其實也。

夏四月壬寅，以永平軍留後、兼判大安府事張筠爲永平軍節度使、檢校太保、行大安尹。庚戌，以鎮海軍北面水陸都指揮使、湖州刺史、檢校太傅錢傳璟遥領宣州寧國軍節度使，加同平章事。是月，賀瓌攻德勝南城，以艨艟戰艦横於河，以扼津濟之路。晉人斵其艨艟，濟軍以援南城，瓌等退軍。

五月己巳，山南東道節度使、檢校太傅孔勍加同平章事。丁亥，以延州節度使、鄜延兩道都制置、太原西面招討應接等使、渤海郡王高萬興爲檢校太師〔一〇〕、兼中書令，充保大忠義等軍節度、鄜延管内觀察等使。是月，以行營諸軍左廂馬軍都指揮使、鄭州防禦使王彦章爲許州匡國軍節度觀察留後，依前行營諸軍左廂馬軍都指揮使。

六月壬戌，以天驥院使李隨權知登州軍州事。

秋七月，晉王自魏州還太原。

八月乙未朔，滑州節度使賀瓌卒，輟視朝三日，詔贈侍中。是月，命開封尹王瓚爲北面行營招討使。瓚乃與許州留後王彦章等率大軍自黎陽濟，營於楊村，造浮梁以通津路。

九月丙寅，制削奪廣州節度使、南平王劉巖在身官爵，以其將謀僭號故也。仍詔天下兵馬元帥錢鏐指揮攻討。

冬十月，晉王復至魏州。是月，劉鄩攻下兖州，擒張守進，夷其族。

十一月丁丑，以兗州安撫制置使、特進、檢校太傅、大彭郡開國公劉鄩爲兗州節度使、開府儀同三司、檢校太尉、同平章事，賞平兗之功也。辛卯，王瓚帥師至戚城，遇晉軍，交綏而退。

十二月戊戌，晉王領軍迫河南寨，王瓚率師禦之，獲晉將石家才。案：通鑑石家作石君立。考薛史列傳，君立一名家才〔一〕。既而瓚軍不利，瓚退保楊村寨，晉人陷濮陽。永樂大典卷六千六百五。案：上文四年十二月已云晉人攻濮陽，陷之，至此復云晉人陷濮陽，前後重複。通鑑考異歷引薛史閻寶、李嗣昭傳及莊宗實録而斷之曰：去冬唐雖得濮陽，棄而不守，今年復攻拔之也。參考事勢，當得其實。

## 校勘記

〔一〕錢傳璹　原作「錢傳琇」，據邵本校、舊五代史考異卷一引文改。按十國春秋卷八三：「元懿，字秉徽，初名傳璹，已又名傳懿，後更今名。」通鑑卷二七六於後唐天成三年仍稱「傳璹」，時後梁貞明三年，其應尚未改名傳懿。

〔二〕賓州刺史錢傳瓘　「賓州」，原作「賔州」，據邵本校、舊五代史考異卷一引文、吴越備史卷一改。

〔三〕隴州刺史吴鍔爲檢校司空　「隴州」，吴存鍔墓誌（拓片刊文物一九九四年第八期）作「瀧州」。按墓誌云「公諱存鍔」，開平元年「加兵部尚書，守瀧州刺史」，貞明三年「加檢校司空」。吴存鍔，即吴鍔。

〔四〕檢校太保張業爲淄州刺史　張繼業墓誌（拓片刊洛陽新獲墓誌）：「奪情授六軍副使，出爲淄沂二州牧」，本書卷三〇唐莊宗紀四：「以權河陽留後、檢校太保張繼業依前權知河陽留後」，即其人。

〔五〕右武衛上將軍　「右」，原作「左」，據劉本、彭本改。按本卷下文貞明四年三月壬午，以前右武衛上將軍張筠爲左衛上將軍。

〔六〕西面行營馬步都指揮使　「西面」，原作「東面」，據殿本、本書卷二三賀瓌傳、通鑑卷二六九改。

〔七〕中書侍郎同平章事　原作「中書門下平章事」，據册府卷一九九、通鑑卷二七〇改。按本書卷一〇梁末帝紀下：「（貞明六年四月乙巳）以中書侍郎、平章事蕭頃爲集賢殿大學士、判户部事。」

〔八〕兩京馬軍都軍節度等使　本書卷一六謝彦章傳、謝彦璋墓誌（拓片刊隋唐五代墓誌匯編洛陽卷第十五册）作「兩京馬軍都軍使」，按「節度」二字疑衍。

〔九〕以前左驍衛上將軍楊詔爲右武衛上將軍　五代會要卷二八：「（乾化元年十一月）仍以左監門衛上將軍楊沼爲左驍衛上將軍，充押領迴鶻還番使。」疑即其人。

〔一〇〕渤海郡王　本卷上文作「渤海王」。按本書卷八梁末帝紀上：「（貞明元年）延州節度使、太原西面招討應接使、檢校太師、兼中書令、渤海郡王高萬興進封渤海王。」

〔一一〕君立一名家才　「家才」，原作「家財」，據彭校、舊五代史考異卷一引文、本書卷二二王檀傳、冊府卷二一七、卷三六九改。

# 舊五代史卷十　梁書十

## 末帝紀下

貞明六年春正月戊子，以曹州刺史朱漢賓爲安州宣威軍節度使。以許州匡國軍節度觀察留後、充散指揮都軍使、檢校太傅王彥章爲匡國軍節度使，進封開國侯，軍職如故。

二月癸丑，宣州節度使錢傳璟案：原本宣州訛作「亘州」，今據十國春秋改正。（舊五代史考異）起復，依前檢校太傅、同平章事、宣州節度使，以其丁內艱故也。

三月丁亥，以前申州刺史張紹珪爲大理卿。

夏四月己亥〔一〕，制曰：

王者愛育萬方，慈養百姓，恨不驅之以仁壽，撫之以淳和〔二〕。而炎黃有戰伐之師，堯舜有干戈之用，諒不獲已，其猶病諸。然則去害除妖，興兵動衆，殺黑龍而濟中土，刑白馬而誓諸侯。終能永逸暫勞，以至同文共軌，古今無異，方册具存。朕以眇末之身，託億兆之上，四海未乂，八年于兹，業業兢兢，日慎一日。雖踰山越海，肅慎方來；而召雨徵風，蚩尤尚在。「蚩」字下原本脱「尤」字，今據文增入。（影庫本粘籤）顧兹殘孽，勞我大邦，將士久於戰征，黎庶疲於力役。木牛暫息，則師人有乏爨之憂；流馬盡行，則丁壯有無聊之苦。况青春告謝，朱夏已臨，妨我農時，迫我戎事。永言大計，思致小康，宜覃在宥之恩，稍示殷憂之旨。用兵之地，賦役實煩，不有蠲除，何使存濟。除兩京已放免外，應宋、亳、輝〔三〕、潁、鄆、齊、棣〔四〕、滑、鄭、濮、沂、密、青、登、萊、淄、陳、許、均、房、襄、鄧、泌〔五〕、隨、陝、華、雍、晉、絳、懷、汝、商等三十二州，應欠貞明四年終已前夏秋兩税，并鄆、齊、滑、濮、襄、晉、輝等七州，兼欠貞明四年已前營田課利物色等，並委租庸使逐州據其名額數目矜放。所在官吏，不得淹停制命，徵督下民，致恩澤不及於鄉閭，租税虚捐於賬籍。其有衷私遠年債負〔六〕，生利過倍，自違格條，所在州縣，不在更與徵理之限。兗州城内，自張守進違背朝廷，結連蕃寇，久勞攻討，頗困生靈，言念傷殘，尋加給復。應天下見禁罪人，如犯大辟合抵極刑者，宜示好生，特令減死。除準格律常赦不原外，徒流已下，遞減一等。左降官未經量移者與量移〔七〕，已量移者便與復資云。

庚子，宗正卿朱守素上言：「請依前朝置匭院，令諫議大夫專判。」從之，乃以右諫議大夫鄭韜光充知匭使。案：原本「知匭」作「知匱」，考通典唐三省官有知匭使，今改正。（舊五代史考異）乙巳，以右僕射兼門下侍郎、同平章事、監修國史、判度支、開國公敬翔爲弘文館大學士、延資庫使、諸道鹽鐵轉運等使，餘如故。以中書侍郎兼刑部尚書、平章事、集賢殿大學士、判户部事鄭珏爲監修國史、判度支。以中書侍郎、平章事蕭頃爲集賢殿大學士、判户部事。以尚書左丞李琪爲中書侍郎、平章事。丙午，吏部侍郎趙光胤爲尚書左丞。己酉，以河中護國軍節度副大使、知節度事、制置度支解縣池場等使、開府儀同三司、守太保、兼中書令、冀王友謙依前守太保、兼中書令、兼同州節度使，餘如故。癸丑，鄜延節度使兼西面招討接應等使、檢校太保、兼中書令、渤海郡王高萬興進封延安王〔八〕，賜號匡時定節功臣。前衡州長史劉鷟進所撰地理手鏡十卷。己未，以租庸判官、尚書工部郎中張鋭爲户部郎中，充崇政院學士。辛酉，以前吏部侍郎盧協爲吏部侍郎〔九〕。

五月乙丑，故左衛上將軍齊奉國贈太傅。詔曰：「應文武朝官，或有替罷多年，漂流在外者，宜令中書門下量才除授，勿使栖遲。或有進士策名，累年未釋褐者，與初任一官；已釋褐者，依前資敍用。」乙酉，升宋州爲大都督府，其餘廢大都督府額。

六月，遣兗州節度使劉鄩、華州節度使尹皓、崇州節度使温昭圖、莊宅使段凝領軍攻同州。先是，河中朱友謙襲陷同州，節度使程全暉單騎奔京師。案歐陽史本紀：河中節度使朱友謙襲同州，殺其節度程全暉。據薛史，則程全暉奔還京師，未嘗見殺也。歐陽史列傳仍同薛史。五代春秋又作六年春事。友謙以其子令德爲同州留後，表求節旄，不允。既而帝慮友謙怨望，遂命兼鎮同州。制命將下而友謙已叛，遣使求援於晉，故命將討之。

九月庚寅，以供奉官郎公遠充契丹歡好使。案遼史：神册五年九月，梁遣郎公遠來聘，即是年事也。遼史載神册元年，梁遣郎公遠來賀，薛史失載。（舊五代史考異）案遼史：神册五年九月己丑朔，梁遣郎公遠來聘，與薛史合。又天贊二年四月，梁遣使來聘，即龍德三年也，薛史不載。（孔本）晉王遣都將李嗣昭、李存審、王建及率師來援同州，戰于城下。我師敗績，諸將以餘衆退保華州羅文寨。

冬十月，陳州妖賊毋乙、董乙伏誅。陳州里俗之人，喜習左道，依浮圖氏之教，自立一宗，號曰「上乘」，不食葷茹，誘化庸民，揉雜淫穢，宵聚晝散，州縣因循，遂致滋蔓。時刺史惠王友能恃戚藩之寵，動多不法，故奸慝之徒，望風影附。毋乙數輩，漸及千人，攻掠鄉社，長吏不能詰。是歲秋，其衆益盛，南通淮夷，朝廷累發州兵討捕，反爲賊所敗，陳、潁、蔡潁、蔡，原本訛作「穎葵」，今據文改正。（影庫本粘籤）三州大被其毒。羣賊乃立毋乙爲天子，其餘豪首，各有樹置。至是發禁軍及數郡兵合勢追擊，賊潰，生擒毋乙等首領八十餘人，械送闕下，並斬於都市。

龍德元年春正月癸巳，詔諸道入奏判官，宜令御史臺點檢，合從正衙退後，便於中書門下公參辭謝，如有違越，具名銜聞奏。應面賜章服，仍令閤門使取本官狀申中書門下，受敕牒後，方可結入新銜。甲辰，以河東道行營西面應接使、前靜勝軍節度、崇裕等州觀察處置等使、特進、檢校太尉、同平章事溫昭圖爲匡國軍節度、陳許蔡等州觀察處置等使。以北面行營副招討使、匡國軍節度、陳許蔡等州觀察處置等使、光禄大夫、檢校太傅王彦章爲宣義軍節度副大使、知節度事、鄭滑濮等州觀察處置等使，依前北面副招討使。

二月己未，以權知靜勝軍節度觀察留後、前汝州防禦使華温琪爲靜勝軍節度觀察留後，案：通鑑作貞明六年事，與薛史繫龍德元年異。（舊五代史考異）依前檢校太傅。丙寅，以荆南節度使、檢校太師、兼中書令、渤海郡王高季昌季昌，原本訛作「杳昌」，今據十國春秋改正。（影庫本粘籤）爲守中書令，依前荆南節度使。庚午，以晉州建寧軍節度觀察留後劉玘爲晉州節度使、檢校太保。壬申，史館上言：「伏見北齊文士魏收著後魏書，于時自魏太武之初，至于北齊，書不獲就，乃大徵百官家傳，刊總斟酌，隨條甄舉，搜訪遺亡，數年之間，勒爲一代典籍，編在北史，固非虚言。臣今請明下制，敕内外百官及前資士子、帝戚勳家，並各納家傳，具述父祖事行源流及才術德業灼然可考者，並纂述送史館。如記得前朝會昌已後公私，亦任抄録送官，皆須直書，不用文藻。兼以兵火之後，簡牘罕存，應内外臣僚，曾有奏行公事，關涉制置，或討論沿革，或章疏文詞，有可採者，並許編録送納。候史館修撰之日，考其所上公事，與中書門下文案事相符會，或格言正辭詢訪不謬者，並與編載。所冀忠臣名士，共流家國之耿光；孝子順孫，獲記祖先之丕烈。而且周德見乎殷紀，舜典存乎禹功，非唯十世可知，庶成一朝大典。臣叨庸委任，獲領監修，將贖素飡，輒干玄覽。」詔從之。鹽鐵轉運使敬翔奏：「請於雍州、河陽、徐州三處重置場院税茶。」從之。己卯，禮部尚書、充西都副留守兼判尚書省事崔沂奏：「西京都省，凡有公事奏聞，常須借印施行，伏請鑄尚書省分司印一面。」從之。是月，鎮州大將王德明殺其帥王鎔，案五代春秋：三月，趙人張文禮弑其君鎔。薛史及通鑑作二月。（舊五代史考異）自稱留後，遣使來求援。宰臣敬翔請許之，租庸使趙巖等以爲不可，乃止。

三月丁亥朔，祠部員外郎李樞上言：「請禁天下私度僧尼，及不許妄求師號、紫衣。如願出家受戒者，皆須赴闕比試藝業施行，願歸俗者，一聽自便。」自便，原本作「自使」，今據文改正。（影庫本粘籤）詔曰：「兩都左右街賜紫衣及師號僧，委功德使具名聞奏。今後有闕，方得奏薦，仍須道行精至，夏臘高深，方得補填。每遇明聖節，兩街各許官壇度七人。諸道如要度僧，亦仰就京官壇，仍令祠部給牒。今後只兩街置僧録，諸道僧正並廢〔一〇〕。」

己丑，以前兵部郎中杜光乂爲左諫議大夫致仕。壬寅，改襄州鄾縣爲沿夏縣、亳州焦夷縣爲夷父縣、密州漢諸縣爲膠源縣，從中書舍人馬縞請也。

夏四月，陳州刺史惠王友能反，案：歐陽史作三月，與薛史異。（舊五代史考異）舉兵向闕，帝命將出師逆擊，敗之。友能走保陳州。詔張漢傑率兵進討。案：原本漢傑作「衡傑」，今據通鑑改正。（舊五代史考異）赦開封府太康、襄邑、雍丘三縣，遭陳州賊軍奔衝，其夏稅只據見苗輸納。

五月丙戌朔，制曰：

朕聞惟辟動天，惟聖時憲，故君爲善則天降之以福，爲不善則降之以災。朕以眇末之身，託於王公之上，不能荷先帝艱難之運，所以致蒼生塗炭之危。兵革荐興，災害仍集，内省厥咎，蓋由朕躬。故北有犬戎猾夏之師，西有蒲、同亂常之旅，連年戰伐，積歲轉輸，虔劉我士民，侵據我郡邑。師無宿飽之饋，家無擔石之儲。而又水潦爲災，蟲蝗作沴[一二]，戒譴作於上，怨咨聞於下。而況骨肉之内，竊弄干戈；畿甸之中，輒爲陵暴。但責躬而罪己，敢怨天以尤人。蓋朕無德以事上玄，無功以及兆庶，不便於時者未能去，有益於民者未能行，處事昧於酌中，發令乖於至當，招致災患，引翼禍殃，罪在朕躬，不敢自赦。夙夜是懼，寢食靡寧，將勵己以息災，爰布澤而從欲。

今以薰風方扇，方扇，原本作「方羽」，今據文改正。（影庫本粘籤）旭日初昇，朔既視於正陽，曆宜更於嘉號。庶惟新之令，敷華夏以同歡；期克念之心，與皇王而合道。其貞明七年，宜改爲龍德元年。應天下見禁罪人，除大辟罪外，遞減一等。德音到後，三日内疏理訖奏。應欠貞明三年、四年諸色殘欠，五年、六年夏秋殘税[一二]，並放。侍衛親軍及諸道行營將士等第頒賜優賞，已從别敕處分。左降官與量移，已經量移者與復資。長流人各移近地，已經移者許歸鄉里。前資朝官寄寓遠方，仰長吏津置赴闕。内外文武常參官、節度使、留後、刺史，父母亡殁者並與封贈。公私債負，納利及一倍已上者，不得利上生利。先經陣殁將校，各與追贈云。

以宣和庫使、守右領衛將軍李嚴權知兗州軍州事。丁亥，詔曰：「郊禋大禮，舊有渥恩；御殿改元，比無賞給。今則不循舊例，别示特恩。其行營將士賞賚已給付本家，宜令招討使霍彦威、副招討使王彦章、陳州行營都指揮使張漢傑曉示諸軍知委。」

是月，兗州節度使、充河東道行營都招討使劉鄩卒。

六月己亥，以都點檢諸司法物使、檢校司徒、行左驍衛大將軍李肅爲右威衛上將軍。

秋七月，陳州朱友能降。庚子，詔曰：「朕君臨四海，子育兆民，唯持不黨之心，庶叶無私之運。其有齒予戚屬，雖深敦敍之情；干我國經，難固含弘之旨。須遵常憲，以示至公。特進、檢校太傅、使持節陳州刺史、兼御史大夫、上柱國、食邑三千户惠王友能，列爵爲王，頒條治郡，受元戎之寄任，處千里之封疆。就進官資，已登崇貴，時加錫賚，以表優隆。宜切知恩，合思盡節，撫俗當申於仁政，佐時期効於忠規。而狎彼小人，納其邪説，忽稱兵而向闕，敢越境以殘民，侵犯郊畿，驚撓輦轂，遠邇咸嫉，謀畫交陳。及興問罪之師，旋驗知非之狀，瀝懇繼陳於章表，束身願赴於闕庭，備述艱危，覬加寬恕。朕得不自爲屈己，姑務安仁，特施貸法之恩，蓋舉議親之律。詢於事體，抑有朝章，止行退責之文，用塞衆多之論。可降封房陵侯。於戲！君臣之體，彼有不恭；伯仲之恩，予垂立愛。顧茲輕典，豈稱羣情，凡在臣僚，當體朕意。」甲辰，制以特進、檢校太傅、衡王友諒可封嗣廣王。

冬十月，北面招討使戴思遠攻德勝寨之北城，晉人來援，思遠敗於戚城。

龍德二年春正月，戴思遠率師襲魏州。時晉王方攻鎮州，故思遠乘虛以襲之，陷成安而還[一三]，思遠遂急攻德勝北城，晉將李存審李存審，原本脱「存」字，今據文增入。（影庫本粘籤）極力拒守。

二月，晉王以兵至，思遠收軍而退，復保楊村。

八月，段凝、張朗攻衞州，下之，獲刺史李存儒以獻。戴思遠又下淇門、共城、新鄉等三縣。自是澶州之西、相州之南，皆爲梁有，晉人失軍儲三分之一焉。

龍德三年春三月，晉潞州節度留後李繼韜遣使以城歸順。先是，繼韜父嗣昭爲潞州節度使，戰殁於鎮州城下，晉王欲以嗣昭長子繼儔襲父位。繼韜在潞州，即執繼儔囚之，遣使來送款，仍以二幼子爲質。澤州刺史裴約不從繼韜之謀，帝命董璋爲澤州刺史，令將兵攻之。

夏四月己巳，晉王即唐帝位於魏州，改天祐二十年爲同光元年。

閏月壬寅，唐軍襲鄆州，陷之，巡檢使前陳州刺史劉遂嚴、本州都指揮使燕顒奔歸京師，皆斬於都市。

五月，以滑州節度使王彦章爲北面行營招討使。辛酉，王彦章率舟師案：原本舟師訛「州師」，今據通鑑改正。（舊五代史考異）自楊村寨浮河而下，斷德勝之浮梁，攻南城，下之，殺數千人。唐帝棄德勝之北城，併軍保楊劉。己巳，王彦章、段凝圍楊劉城。

六月乙亥，唐帝引軍援楊劉，潛軍至博州，築壘於河東岸。戊子，王彦章、杜晏球率兵急攻博州之新壘，不克，遂退保于鄒口。

秋七月丁未，唐帝引軍沿河而南，王彦章棄鄒口復至楊劉。己未，自楊劉拔營退保楊村寨。

八月，以段凝代王彥章爲北面行營招討使。戊子，段凝營於王村，引軍自高陵渡河，略臨河而還〔一四〕。董璋攻澤州，下之。庚寅，唐帝軍於朝城〔一五〕，先鋒將康延孝率百騎奔於唐，盡洩其軍機。命滑州節度使王彥章率兵屯守鄆之東境。

九月戊辰，彥章以衆渡汶，與唐軍遇於遞公鎮〔一六〕，彥章不利，退保中都。

冬十月辛未朔，日有食之。甲戌，唐帝引師襲中都，王彥章兵潰，於是彥章與監軍張漢傑及趙廷隱、劉嗣彬、李知節、康文通、王山興等皆爲唐人所獲。翌日，彥章死于任城。帝聞中都之敗，唐軍長驅將至，遣張漢倫馳驛召段凝於河上，漢倫墜馬傷足，復限水潦，不能進。時禁軍尚有四千人，朱珪請以拒唐軍，帝不從，登建國門召開封尹王瓚，謂之曰：「段凝未至，社稷繫卿方略。」瓚即驅軍民登城爲備。或勸帝西奔洛陽，趙巖曰：「勢已如是，一下此樓，誰心可保。」乃止。俄報曰：「晉軍過曹州矣。」帝置傳國寶於卧內，俄失其所在，已爲左右所竊迎唐帝矣。帝召控鶴都將皇甫麟，案：通鑑考異引莊宗實録作皇甫鏻，歐陽史從薛史作「麟」。謂之曰：「吾與晉人世讎，不可俟彼刀鋸。卿可盡我命，無令落讎人之手。」麟不忍，帝曰：「卿不忍，將賣我耶！」麟舉刀將自剄，帝持之，因相對大慟。戊寅夕，麟進刃於建國樓之廊下，帝崩。案五代會要：末帝年三十六。（舊五代史考異）麟即時自剄。

遲明，唐軍攻封丘門，王瓚迎降。唐帝入宮，妃郭氏號泣迎拜。初，許州獻綠毛龜，宮中造室以蓄之，命曰「龜堂」。帝嘗市珠於市，既而曰：「珠數足矣。」衆皆以爲不祥之言。帝末年改名「瑱」，字「一十一，十月一八日」，案：此句疑有脱衍，蓋當時傅會者析「王」字爲「一十一」，析「真」字爲「十月一八」也。册府元龜作「或解云『瑱』字『一十一〔七〕，十月一八』」，知此句「日」字因下文有「日」字而衍，今姑仍其舊。果以一十一年至十月九日亡。唐帝初入東京，聞帝殂，憮然歎曰：「敵惠敵怨，不在後嗣。朕與梁主十年對壘，恨不生見其面。」尋詔河南尹張全義收葬之，其首藏於太社。案通鑑後唐紀：辛巳，詔王瓚收朱友貞尸，殯于佛寺，漆其首函之，藏于太社。薛史作張全義，當別有據。晉天福二年五月，詔太社先藏唐朝罪人首級，許親屬及舊僚收葬。時右衛上將軍婁繼英請之，會繼英得罪，乃詔左衛上將軍安崇阮收葬焉〔一八〕。永樂大典卷六千六百五。

史臣曰：末帝仁而無武，明不照姦，上無積德之基可乘，下有弄權之臣爲輔，卒使勁敵奄至，大運俄終。雖天命之有歸，亦人謀之所誤也。惜哉！永樂大典卷六千六百五。

## 校勘記

〔一〕夏四月己亥　「己亥」，原作「丁亥」，據册府卷二〇八、卷四九一、新五代史卷三梁本紀改。按是月癸巳朔，無丁亥，己亥爲初七。

〔二〕恨不驅之以仁壽撫之以淳和　原作「恨不驅之仁壽撫以淳和」，據永樂大典卷一三四九七引五代薛史、册府卷四九一改。

〔三〕輝　此字原闕，據册府卷四九一補。

〔四〕棣　原作「魏」，據册府卷四九一改。永樂大典卷一三四九七引五代薛史此字係墨釘，疑係避朱棣諱改。舊五代史考異卷一：「原本脱『魏』字，今據册府元龜增入。」

〔五〕泌　原作「沁」，據劉本、册府（明本）卷四九一改。按新唐書卷四〇地理志四：「泌州淮安郡……武德五年以唐城山更名唐州……天祐三年朱全忠徙治泌陽，表更名。」本書卷一五〇郡縣志有唐州，與上文襄州、鄧州，下文隨州同屬山南道。

〔六〕其有衷私遠年債負　「衷私」，原作「私放」，據永樂大典卷一三四九七引五代薛史、册府卷四九一改。

〔七〕左降官未經量移者與量移　「左」，原作「除」，據永樂大典卷一三四九七引五代薛史改。

〔八〕檢校太保兼中書令渤海郡王高萬興進封延安王　「檢校太保」，本書卷九梁末帝紀中、卷三〇唐莊宗紀四作「檢校太師」。「渤海郡王」，本書卷八梁末帝紀上作「渤海王」。按册府卷一九六：「貞明元年二月，進封延州節度使、渤海郡王高萬興爲渤海王。六年四月，進封延安王。」

〔九〕以前吏部侍郎盧協爲吏部侍郎　下一「吏部侍郎」，殿本、孔本作「禮部侍郎」。

〔一〇〕諸道僧正並廢　「諸道」，原作「道録」，據彭校、册府卷一九四改。

〔一一〕蟲蝗作沴　「沴」，原作「殄」，據殿本改。

〔一二〕五年六年夏秋殘税　「夏秋殘税」，原作「夏税殘税」，據劉本、彭本、册府卷四九一改。

〔一三〕陷成安而還　「還」字原闕，據册府卷一二一七補。按通鑑卷二七一：「拔成安，大掠而還。」

〔一四〕略臨河而還　「略」，原作「復」，據册府卷一二一七改。

〔一五〕朝城　原作「胡城」，據本書卷二九唐莊宗紀三、册府卷五七、卷一二二六、通鑑卷二七二改。按新唐書卷三九地理志三，朝城屬河北道魏州。

〔一六〕遞公鎮　原作「遞防鎮」，據通鑑卷二七二考異引薛史、大事記續編卷七二引舊史改。册府卷二〇、卷五七、卷一二一七、卷四二五、卷四四三、通鑑卷二七二作「遞坊鎮」，按通鑑卷二七二考異：「薛史作『遞公鎮』，今從實録。」

〔一七〕册府元龜作或解云瑱字一十一　「瑱」，原作「瑻」，據殿本、劉本、彭校及本卷正文改。册府（宋本）卷一八二作「瑱」、「瑱」不一。

〔一八〕乃詔左衛上將軍安崇阮收葬焉　「左」，新五代史卷一三梁家人傳、通鑑卷二八一作「右」。按本書卷七六晉高祖紀二：「（天福二年九月）以右龍武統軍安崇阮爲右衛上將軍。」

# 舊五代史卷十一　梁書十一

## 后妃列傳第一

案：梁后妃傳，永樂大典闕全篇，其散見者僅得四條。今采北夢瑣言、五代會要諸書分注於下，以存當日之事蹟。

### 文惠皇太后王氏　元貞皇后張氏　末帝德妃張氏

文惠皇太后王氏，開平初追謚。永樂大典卷一萬三千三百五十二。太祖性孝愿，奉太后未嘗小失色，朝夕視膳，爲士君子之規範。帝嚴察用法，無纖毫假貸，太后言之，帝頗爲省刑。永樂大典卷一萬七千一百七十。案北夢瑣言云：梁祖父誠丕卒，有三子俱幼。母王氏，攜養寄於同縣人劉崇家。昆弟之中，唯溫狡猾無行，崇母撫養之，崇兄弟嘗加譴杖。一日，偷崇家釜而竄，爲崇追回，崇母遮護，以免扑責。善逐走鹿，往往及而獲之。又崇母常見其有龍蛇之異。他日與仲兄存入黄巢軍作賊，伯兄昱與母王氏尚依劉家。温既辭去，不知存亡。及温領鎮於汴，盛飾輿馬，使人迎母於崇家。王氏惶恐，辭避深藏，不之信，謂人曰：「朱三落拓無行，何處作賊送死，焉能自致富貴？汴帥非吾子也。」使者具陳離鄉去里之由、歸國立功之事，王氏方泣而信。是日，與崇母並迎歸汴。温盛禮郊迎，人士改觀。崇以舊恩，位至列卿，爲商州刺史。王氏以温貴，封晉國太夫人。仲兄存，於賊中爲矢石所中而卒。温置酒於母，歡甚，語及家事，謂母曰：「朱五經辛苦業儒，不登一命，今有子爲節度使，無忝前人矣。」母不懌，良久謂温曰：「汝致身及此，信爲英特，行義未必如先人。朱二與汝同入賊軍，身死蠻徼，孤男稚女，艱食無告。汝未有恤孤之心，英特即有，諸無取也。」温垂涕謝罪，即令召諸兄子皆至汴。友寧、友倫皆立軍功，位至方鎮。

元貞皇后張氏，乾化中追謚。永樂大典卷一萬三千三百五十二。案五代會要：太祖皇后張氏，早崩，開平二年追封賢妃，至乾化二年十一月二十三日，追册曰元貞皇后。又北夢瑣言云：梁祖魏國夫人張氏，碭山富室女，父蕤，曾爲宋州刺史。温時聞張有姿色，私心傾慕，有麗華之歎。及温在同州，得張於兵間，因以婦禮納之。温以其宿款，深加禮異。張賢明有禮，温雖虎狼其心，亦所景伏。每軍謀國計，必先延訪。或已出師，中途有所不可，張氏一介請旋，如期而至，其信重如此。初收兗、鄆，得朱瑾妻，温告之曰：「彼既無依，寓於輜車。」張氏遣人召之，瑾妻再拜，張氏答拜泣下，謂之曰：「兗、鄆與司空同姓之國，昆仲之間，以小故尋戈，致吾姒如此。設不幸汴州失守，妾亦似吾姒之今日也。」又泣下，乃度爲尼，張恒給其費。張既卒，繼寵者非人，及僭號後，大縱朋淫，骨肉聚麀，帷薄荒穢，以致友珪之禍，起於婦人。始能以柔婉之德，制豺虎之心，如張氏者，不亦賢乎！又案五代會要所載，内職有梁太祖昭儀陳氏、昭容李氏，歐陽史並見家人傳。

末帝德妃張氏。永樂大典卷一千二百六十六。案五代會要：少帝妃張氏，乾化五年九月二十四日册爲德妃，其夕薨。又案歐陽史次妃郭氏傳云：晉天福三年，詔太社先藏罪人首級，許親屬收葬，乃出末帝首，遣右衛將軍安崇阮與妃同葬之。妃卒洛陽。龐元英文昌雜録云：梁均王，晉天福中始葬，故妃張氏獨存。考功員外商鵬爲誌文曰：「七月有期，不見望陵之妾；九疑無色，空餘泣竹之妃。」今案：末帝德妃張氏早薨，後與末帝同葬，而次妃郭氏，天福中尚存。歐陽史不明言同葬者爲何妃，文昌雜録誤以尚存者爲故妃張氏，蓋傳聞之失實也。今薛史梁后妃傳雖闕，參考梁末帝紀及晉高祖紀，定爲德妃張氏同葬云。又案：五代史無外戚傳。五代會要云：梁太祖長女安陽公主，降羅廷規〔一〕，開平三年八月追封〔二〕。長樂公主，降趙巖，開平元年五月十一日封。普寧公主，降昭祚王氏，開平元年五月十一日封。金華公主，開平二年十月封。真寧公主，乾化三年十月五日封。少帝長女壽春公主，乾化三年四月五日封。第二女壽昌公主，貞明元年九月二十三日封。今考通鑑考異引梁功臣列傳云：羅廷規尚安陽公主，又尚金華公主。薛史羅紹威傳亦載開平四年，詔金華公主出家爲尼。是金華公主實歸羅氏，而五代會要不載，亦闕文也。

## 校勘記

〔一〕羅廷規　原作「羅延規」，據五代會要卷二改。本卷下一處同。

〔二〕開平三年　「三年」，原作「二年」，據五代會要卷二改。

# 舊五代史卷十二　梁書十二

## 宗室列傳第二

廣王全昱　子友諒　惠王友能　邵王友誨　安王友寧　密王友倫
郴王友裕　博王友文　庶人友珪　福王友璋　賀王友雍
建王友徽　康王友孜

案：梁宗室傳，永樂大典唯友寧、友倫、友裕三傳有全篇，餘多殘闕。今彙其散見者十五條，通鑑注引一條，其見册府元龜者又得六條，謹考其事蹟前後，敍次如左。

廣王全昱，太祖長兄，受禪後封。永樂大典卷一萬六千六百二十八。案通鑑：天祐二年二月戊戌，以安南節度使、同平章事朱全昱爲太師致仕。全昱，全忠之兄也，戇樸無能，先領安南，全忠自請罷之。歐陽史作領嶺南西道節度使。（舊五代史考異）乾化元年，還睢陽，命内臣拜餞都外。

王出宿至於偃師，仍詔其子衡王友諒侍從以歸。冊府元龜卷二百七十七。庶人篡位，授宋州節度使。冊府元龜卷二百八十一。貞明二年，卒。永樂大典卷一萬六千六百二十八。案五代會要：全昱，贈尚書令，謚德靖。五代史闕文：全昱，梁祖之兄也。既受禪，宮中開宴[一]，惟親王得與。因爲博戲，全昱酒酣，忽起取骰子擊盆迸散，大呼梁祖曰：「朱三，汝碭山一民，因天下饑荒，入黄巢作賊，天子用汝爲四鎮節度使，富貴足矣，何故滅他李家三百年社稷，稱王稱朕。吾不忍見血吾族矣，安用博爲！」梁祖不悦而罷。臣謹按梁史廣王全昱傳曰：昱樸野，常呼帝爲「三」。宮中博戲之事諱之。夫梁祖弒二君，弒一皇后，名臣被害者不可勝紀。及莊宗即位，盡誅朱氏，惟全昱先令終。至道初，知單州有稱廣王之後與尼訟田者，豈以一言之善，獨存其嗣耶！案通鑑考異引王仁裕玉堂閑話曰：骰子數匝，廣王全昱忽駐不擲，顧而向梁祖再呼朱三，梁祖動容。廣王曰：「你受它爾許大官職，久遠家族得安否！」於是大怒，擲戲具於階下，抵其盆而碎之，喑嗚眦睢，數日不止。與王禹偁所述微異。（舊五代史考異）

友諒，全昱子，初封衡王，後嗣廣王。永樂大典卷一萬六千六百二十八。繼歷藩郡，多行不法。冊府元龜卷二百九十九。坐弟友能反，廢囚京師。唐師入汴，與友能、友誨同日遇害。永樂大典卷一萬六千六百二十八。

友能，全昱子，封惠王，後爲宋、滑二州留後。永樂大典卷一萬六千六百二十八。案：友能後以叛廢，詳見末帝紀。又通鑑云：龍德元年夏四月〔二〕，陳州刺史惠王友能反，舉兵趨大梁，詔陝州留後霍彦威、宣義節度使王彦章、控鶴指揮使張漢傑將兵討之。友能至陳留，兵敗，走還陳州，諸軍圍之。秋七月，惠王友能降。庚子，詔赦其死，降封房陵侯。

友誨，全昱子，封邵王。永樂大典卷一萬六千六百二十八。乾化元年，以檢校兵部尚書充控鶴指揮使。册府元龜卷二百六十九。坐友能反廢，後爲唐兵所殺。永樂大典卷一萬六千六百二十六〔三〕。案通鑑云：邵王友誨，全昱之子也，性穎悟，人心多向之。或言其誘致禁軍，欲爲亂，梁主召友誨，與其兄友諒、友能並幽於别第。及唐師將至，梁主疑諸兄弟乘危謀亂，并皇弟賀王友雍、建王友徽盡殺之。考異曰：薛史云，友諒、友能、友誨，莊宗入汴，同日遇害。按中都既敗，均王親弟猶疑而殺之，況其從弟嘗爲亂者，豈得獨存云云。考通鑑以友諒等爲末帝自殺，考異祇以事理度之，而不言所據何書。歐陽史仍從薛史。王禹偁五代史闕文亦云莊宗即位，盡誅朱氏。度當日事勢，梁末帝自中都告敗，救死不遑，未必遽誅兄弟，當以薛史爲得其實。通鑑所載，恐未足據也。

安王友寧，字安仁。少習詩禮，長喜兵法，有倜儻之風。太祖鎮汴，累署軍職，每因出師，多命統驍果以從。及擒秦宗權，太祖令友寧檻送宗權西獻於長安，詔加檢校右散騎常侍、行右監門衛將軍。自是繼立軍功，累官至檢校司空兼龔、柳二州刺史。太祖駐軍岐下，遣友寧領所部兵先歸梁苑，以備守禦。屬青帥王師範搆亂，以關東諸鎮兵悉在岐隴〔四〕，岐隴，原本作「岐寵」，今據文改正。（影庫本粘籤）欲乘虛竊發，自齊魯至於華下，羅布姦黨，皆詐以委輸貢奉爲名，陰與淮夷、并門結好。會有青人詣裴迪言其狀，迪以事告，友寧不俟命，乃率兵萬餘人東討。師範遣其弟將兵圍齊州，友寧引兵救之，青寇大敗，奪馬四千蹄，斬首數千級。及昭宗歸長安，朝廷議迎駕功，友寧授嶺南西道節度使，加特進、檢校司徒，賜號迎鑾毅勇功臣。時青寇數千，越險潛伏，欲入兗州。友寧知之，伏兵於兗南邀之，大破賊衆，無得免者。自是兗壁危窘，友寧督諸軍進逼營丘〔五〕，首攻博昌縣，月餘未能拔。太祖怒，遣劉捍督戰。案：通鑑考異引紀年録作朱温自至，拔其城。據編遺録，則劉捍自請督戰，温未嘗親至博昌也。通鑑從薛史。（舊五代史考異）友寧乃下俘民衆十餘萬，各領負木石，牽牛驢，於城南爲土山。既至，合人畜木石排而築之，築之，原本作「業之」，今據册府元龜改正。（影庫本粘籤）寃枉之聲，聞數十里。俄而城陷，盡屠其邑人，清河爲之不流。及進迫寇壘，與青人戰於石樓，王師小却，友寧旁自峻阜馳騎以赴敵，所乘馬蹶而仆，遂没於陣。友寧將戰之前日，有大白蛇蟠於帳中，友寧心惡之，既而果遇禍焉。永樂大典卷一萬八千一百二十六。

密王友倫，幼聰悟，喜筆札，曉聲律。及長，好騎射，有經度之智，太祖每奇之，曰：「吾家千里駒也。」年十九，爲宣武軍校。景福初，充元從騎軍都將，尋表爲右武衛將軍，漸委戎事。太祖征兗、鄆，友倫勒所部兵收聚糧穀，以濟軍須。幽、滄軍至内黄，友倫以前鋒夜渡河擊賊〔六〕，奪馬千匹，擒斬甚衆。因引兵往八議關，八議關，原本作「八識」，今據通鑑改正。（影庫本粘籤）卒逢晉軍萬餘騎，友倫乃分布兵士，多設疑軍，因聲鼓誓衆，士伍奮躍，追斬數十里。其後李罕之請以上黨來歸，爲晉軍所圍。太祖遣友倫總步騎數萬，越險救應，遂大破晉軍。唐朝加檢校司空、守藤州刺史〔七〕。天復元年，岐、隴用兵，晉人乘虚侵於北鄙。友倫率徒兵三萬，徑往礬山，晉人望塵奔逸。友倫與氏叔琮等躡其轍，追至太原，摩壘挑戰，獲牛馬萬餘。二年，領所部兵西赴鳳翔，前後累接戰。三年，昭宗歸長安，制授友倫寧遠軍節度使、檢校司徒，賜號迎鑾毅勇功臣。及太祖東歸，留友倫宿衛京師。歲餘，因會賓擊鞠，墜馬而卒。昭宗輟視朝一日，詔贈太傅，歸葬於碭山縣。

開平初，有司上言曰：「東漢受命，伯升預其始謀；西周尚親，叔虞荷其封邑。故皇兄存，凋零霜露，綿歷歲時，恩莫逮於陟岡，禮方弘於事日。皇姪故邕州節度使友寧、故容州節度使友倫，頃因締搆，俱習韜鈐，並以戰功，歿於王事，永言帶礪，合議封崇。」案五代會要：開平二年正月，追封皇從子友寧爲安王、友倫爲密王。四年四月，追封皇兄存爲朗王。是朗王之封，實在安王、密王之後，據薛史有司上言，又似一時並封，未詳孰是。又會要載：四年六月，追封皇伯義方爲潁王，皇叔義譚爲韶王，薛史闕載。於是存追封朗王，友寧追封安王，友倫追封密王。永樂大典卷一萬八千一百二十六。

郴王友裕，字端夫，太祖長子也。幼善射御，從太祖征伐，性寬厚，頗得士心。唐中和中，太祖會并帥李克用攻圍華州，賊將黄鄴固守甚堅。俄有一人登陴大詈，克用令蕃騎連射，終不能中，命友裕射之，應弦而斃。大軍喜噪，聲震山谷，克用因以良弓百矢遺焉。太祖鎮汴，表爲宣武軍牙校。及蔡賊殄滅，朝廷議功，加檢校左僕射，尋爲牙内馬步都指揮使。景福元年，總大軍伐徐。時朱瑾領兖、鄆之衆，爲徐戎外援，陣於彭門南石佛山下。

友裕縱兵擊之，斬獲甚衆，瑾領殘黨宵遁。案通鑑：朱友裕圍彭城，時溥數出兵，友裕閉壁不戰。朱瑾宵遁，友裕不追。據薛史則友裕擊破朱瑾援師，斬獲甚衆，未嘗閉壁，與通鑑異。歐陽史從薛史。時都虞候朱友恭羽書聞於太祖，誣友裕按兵不追賊，太祖大怒，因驛騎傳符，令裨將龐師古代友裕爲帥，仍令按劾其事。會使人誤致書於友裕，友裕懼，遂以數騎遁於山中。案：通鑑作以二千騎逃入山中，歐陽史從薛史作數騎。尋詣廣王於輝州，以訴其冤。賴元貞皇后聞而召之，令東身歸汴，力爲營救，太祖乃捨之，令權知許州。乾寧二年，加檢校司空，尋爲武寧軍節度留後。四年，太祖下東平，改天平軍留後，加檢校司徒。光化元年〔八〕，再領許州。天復初，爲奉國軍節度留後。太祖兼鎮河中，以友裕爲護國軍節度留後，尋遷華州節度使，加檢校太保、興德尹。天祐元年七月，兼行營都統，領步騎數萬，經略邠、岐。十月，友裕有疾，將校乃謀旋師，尋卒於梨園，歸葬東京。開平初，追贈郴王。乾化三年，又贈太師。永樂大典卷一萬八千一百二十六。

博王友文，本姓康，名勤，太祖養以爲子，受禪後封爲王。永樂大典卷一萬六千六百二十六〔九〕。下有闕文。（殿本）爲東京留守，嗜酒，頗怠於爲政。冊府元龜卷二百九十八。友珪弑逆，並殺友文。末帝即位，盡復官爵。永樂大典卷一萬六千六百二十八。

友珪，小字遥喜。母失其姓，本亳州營妓也。唐光啓中，帝徇地亳州，召而侍寢。月餘，將捨之而去，以娠告。是時，元貞張后賢而有寵，帝素憚之，由是不果攜歸大梁，因留亳州，以別宅貯之。及期，妓以生男來告，帝喜，故字之曰遥喜。後迎歸汴。通鑑注引薛史。受禪後封郢王。永樂大典卷一萬六千六百二十八。開平四年十月，檢校司徒，充左右控鶴都指揮使，兼管四蕃將軍。乾化元年，充諸軍都虞候。册府元龜卷二百六十九。二年，弑太祖篡位，均王以兵討之，自殺，追廢爲庶人。永樂大典卷一萬六千六百二十八。案五代會要：郢王友珪，開平元年五月九日封，至乾化二年六月三日篡位，僞改鳳曆元年。二月十七日〔一〇〕，京城軍亂，侍衛袁象先率兵入宫，友珪自殺。少帝即位，追削爲庶人。又載：周廣順中，張昭修實録，奏云：梁末帝之上，有郢王友珪，篡弑居位，未有紀録，請依宋書劉劭例，書爲「元凶友珪」。案梁實録今無考。

福王友璋，太祖第五子，受禪後封。永樂大典卷一萬六千六百二十八。案洛陽縉紳舊

聞記：梁祖爲福王納齊王張全義之女。（舊五代史考異）

賀王友雍，太祖第六子，受禪後封〔一〕。永樂大典卷一萬六千六百二十八。

建王友徽，太祖第七子，受禪後封。永樂大典卷一萬六千六百二十八。

康王友孜，太祖第八子，末帝即位後封，後以反誅。永樂大典卷一萬六千六百二十八。

案：友孜，通鑑及五代會要俱作友敬，歐陽史與薛史同。案：友孜，通鑑及五代會要俱作友敬。通鑑云：友敬目重瞳子，自謂當作天子，遂謀作亂，使心腹數人匿於寢殿，帝覺之，跣足踰垣而出，召宿衛兵索殿中，得而手刃之。捕友敬誅之。歐陽史作友孜，與薛史同。（舊五代史考異）

## 校勘記

〔一〕宫中閒宴　「閒」，原作「開」，據五代史闕文改。

〔二〕龍德　原作「龍紀」，據通鑑卷二七一改。按龍紀爲唐昭宗年號，此敍梁末帝時事，當作龍德。

〔三〕永樂大典卷一萬六千六百二十六　檢永樂大典目録，卷一六六二六爲「建」字韻「封建九後魏北齊」，與本則内容不符，恐有誤記。疑出自卷一六六二八「封建十一　唐五代」。

〔四〕以關東諸鎮兵悉在岐隴　「鎮」字原闕，據册府卷二九一補。

〔五〕友寧督諸軍進逼營丘　「營丘」，原作「營兵」，據册府卷二九九改。

〔六〕友倫以前鋒夜渡河擊賊　「以」字原闕，據册府卷二九一、卷三六七補。

〔七〕藤州　原作「滕州」，據劉本、新五代史卷一三梁家人傳改。按太平寰宇記卷一五，滕時爲縣名；又據同書卷一五八，藤州屬嶺南道。

〔八〕光化元年　「光化」，原作「光啓」，據通鑑卷二六一及本卷上下文改。按光啓爲唐僖宗年號，此敍唐昭宗時事，當作光化。

〔九〕永樂大典卷一萬六千六百二十六　檢永樂大典目録，卷一六六二六爲「建」字韻「封建九後魏北齊」，與本則内容不符，恐有誤記。疑出自卷一六六二八「封建十一　唐五代」。

〔一〇〕二月十七日　「二月」，原作「三月」，據五代會要卷二改。按本書卷八梁末帝紀上、通鑑卷二六八皆繫其事於二月。

〔二〕受禪後封　容齋四筆卷一六引薛氏五代史："梁太祖開平元年五月，皇第五男友雍封賀王。及友珪篡位，以將仕郎試祕書省校書郎、賀王友雍爲銀青光禄大夫、檢校工部尚書兼御史大夫。"本段疑係洪邁抄録時拼合薛史本紀而成，姑附於此。

# 舊五代史卷十三　梁書十三

## 列傳第三

朱瑄　朱瑾　時溥　王師範　劉知俊 族子嗣彬　楊崇本　蔣殷　張萬進

朱瑄，宋州下邑人也。父慶，里之豪右，以攻剽販鹽爲事，吏捕之伏法。瑄坐父罪，以笞免，因入王敬武軍爲小校。唐中和二年，諫議大夫張濬徵兵於青州，敬武遣將曹全晸案：新唐書及通鑑俱作曹存實，舊唐書、歐陽史與薛史同。率軍赴之，以瑄隸焉。以戰功累遷列校。賊敗出關，全晸以本軍還鎮。會鄆帥薛崇卒，部將崔君預案：舊唐書作崔君裕。據城叛，全晸攻之，殺君預，自爲留後。瑄以功授濮州刺史、鄆州馬步軍都將。光啓初，魏博韓允中攻鄆，案：新唐書作中和初，魏博韓簡東窺曹、鄆，與薛史異。考舊唐書韓允忠傳，乾符元年十一月卒，子簡起復爲節度觀察留後。新唐書本紀亦云，韓允中卒，其子簡自稱留後。是東窺曹、鄆實韓簡，非允中也。薛史似微誤。通鑑作中和二年，韓簡擊鄆州，當得其實。全晸爲其所害。案舊唐書韓簡傳云：移軍攻鄆，鄆帥曹全晸出戰，爲簡所敗，死之。鄆將崔君裕收合殘衆，保鄆州，簡進攻其城，半年不下。朱瑄傳云：崔君裕權知州事，全晸知其兵寡，襲殺君裕〔一〕。據韓簡傳，全晸死而君裕保其城，據朱瑄傳，則君裕爲全晸所殺，二傳自相矛盾。新唐書本紀作韓簡寇鄆州，天平軍節度使曹全晸死之〔二〕，部將崔用自稱留後，與舊書韓簡傳同，惟崔用之名有異耳。薛史定從舊書朱瑄傳，通鑑與薛史同。瑄據城自固〔三〕，三軍推爲留後。允中敗，案舊唐書韓簡傳云：簡以憂憤，疽發背而卒，時中和元年十一月也。諸葛爽傳云：中和元年十一月，簡鄉兵八萬大敗。明年正月，簡爲牙將所殺。新唐書本紀云：中和三年二月，魏博軍亂，殺其節度使韓簡。通鑑與新唐書同，薛史誤作允中。歷考諸書，年月參差，姓名舛異，無可依據，蓋唐末典章散佚，故傳聞失實如此。朝廷以瑄爲天平軍節度使，累加官至檢校太尉、同平章事。

太祖初鎮大梁，兵威未振，連歲爲秦宗權所圍，士不解甲，危殆日數四。太祖以瑄同宗，早兄事之，乃遣使求援於瑄。光啓末，宗權急攻大梁，瑄與弟瑾率兖、鄆之師來援，大敗蔡賊，解圍而遁。太祖感其力，厚禮以歸之。先是，瑄、瑾駐於大梁，覩太祖軍士驍勇，私心愛之，及歸，厚懸金帛於界上以誘焉。諸軍貪其厚利，私遁者甚衆。太祖移牒以讓之，瑄來詞不遜，由是始搆隙焉。

及秦宗權敗，太祖移軍攻時溥於徐州。時瑄方右溥，乃遣使來告太祖曰：「巢、權巢、權，原本脱「權」字，今據通鑑注增入。（影庫本粘籤）繼爲蛇虺，毒螫中原，與君把臂同盟，輔車相依。今賊已平殄，人粗聊生，吾弟宜念遠圖，不可自相魚肉。或行人之失辭，疆吏之踰法，可以理遣，未得便睽和好。投鼠忌器，弟幸思之。」太祖方怒時溥通於孫儒，不從其言。及龐師古攻徐州，瑄出師來援，太祖深銜之。徐既平，太祖併兵以攻鄆，自景福元年冬遣朱友裕領軍渡濟，至乾寧三年宿軍齊鄆間，大小凡數十戰，語在太祖紀中。自是野無人耕，屬城悉爲我有。瑄乃遣人求救於太原，李克用遣其將李承嗣、史儼等援之。尋爲羅弘信所扼，援路既絶，瑄、瑾竟敗。乾寧四年正月，龐師古攻陷鄆州，遁至中都北，匿於民家，爲其所箠，并妻榮氏禽之來獻，俱斬於汴橋下。永樂大典卷二千三十三。案舊唐書云：瑄與妻榮氏出奔至中都，爲野人所害，傳首汴州，榮氏至汴州爲尼。與薛史異。

朱瑾，瑄從父弟。雄武絶倫，性頗殘忍。光啓中，瑾與兗州節度使齊克讓婚，瑾自鄆盛飾車服，私藏兵甲，以赴禮會。親迎之夜，甲士竊發，擄克讓，自稱留後。及蔡賊鴟張，瑾與太祖連衡，同討宗權，前後屢捷，以功正授兗州節度使。既得士心，有兼并天下之意，太祖亦忌之。瑾以厚利招誘太祖軍士，以爲間諜。及太祖攻鄆，瑾出師來援，累與太祖接戰。

乾寧二年春，太祖令大將朱友恭攻瑾，掘塹栅以環之。朱瑄遣將賀瓌及蕃將何懷寶赴援，爲友恭所擒。十一月，瑾從兄齊州刺史瓊以州降，案：原本齊州作「濟州」，據通鑑及北夢瑣言改正。（舊五代史考異）太祖令執賀瓌、懷寶及瓊以狗於城下，語曰：「卿兄已敗，早宜効順。」瑾僞遣牙將胡規持書幣送降〔四〕。太祖自至延壽門外，與瑾交語。瑾謂太祖曰：「欲令大將送符印，願得兄瓊來押領，所貴骨肉，盡布腹心也。」太祖遣瓊與客將劉捍取符笥，瑾單馬立於橋上，揮手謂捍曰：「可令兄來，余有密款。」即令瓊往。瑾先令騎士董懷進伏于橋下，及瓊至，懷進突出，擒瓊而入，俄而斬瓊首投於城外，太祖乃班師。

及鄆州陷，龐師古乘勝攻兗，瑾與李承嗣方出兵求芻粟於豐沛間，瑾之二子案：新唐書作子用貞。及大將康懷英、判官辛綰、小校閻寶以城降師古〔五〕。瑾無歸路〔六〕，即與承嗣將麾下士將保沂州，刺史尹處賓案：新唐書作尹懷賓。拒關不納，乃保海州。爲師古所逼，遂擁州民渡淮依楊行密。按新唐書：刺史朱用芝以其衆與瑾奔楊行密。行密表瑾領徐州節度使。龐師古渡淮，行密令瑾率師以禦之，清口之敗，瑾有力焉。自是瑾率淮軍連歲北寇徐、宿，大爲東南之患。

及行密卒，子渭繼立，以徐温子知訓爲行軍副使，寵遇頗深。後楊溥僭號，知訓爲樞密使、知政事，以瑾爲同平章事，仍督親軍。時徐温父子恃寵專政，慮瑾不附己，案陳彭年江南別録云：徐知訓初學兵法于朱瑾，瑾悉心教之。後與瑾有隙，夜遣壯士殺瑾，瑾手刃數人，埋于舍後。（舊五代史考異）貞明四年六月，出瑾爲淮寧軍節度使〔七〕。知訓設家宴以餞瑾，瑾事之逾遜。翌日，詣知訓第謝，留門久之，知訓家僮私謂瑾曰：「政事相公此夕在白牡丹妓院，侍者無得往。」瑾謂典謁曰：「吾不奈朝饑，且歸。」既而知訓聞之，愕然曰：「晚當過瑾。」瑾厚備供帳。瑾有所乘名馬，冬以錦帳貯之，夏以羅幬護之。愛妓桃氏案：九國志作妻陶氏。五國故事作愛姬姚氏〔八〕。有絶色，善歌舞。及知訓至，奉卮酒爲壽，初以名馬奉，知訓喜而言曰：「相公出鎮，與吾暫別，離恨可知，願此盡歡。」瑾即延知訓於中堂，出桃氏。酒既醉，瑾斬知訓首，案：五國故事作以手板擊殺之。馬令南唐書云：知訓因求馬於瑾，瑾不與，遂有隙。俄出瑾爲靜淮節度使，瑾詣知訓別，且願獻前馬。知訓喜，往謁瑾家。瑾妻出拜，知訓答拜，瑾以笏擊踣〔九〕，遂斬知訓。（舊五代史考異）示其部下。因以其衆急趨衙城，知訓之黨已闔門矣，唯瑾得獨入，與衙兵戰。案九國志翟虔傳云：虔驅率散卒共閉關，瑾以是不得出。復踰城而出，傷足，求馬不獲，遂自刎。案九國志米志誠傳：志誠被甲親從十餘騎至天興門，問瑾所向，聞瑾已死，乃歸。暴其屍於市，盛夏無蠅蛆，徐溫令投之于江，部人竊收葬之。溫疾亟，夢瑾被髮引滿將射之。溫乃爲之禮葬，立祠以祭之。永樂大典卷二千三十一。

案馬令南唐書云：初，宿衞將李球、馬謙挾楊隆演登樓，取庫兵以誅知訓，陣于門橋。知訓與戰，頻卻。朱瑾適自外來，以一騎前視其陣，曰：「不足爲也。」因反顧一麾，外兵爭進，遂斬球、謙，亂兵皆潰。瑾嘗有德於知訓者也，及其凶終，吳人皆謂曲在知訓。（舊五代史考異）

五代史補：瑾之奔淮南也，時行密方圖霸，其爲禮待，有加于諸將數等。瑾感行密見知，欲立奇功爲報，但恨無入陣馬，忽忽不樂。一日晝寢，夢老叟，眉髮皓然，謂瑾曰：「君長恨無入陣馬，今馬生矣。」及厩隸報，適退槽馬生一駒，見卧未能起。瑾驚曰：「何應之速也！」行往視之，見骨目皆非常馬，大喜曰：「事辦矣。」其後破杜洪，取鍾傳，未嘗不得力焉。初，瑾之來也，徐溫覩其英烈，深忌之，故瑾不敢預政。及行密死，子溥嗣位，溫與張鎬爭權，張鎬，九國志作張灝，與五代史補異，今姑仍其舊。（影庫本粘籤）襲殺鎬，自是事無大小，皆決于溫。既而溫復爲自安之計，乃以子知訓自代，然後引兵出居金陵，實欲控制中外。知訓尤恣横，瑾居常嫉之。一旦知訓欲得瑾所乘馬，瑾怒，遂擊殺知訓，提其首請溥起兵誅溫。溥素怯懦，見之掩面而走。瑾曰：「老婢兒不足爲計。」亦自殺，中外大駭且懼。溫至，遽以瑾屍暴之市中。時盛暑，肌肉累日不壞，至青蠅無敢輒泊。人有病者，或于暴屍處取土煎而服之，無不愈。

時溥，徐州人。初爲州之驍將。唐中和初，秦宗權據蔡州，侵寇鄰藩，節度使支詳命溥率師以討之。徐軍屢捷，軍情歸溥〔一〇〕，詳即以節鉞授之〔一一〕。冊府元龜卷四百一十二。

案：薛史時溥傳，永樂大典原闕。今考冊府元龜引梁時溥一條，當係薛史原文，謹爲補入。又考舊唐書列傳云：時溥，彭城人，徐之牙將。黃巢據長安，詔徵天下兵進討。中和二年，武寧軍節度使支詳遣溥與副將陳璠率師五千赴難，行至河陰，軍亂，剽河陰縣迴。溥招合撫諭，其衆復集，懼罪，屯于境上。詳遣人迎犒，悉恕之，溥乃移軍向徐州。既入，軍人大呼，推溥爲留後，送詳于大彭館。溥大出資裝，遣陳璠援詳歸京。詳宿七里亭，其夜爲璠所殺，舉家屠害。溥以璠爲宿州刺史，竟以違命殺詳，溥誅璠，又令別將帥軍三千赴難京師。天子還宮，授之節鉞。及黃巢攻陳州，秦宗權據蔡州，與賊連結。徐、蔡相近，溥出師討之，軍鋒益盛，每戰屢捷。黃巢之敗也，其將尚讓以數千人降溥。後林言又斬黃巢首歸徐州。時溥功居第一，詔授檢校太尉、中書令、鉅鹿郡王。宗權未平，仍授溥徐州行營兵馬都統。蔡賊平，朱全忠與之爭功，遂相嫌怨。淮南亂，朝廷以全忠遙領淮南節度，以平孫儒、行密之亂。汴人應援，路出徐方，溥阻之。全忠怒，出師攻徐。自光啓至大順，六七年間，汴軍四集，徐、泗三郡，民無耕稼，頻歲水災，人喪十六七。溥窘蹙，求和于汴，全忠曰：「移鎮則可。」朝廷以尚書劉崇望代溥，以溥爲太子太師。溥懼出城見害〔一二〕，不受代。汴將龐師古陳兵于野，溥求援于兗州，朱瑾出兵救之，值大雪，糧盡而還。城中守陴者饑甚，加之疾疫，汴將王重師、牛存節夜乘梯而入，溥與妻子登樓自焚而卒，實景福二年也。地入于汴。

王師範，青州人。父敬武，初爲平盧牙將。唐廣明元年，無棣人洪霸郎合羣盜於齊棣間，節度使安師儒遣敬武討平之。及巢賊犯長安，諸藩擅易主帥，敬武乃逐師儒，自爲留後，王鐸承制授以節鉞。後以出師勤王功，加太尉、平章事。

龍紀中，敬武卒，師範年幼，三軍推之爲帥。棣州刺史張蟾叛於師範，案：原本作「張儋」，今據新唐書改正。（舊五代史考異）不受節度，朝廷乃以崔安潛爲平盧帥，師範拒命。張蟾迎安潛至郡，同討師範。師範遣將盧弘將兵攻蟾，盧弘，歐陽史作盧洪，蓋避宣祖諱，今仍薛史之舊。（影庫本粘籤）弘復叛，與蟾通謀，僞旋軍，將襲青州。師範知之，遣重賂迎弘，謂之曰：「吾以先人之故，爲軍府所推，年方幼少，未能幹事。如公以先人之故，令不乏祀，公之仁也。如以爲難與成事，乞保首領，以守先人墳墓，亦唯命。」弘以師範年幼，必無能爲，不爲之備。師範伏兵要路，迎而享之，預謂紀綱劉鄩曰：「翌日盧弘至，爾即斬之，酬爾以軍校。」鄩如其言，斬弘於座上，及同亂者數人。因戒厲士衆，大行頒賞，與之誓約，自率之以攻棣州，擒張蟾，斬之。安潛遁還長安。師範雅好儒術，少負縱横之學，故安民禁暴，各有方略，當時藩翰咸稱之。

及太祖平兗、鄆，遣朱友恭攻之，師範乞盟，遂與通好。天復元年冬，李茂貞劫遷車駕幸鳳翔，韓全誨矯詔加罪於太祖，令方鎮出師赴難。詔至青州，師範承詔泣下曰：「吾輩爲天子藩籬，君父有難，略無奮力者，皆强兵自衛，縱賊如此，使上失守宗祧，危而不持，是誰之過，吾今日成敗以之！」乃發使通楊行密，案新唐書：全忠圍鳳翔，昭宗詔方鎮赴難，以師範附全忠，命楊行密部將朱瑾攻青州，且欲代爲平盧軍節度使。師範聞之，哭曰：「吾爲國守藩，君危不持，可乎！」乃與行密連盟。是師範之通行密，因其將謀見代而始遣使也〔一三〕。歐陽史作因乞兵于楊行密，殊失事實，而薛史亦未詳載。遣將劉鄩襲兗州，别將襲齊。時太祖方圍鳳翔，師範遣將張居厚部輿夫二百，言有獻於太祖。至華州東城〔一四〕，華將婁敬思疑其有異，剖輿視之，乃兵仗也。居厚等因大呼〔一五〕，殺敬思，聚衆攻西城。時崔胤在華州，遣部下閉關距之，遂遁去。是日，劉鄩下兗州，河南數十郡同日發。太祖怒，遣朱友寧率軍討之。既而友寧爲青軍所敗，臨陣被擒，傳首於淮南。

天復三年七月，太祖復令楊師厚進攻，屯於臨朐。師厚累敗青軍，遂進寨於城下。師範懼，乃令副使李嗣業詣師厚乞降，案：師範之降，薛史與新唐書異，薛史則以爲兵臨城下而始降也。新唐書云：師厚圍青州，敗師範兵于臨朐，執諸將，又獲其弟師克。是時，師範衆尚十餘萬，諸將請決戰，而師範以弟故，乃請降。歐陽史云：弟師魯大敗，遂傳其城，而梁別將劉重霸下其棣州，師範乃請降。亦微有不同。太祖許之。歲餘，遣李振權典青州事，因令師範舉家徙汴。師範將至，縞素乘驢，請罪於太祖。太祖以禮待之，尋表爲河陽節度使。會韓建移鎮青州，太祖帳餞於郊，師範預焉。太祖謂建曰：「公頃在華陰，政事之暇，省覽經籍，此亦士君子之大務。今之青土，政簡務暇，可復修華陰之故事。」建撝謙而已。太祖又曰：「公讀書必須精意，勿錯用心。」太祖以師範好儒，前以青州叛，故以此言譏之。及太祖即位，徵爲金吾上將軍。

開平初，太祖封諸子爲王，友寧妻號訴於太祖曰：「陛下化家爲國，人人皆得崇封。妾夫早預艱難，粗立勞效，不幸師範反逆，亡夫橫屍疆場。冤讎尚在朝廷，受陛下恩澤，亡夫何罪！」太祖淒然泣下曰：「幾忘此賊。」即遣人族師範於洛陽。先掘坑於第側，乃告之，其弟師誨、兄師悅及兒姪二百口，咸盡戮焉。時使者宣詔訖，師範盛啓宴席，令昆仲子弟列座，謂使者曰：「死者，人所不能免，況有罪乎！然予懼坑屍於下，少長失序，恐有愧於先人。」行酒之次，令少長依次於坑所受戮，人士痛之。後唐同光三年三月，詔贈太尉。永樂大典卷一萬八千一百二十七。

劉知俊，字希賢，徐州沛縣人也。姿貌雄傑，倜儻有大志。始事徐帥時溥，爲列校，溥甚器之，後以勇略見忌。唐大順二年冬，率所部二千人來降，即署爲軍校。知俊被甲上馬，輪劍入敵，勇冠諸將。太祖命左右義勝兩軍隸之，尋用爲左開道指揮使，案：原本作「關道」，今據歐陽史改正。（舊五代史考異）故當時人謂之「劉開道」。從討秦宗權及攻徐州皆有功，尋補徐州馬步軍都指揮使。攻海州下之，遂奏授刺史。天復初，歷典懷、鄭二州，從平青州，以功奏授同州節度使。天祐三年冬，以兵五千破岐軍六萬於美原。自是連克鄜、延等五州，乃加檢校太傅、平章事。開平二年春三月，命爲潞州行營招討使。知俊未至潞，夾寨已陷，晉人引軍方攻澤州，聞知俊至，乃退。尋改西路招討使。六月，大破岐軍於幕谷，俘斬千計，李茂貞僅以身免。三年五月，加檢校太尉、兼侍中，封大彭郡王。

時知俊威望益隆，太祖雄猜日甚，會佑國軍節度使王重師無罪見誅，知俊居不自安，乃據同州叛，案鑒戒録云：彭城王劉知俊鎮同州日，因築營牆，掘得一物，重八十餘斤，狀若油囊，召賓幕將校問之。劉源曰：「此是冤氣所結，古來囹圄之地或有焉。昔王充據洛陽，修河南府獄，亦獲此物。源聞酒能忘憂，奠以醇醪，或可消釋耳。然此物之出，亦非吉徵也。」知俊命具酒饌祝酹，復瘞之。

尋有叛城背主之事。（舊五代史考異）送款於李茂貞。又分兵以襲雍、華，雍州節度使劉捍被擒，送鳳翔害之，華州蔡敬思被傷獲免。太祖聞知俊叛，遣近臣諭之曰：「朕待卿甚厚，何相負耶？」知俊報曰：「臣非背德，但畏死耳！王重師不負陛下，而致族滅。」太祖復遣使謂知俊曰：「朕不料卿爲此。昨重師得罪，蓋劉捍言陰結邠、鳳，終不爲國家用。我今雖知枉濫，悔不可追，致卿如斯，我心恨恨，蓋劉捍悮予事也，捍一死固未塞責。」知俊不報，遂分兵以守潼關。太祖命劉鄩率兵進討，攻潼關，下之。時知俊弟知浣知浣，原本作「知院」，今據本紀及劉鄩傳改正。（影庫本粘籤）爲親衛指揮使，聞知俊叛，自洛奔至潼關，爲鄩所擒，害之。尋而王師繼至，知俊乃舉族奔於鳳翔，李茂貞厚待之，僞加檢校太尉、兼中書令，以土疆不廣，無藩鎮以處之，但厚給俸祿而已。尋命率兵攻圍靈武，且圖牧圉之地。靈武節度使韓遜遣使來告急，太祖令康懷英率師救之，師次邠州長城嶺，爲知俊邀擊，懷英敗歸。案九國志李彥琦傳〔一六〕：劉知俊自靈武班師，塗經長城嶺，梁將率精鋭數萬躡其後〔一七〕，彥琦與知俊同設方略，擊敗之。（舊五代史考異）茂貞悦，署爲涇州節度使。復命率衆攻興元，進圍西縣，會蜀軍救至，乃退。案九國志王宗鐬傳云：岐將劉知俊等領大軍分路來攻，由階成路奪固鎮糧，王宗侃、唐襲等禦之，至青泥嶺，爲知俊所敗，退保西縣。會大雨，漢江漲，宗鐬自羅村得鄉導，緣山而行數百里，與宗播遇于鐵谷，合軍出湯頭。時知俊自斜谷山南直抵興州，圍西縣，軍人散掠巴中，

宗鐵與宗播襲之。會王建亦至，遂解西縣之圍。（舊五代史考異）

既而爲茂貞左右石簡顒等間之，免其軍政，寓於岐下，掩關歷年。茂貞猶子繼崇鎮秦州，因來寧覲，言知俊途窮至此，不宜以讒嫉見疑，茂貞乃誅簡顒等以安其心。繼崇又請令知俊挈家居秦州，以就豐給，茂貞從之。未幾，邠州亂，茂貞命知俊討之。時邠州都校李保衡納款于朝廷，末帝遣霍彥威率衆先入于邠，知俊遂圍其城，半載不能下。會李繼崇以秦州降于蜀，知俊妻孥皆遷於成都，遂解邠州之圍而歸岐陽。知俊以舉家入蜀〔一八〕，終慮猜忌，因與親信百餘人夜斬關奔蜀。

王建待之甚至，即授僞武信軍節度使。尋命將兵伐岐，不克，班師，因圍隴州，獲其帥桑弘志以歸。桑弘志，原本「桑」作「欒」，今據十國春秋改正。（影庫本粘籤）久之，復命爲都統，再領軍伐岐。時部將皆王建舊人，多違節度，不成功而還，蜀人因而毁之。先是，王建雖加寵待，然亦忌之，嘗謂近侍曰：「吾漸衰耗，恒思身後。劉知俊非爾輩能駕馭，不如早爲之所。」又嫉其名者於里巷間作謠言云：「黑牛出圈椶繩斷。」知俊色黔而丑生，椶繩者，王氏子孫皆以「宗」、「承」爲名，故以此搆之。僞蜀天漢元年冬十二月，建遣人捕知俊，斬於成都府之炭市。及王衍嗣僞位，以其子嗣禋尚僞峨眉長公主，拜駙馬都尉。後唐同光末，隨例遷於洛，卒。

知俊族子嗣彬，幼從知俊征行，累遷爲軍校。及知俊叛，以不預其謀，得不坐。貞明末，大軍與晉王對壘於德勝，久之，嗣彬率數騎奔于晉，具言朝廷軍機得失，又以家世讎怨，將以報之。晉王深信之，即厚給田宅，仍賜錦衣玉帶，軍中目爲「劉二哥」。居一年，復來奔，當時晉人謂是刺客，以晉王恩澤之厚，故不竊發。竊發，原本作「竊法」，今據文改正。（影庫本粘籤）龍德三年冬，從王彥章戰于中都，軍敗，爲晉人所擒。晉王見之，笑謂嗣彬曰：「爾可還予玉帶。」嗣彬惶恐請死，遂誅之。永樂大典卷九千九十八。

楊崇本，不知何許人，幼爲李茂貞之假子，因冒姓李氏，名繼徽。唐光化中，茂貞表爲邠州節度使。天復元年冬，太祖自鳳翔移軍北伐，駐旆於邠郊，命諸軍攻其城。崇本懼，出城請降。太祖復置爲邠州節度使，仍令復其本姓名焉。及師還，遷其族於河中。案舊唐書：十一月乙亥，邠州節度使李繼徽以城降，全忠乃舍其孥于河中，以繼徽從軍。新唐書作辛未，與舊唐書異。

其後太祖因統戎往來由於蒲津，以崇本妻素有姿色，嬖之於別館。其婦素剛烈，私懷愧恥，遣侍者讓崇本曰：「丈夫擁旄仗鉞，不能庇其伉儷，我已爲朱公婦，今生無面目對卿，期於刀繩而已。」崇本聞之，但灑淚含怒。及昭宗自鳳翔回京，崇本之家得歸邠州，崇本恥其妻見辱，因茲復貳於太祖。乃遣使告茂貞曰：「朱氏兆亂，謀危唐祚，父爲國家磐石，不可坐觀其禍，宜於此時畢命興復，事苟不濟，死爲社稷可也。」茂貞乃遣使會兵於太原。時西川王建亦令大將出師以助之，岐、蜀連兵以攻雍、華，關西大震。太祖遣郴王友裕帥師禦之，會友裕卒於行，乃班師。天祐三年冬十月，崇本復領鳳翔、邠、涇、秦、隴之師，會延州胡章之衆，合五六萬，屯于美原，列柵十五，其勢甚盛。太祖命同州節度使劉知俊及康懷英帥師拒之，崇本大敗，復歸於邠州，自是垂翅久之。乾化元年冬〔一九〕，案：原本作「乾化四年」，今從歐史校正。爲其子彥魯所毒而死。

彥魯自稱留後，領其軍事，凡五十餘日，爲崇本養子李保衡所殺。保衡舉其城來降，末帝命霍彥威爲邠帥，由是邠寧復爲末帝所有。永樂大典卷一萬八千一百二十七。

蔣殷，不知何許人。幼孤，隨其母適于河中節度使王重盈之家，重盈憐之，畜爲己子。唐天復初，太祖既平蒲、陝，殷與從兄珂舉族遷于大梁。太祖感王重榮之舊恩，凡王氏諸子，皆録用焉，殷由是繼歷内職，累遷至宣徽院使。案：蔣殷在唐末，爲宣徽副使，譖殺蔣玄暉，遷宣徽使，誣害何太后。其罪與孔循等，薛史未及詳載。（舊五代史考異）殷素與庶人友珪善，友珪篡立，命爲徐州節度使。乾化四年秋，末帝以福王友璋鎮徐方，福王，原本作「福爲」，今據文改正。（影庫本粘籤）殷自以爲友珪之黨，懼不受代，遂堅壁以拒命。時華州節度使王瓚，殷之從弟也，懼其連坐，上章言殷本姓蔣，非王氏之子也。末帝乃下詔削奪殷在身官爵，仍令却還本姓，命牛存節、劉鄩等帥軍討之。是時，殷求救于淮南，楊溥遣朱瑾率衆來援，存節等逆擊，敗之。貞明元年春，存節、劉鄩攻下徐州，殷舉族自燔而死。于火中得其屍，梟首以獻之。永樂大典卷一萬八百三十一〔三〇〕。

張萬進，雲州人。初爲本州小校，亡命投幽州，劉守光厚遇之，任爲裨將。滄州劉守文以弟守光因父而竊據其位，自領兵問罪，尋敗於雞蘇。守光遂兼有滄景之地，令其子繼威主留務。繼威年幼，未能政事，以萬進佐之，凡關軍政，一皆委任。繼威兇虐類父，嘗淫亂於萬進之家，萬進怒而殺之，又遣使歸於晉。既而末帝遣楊師厚、劉守奇潛兵掠鎮冀，因東攻滄州，萬進懼〔三一〕，乞降。案通鑑云：乾化二年九月庚子〔三二〕，萬進遣使奉表降於梁。辛丑，以萬進爲義昌留後。甲辰，改義昌爲順化軍，以萬進爲節度使。此傳疑有闕文。（舊五代史考異）師厚表青州節度使，俄遷兗州，仍賜名守進。案：原本作「方進」，今據本紀改正。（舊五代史考異）萬進性既輕險，專圖反側，貞明四年冬〔三〕，據城叛命，遣使送款於晉王。末帝降制削其官爵，仍復其本名，遣劉鄩討之，晉人不能救。五年冬，萬進危蹙，小將邢師遇潛謀内應，開門以納王師，遂拔其城，萬進族誅。永樂大典卷六千三百五十。

史臣曰：夫雲雷搆屯，龍蛇起陸，勢均者交鬭，力敗者先亡，故瑄、瑾、時溥之流，皆梁之吞噬，斯亦理之常也。唯瑾始以竊發有土，終以竊發亡身，傳所謂「君以此始，必以此終」者乎！師範屬衰季之運，以興復爲謀，事雖不成，忠則可尚，雖貽族滅之禍，亦可以與臧洪遊於地下矣。知俊驍武有餘，奔亡不暇，六合雖大，無所容身，夫如是則豈若義以爲勇者乎！崇本而下，俱以叛滅，又何足以道哉！永樂大典卷六千三百五十。

## 校勘記

〔二〕襲殺君裕　「殺」字原闕，據舊唐書卷一八二朱瑄傳補。

〔三〕天平軍節度使　「節度使」三字原闕，據新唐書卷九僖宗紀補。

〔三〕瑄據城自固　「固」，原作「若」，據通鑑卷二五五考異引薛史改。

〔四〕胡規　原作「瑚兒」，據册府卷九四三、北夢瑣言卷一六、新五代史卷四二朱瑾傳改。按本書卷五九有胡規傳。

〔五〕閻寶　原作「閣實」，據殿本、劉本、邵本校改。按本書卷五九、新五代史卷四四有閻寶傳。

〔六〕瑾無歸路　「路」字原闕，據册府卷四三八補。

〔七〕淮寧軍節度使　「淮寧軍」，通鑑卷二七〇、新五代史卷三〇朱瑾傳、馬令南唐書卷八、九國志卷二作「靜淮軍」。舊五代史考異卷一：「案原本『淮寧』作『懷寧』，今據九國志改正。」按今檢九國志卷二作「靜淮軍」。

〔八〕五國故事作愛姬姚氏　以上九字原闕，據邵本校、舊五代史考異卷一補。

〔九〕瑾以笏擊踣　「踣」，原作「蹈」，據殿本、劉本、馬令南唐書卷八改。

〔一〇〕軍情歸溥　「溥」，原作「順」，據册府卷四一二改。

〔一一〕詳即以節鉞授之　「詳即」二字原闕，據册府（宋本）卷四一二補。

〔一二〕溥懼出城見害　「害」，原作「殺」，據殿本、舊唐書卷一八二時溥傳改。

〔一三〕因其將謀見代而始遣使也　「代」，原作「伐」，據劉本、彭本、舊五代史考異卷一改。

〔一四〕至華州東城　「東城」，原作「城東」，據册府卷三七四、新五代史卷四二王師範傳、通鑑卷二六三乙正。

〔一五〕居厚等因大呼　「大」字原闕，據册府卷三七四補。通鑑卷二六三敍其事作「其徒大呼」。

〔一六〕案九國志李彦琦傳　原作「案九國志云李彦琦」，據孔本、九國志卷七改。

〔一七〕梁將率精鋭數萬躡其後　「將」，原作「師」，據九國志卷七改。

〔一八〕知俊以舉家入蜀　「知俊」二字原闕，據册府卷四三八補。

〔一九〕乾化元年冬　新五代史卷四〇楊崇本傳、通鑑卷二六九繫其事於乾化四年。按本書卷八梁末帝紀上：「（貞明元年）邠州留後李保衡以城歸順。保衡，楊崇本養子也。崇本乃李茂貞養子，任邠州二十餘年，去歲爲其子彦魯所毒。」貞明元年前一年即乾化四年。

〔二〇〕永樂大典卷一萬八百三十一　檢永樂大典目録，卷一〇八三一爲「補」字韻，與本則内容不符，恐有誤記。陳垣舊五代史輯本引書卷數多誤例謂應作卷一一八三二「蔣」字韻。

〔二一〕萬進懼　「懼」字原闕，據殿本、孔本、本書卷八梁末帝紀上、册府卷二一七、通鑑卷二六八補。

〔二二〕乾化二年九月庚子　「九月」，通鑑卷二六八作「三月」。

〔二三〕貞明四年冬　通鑑卷二七〇考異引薛史作「貞明四年七月」。

# 舊五代史卷十四

## 梁書十四

## 列傳第四

### 羅紹威　趙犨 犨子麓　霖　犨弟昶　珝　王珂 從兄珙

羅紹威，案舊唐書：紹威，字端己。魏州貴鄉人。父弘信，本名宗弁，初爲馬牧監，事節度使樂彦貞。光啓末，彦貞子從訓驕盈太横，招聚兵甲，欲誅牙軍。牙軍怒，聚譟攻之，從訓出據相州。牙軍廢彦貞，囚於龍興寺，逼令爲僧，尋殺之，推小校趙文建爲留後〔一〕。先是，弘信自言，於所居遇一白鬚翁，謂之曰：「爾當爲土地主。」如是者再，心竊異之。案：弘信遇白鬚翁，本篝火狐鳴之故智，舊唐書作鄰人相告，新唐書作巫者傳言，疑皆屬傳聞之誤。薛史以爲弘信自言，當得其實。既而文建不洽軍情，牙軍聚呼曰：「孰願爲節度使者？」弘信即應曰：「白鬚翁早以命我，可以君長爾曹。」唐文德元年四月，牙軍推弘信爲留後。朝廷聞之，即正授節旄。

乾寧中，太祖急攻兗、鄆，朱瑄求援於太原，時李克用遣大將李存信率師赴之，假道於魏，屯於莘縣。存信御軍無法，稍侵魏之芻牧，弘信不平之。太祖因遣使謂弘信曰：「太原志吞河朔，迴戈之日，貴道堪憂。」弘信懼，乃歸款於太祖，仍出師三萬攻李存信，敗之。案：弘信攻李存信，舊唐書與薛史同。新唐書則云：李存信侵魏芻牧，弘信已不平，既而李瑭復壁莘，弘信厭其暴，及聞梁王遣使相告，乃迴戈攻瑭也。與薛史異。未幾，李克用領兵攻魏，營於觀音門外，屬邑多拔。太祖遣葛從周援之，戰於洹水，擒克用男落落以獻，太祖令送於弘信，斬之，晉軍乃退。是時，太祖方圖兗、鄆，慮弘信離貳，每歲時賂遺，必卑辭厚禮。弘信每有答貺，太祖必對魏使北面拜而受之，曰：「六兄比予有倍年之長，兄弟之國，安得以常鄰遇之。」故弘信以爲厚己。其後弘信累官至檢校太尉，封臨清王。案舊唐書：弘信先封豫章郡公，進封北平王〔二〕。光化元年八月，薨於位。

紹威襲父位爲留後，案舊唐書：紹威自文德初授左散騎常侍，充天雄軍節度副使，自龍紀至乾寧，十年之中，累加官爵。朝廷因而命之，尋正授旄鉞，累加檢校太尉、兼侍中，封長沙郡王。昭宗東遷，命諸道修洛邑，紹威獨營太廟，制加守侍中，進封鄴王。

初，至德中，田承嗣盜據相、魏、澶、博、衛、貝等六州，召募軍中子弟，置之部下，號曰牙軍，皆豐給厚賜，不勝驕寵。年代寖遠，父子相襲，親黨膠固，其凶戾者，强買豪奪，踰法犯令，長吏不能禁。變易主帥，有同兒戲，自田氏已後，垂二百年，案吴縝歐陽史纂誤云：魏博自田承嗣專據，至羅紹威時，共一百五十餘年，歐陽史作二百年，誤。蓋歐陽史仍薛史之誤也。（舊五代史考異）主帥廢置，出於其手，如史憲誠、何全皞、韓君雄、樂彦貞，皆爲其所立，優獎小不如意，則舉族被誅。紹威懲其往弊，雖以貨賂姑息，而心銜之。

紹威嗣世之明年正月，幽州劉仁恭擁兵十萬，謀亂河朔，進陷貝州，長驅攻魏。紹威求援於太祖，太祖遣李思安援之，屯於洹水，洹水，原本作「桓水」，今據通鑑改正。（影庫本粘籤）葛從周自邢洺引軍入魏州。燕將劉守文、單可及與王師戰於内黄，大敗之，乘勝追躡。會從周亦出軍掩擊，又敗燕軍，斬首三萬餘級。三年，紹威遣使會軍，同攻滄州以報之。自是紹威感太祖援助之恩，深加景附。

紹威見唐祚衰陵，羣雄交亂，太祖兵强天下，必知有禪代之志〔三〕，故傾心附結，贊成其事，每慮牙軍變易，心不自安。天祐初，州城地無故自陷，俄而小校李公佺謀變，紹威愈懼，乃定計圖牙軍，遣使告太祖求爲外援。太祖許之，遣李思安會魏博軍再攻滄州。先是，安陽公主薨於魏，太祖因之遣長直軍校馬嗣勳選兵千人，伏兵仗於巨橐中，肩舁以入魏州，言助女葬事。天祐三年正月五日，太祖親率大軍濟河，聲言視行營於滄景，牙軍頗疑其事。是月十六日，紹威率奴客數百與嗣勳同攻之，時宿於牙城者千餘人，遲明盡誅之，凡八千家，皆赤其族，州城爲之一空。翌日，太祖自内黄馳至鄴。案：原本作「至葉」，今據歐陽史改正。（舊五代史考異）時魏軍二萬，方與王師同圍滄州，聞城中有變，乃擁大將史仁遇保於高唐，六州之内，皆爲勍敵，太祖遣諸將分討之，半歲方平。自是紹威雖除其逼，然尋有自弱之悔。

不數月，復有浮陽之役〔四〕，紹威飛輓饋運，自鄴至長蘆五百里，疊跡重軌，不絶於路。又於魏州建元帥府署，沿道置亭候，供牲牢、酒備、軍幕、什器，上下數十萬人，一無闕者。及太祖迴自長蘆，復過魏州，紹威乘間謂太祖曰：「邠、岐、太原終有狂譎之志，各以興復唐室爲詞，王宜自取神器，以絶人望，天與不取，古人所非。」太祖深感之。及登極，加守太傅、兼中書令，賜號扶天啓運竭節功臣。車駕將入洛，奉詔重修五鳳樓、朝元殿，巨木良匠非當時所有，倏架於地，泝流西立於舊址之上，張設綈繡，皆有副焉。太祖甚喜，以寶帶、名馬賜之。先是，河朔三鎮司管鑰、備洒掃皆有閹人，紹威曰：「此類皆宫禁指使，豈人臣家所宜畜也。」因搜獲三十餘輩，盡以來獻，太祖嘉之。開平中，加守太師、兼中書令，邑萬户。

紹威嘗以臨淄、海岱罷兵歲久，儲庾山積，唯京師軍民多而食益寡，願於太行伐木，下安陽、淇門，斲船三百艘，置水運自大河入洛口，歲漕百萬石，以給宿衛，太祖深然之。案通鑑考異引梁功臣傳云：紹威馳簡獻替，意互合者十得五六，太祖嘆曰：「竭忠力一人而已！」又引莊宗實録曰：紹威陰有覆温之志，而賂温益厚。温怪其曲事，慮蓄奸謀而莫之察，乃賜紹威妓妾數人，未半歲召還，以此得其陰事。其紀載互異如此。竊謂紹威有謀慮，得梁主信任宜也。然以梁主雄險，而紹威又因盡誅牙軍有自弱之悔，則此時猜忌，諒亦有之，未可偏廢其説。（殿本考證）會紹威遘疾，革，遣使上章乞骸骨，太祖撫案動容，顧使者曰：「亟行語而主，爲我强飯，如有不可諱，當世世貴爾子孫以相報也。」仍命其子周翰監總軍府。案通鑑考異云：紹威厚率重斂，傾府庫以奉温，小有違忤，温即遣人詬辱。紹威方懷愧恥，悔自弱之謀，乃潛收兵市馬，陰有覆温之志，而賂温益厚。温怪其曲事，慮蓄奸謀而莫之察，乃賜紹威妓妾數人，皆承嬖愛。未半歲，温却召還，以此得其陰事，内相矛盾。案梁祖性多猜忌，使妓妾爲間，乃作賊之故智。厥後恩禮不衰，特因紹威已死，外示包容耳。（舊五代史考異）及訃至，輟朝三日，册贈尚書令。紹威在鎮凡十七年[五]，年三十四薨。永樂大典卷一萬八千一百二十六。

紹威形貌魁偉，有英傑氣，攻筆札，曉音律。性復精悍明敏，服膺儒術，明達吏理。好招延文士，聚書萬卷，開學館，置書樓，每歌酒宴會，與賓佐賦詩，頗有情致。案太平廣記引羅紹威傳云：當時藩牧之中，最獲文章之譽。每命幕客作四方書檄，小不稱意，壞裂抵棄，自擘牋起草，下筆成文，雖無藻麗之風，幕客多所不及。（舊五代史考異）江東人羅隱者，佐錢鏐軍幕，有詩名於天下。紹威遣使賂遺，敍南巷之敬，隱乃聚其所爲詩投寄之。紹威酷嗜其作，因目己之所爲曰偷江東集，至今鄴中人士諷詠之。紹威嘗有公讌詩云：「簾前淡泊雲頭日，座上蕭騷雨脚風。」雨脚，原本作「兩脚」，今據文改正。（影庫本粘籤）雖深於詩者，亦所歎伏。

紹威子三人：長曰廷規，位至司農卿，尚太祖女安陽公主，又尚金華公主，早卒。次曰周翰，繼爲魏博節度使，亦早卒。案通鑑考異引梁功臣傳云：周翰起復雲麾將軍，充天雄軍節度留後，尋檢校司徒，正授魏博節度使。（舊五代史考異）季曰周敬，歷滑州節度使，別有傳。開平四年夏，詔金華公主出家爲尼，居於宋州玄靜寺，蓋太祖推恩於羅氏，令終其婦節也。永樂大典卷五千六百七十八。五代史補：羅鄴王紹威，俊邁有詞學，尤好戲判。常有人向官街中鞴驢，置鞍於地，值牛車過，急行碾破其鞍，驢主怒，毆駕車者，爲廂司所擒。紹威更不按問，遂判其狀云：「鄴城大道甚寬，何故駕車碾鞍？領鞴驢漢子科決，待駕車漢子喜歡。」詞雖俳諧，理甚切當，論者許之。

趙犨，其先天水人，案：歐陽史作其先青州人。（舊五代史考異）代爲忠武牙將，曾祖賓，祖英奇，父叔文，案：原本訛「叔乂」，今據新唐書改正。（舊五代史考異）皆歷故職。犨幼有奇智，齠齔之時，與鄰里小兒戲於道左，恒分布行列爲部伍戰陣之狀，自爲董帥，指顧有節，如夙習焉，羣兒皆禀而從之，無敢亂其行者。其父目而異之，曰：「吾家千里駒也，必大吾門矣。」及赴鄉校，誦讀之性出於同輩。弱冠有壯節，好功名，妙於弓劍，氣義勇果。郡守聞之，擢爲牙校。唐會昌中，壺關作亂，隨父北征，收天井關。未幾，從王師征蠻，浹月方克，惟忠武將士轉戰溪洞之間，斬獲甚衆。本道録其勳，陟爲馬步都虞候。

乾符中，王仙芝起於曹濮，案：原本作「仙芘」，今據新、舊唐書改正。（舊五代史考異）大縱其徒，侵掠汝、鄭，犨乃率步騎數千襲之，賊黨南奔。及黄巢陷長安，天子幸蜀，中原無主，人心騷動。於是陳州數百人相率告許州連帥，願得犨知軍州事。其帥即以狀聞，於是天子下詔，以犨守陳州刺史。既視事，乃謂將吏曰：「賊巢之虐，徧於四方，苟不爲長安市人所誅，則必驅殘黨以東下。況與忠武久爲仇讎，凌我土疆，勢必然也。」乃遣增垣墉，濬溝洫，實倉廩，積薪芻，凡四門之外，兩舍之内，民有資糧者，悉令輓入郡中。繕甲兵，利劍矟，弓弩矢石無不畢備。又招召勁勇，置之麾下，以仲弟昶爲防遏都指揮使，以季弟珝爲親從都知兵馬使，長子麓、次子霖，皆分領鋭兵。黄巢在長安，果爲王師四面扼束，食盡人饑，謀東奔之計，先遣驍將孟楷擁徒萬人，直入項縣，犨引兵擊之，賊衆大潰，斬獲略盡，生擒孟楷。

中和三年，朝廷聞其功，就加檢校兵部尚書，俄轉右僕射。不數月，加司空，進封潁川縣伯〔六〕。巢黨知孟楷爲陳所擒，大驚憤，乃悉衆東來，先據溵水，溵水，原本作「㶏水」，今據通鑑改正。（影庫本粘籤）後與蔡州秦宗權合勢以攻宛丘，陳人懼焉。犨恐衆心攜離，乃於衆中揚言曰：「忠武素稱義勇，淮陽亦爲勁兵，是宜戮力同心，捍禦羣寇，建功立節，去危就安，諸君宜圖之。況吾家食陳禄久矣，今賊衆圍逼，衆寡不均，男子當於死中求生，又何懼也。且死於爲國，不猶愈於生而爲賊之伍耶！汝但觀吾之破賊，敢有異議者斬之！」由是衆心靡不踴躍。無何，開門與賊接戰，每戰皆捷，賊衆益怒。巢於郡北三四里起八仙營，如宮闕之狀，又修百司廨署，儲蓄山峙，蔡人濟以甲冑，軍無所闕焉。凡圍陳三百日，大小數百戰，雖兵食將盡，然人心益固。犨因令間道奉羽書乞師於太祖，太祖素多犨之勇果，乃許之。四年四月，太祖引大軍與諸軍會於陳之西北，陳人望其旗鼓〔七〕，出軍縱火，急攻巢寨，賊衆大潰，重圍遂解，獻捷於行在。

五年八月，除犨爲蔡州節度使。於時巢黨雖敗，宗權益熾，六七年間，屠膾中原，陷二十餘郡，唯陳去蔡百餘里，兵少力微，日與爭鋒，終不能屈。文德元年，案：原本作「大德」，今改正。（舊五代史考異）蔡州平，朝廷議勳，以犨檢校司徒，充泰寧軍節度使，又改授浙西節度使，不離宛丘，兼領二鎮。龍紀元年三月，又以平巢、蔡功，就加平章事，充忠武軍節度使，仍以陳州爲理所。由是中原塵靜，唐帝復歸長安，陳許流亡之民，襁負歸業，犨設法招撫，人皆感之。犨兄弟三人，時稱雍睦。一日，念仲弟昶同心王事，共立軍功，乃下令盡以軍州事付於昶，遂上表乞骸。後數月，寢疾，卒於陳州官舍，年六十六，葬於宛丘縣之先域，累贈太尉。

犨雖盡忠唐室，保全陳州，然默識太祖雄傑，每降心託跡，爲子孫之計，故因解圍之後，以愛子結親。又請爲太祖立生祠於陳州，朝夕拜謁。數年之間，悉力委輸，凡所徵調，無不率先，故能保其功名。案張方平樂全集陳州祭太尉趙公文云：「有唐之季，大盜移國，封豕長蛇，踐食區夏，生民塗炭，城邑丘墟。公於爾時，獨保孤壘，攻圍幾年，洛中百戰，陳之遺黎，竟脱賊口。兄弟三人，繼登將相，並有功德，著於此邦。而其像貌，晦於闇壁，邦人不知，久不克享。某衹膺朝命，再來領藩，惟公忠烈，能捍大患，寫之繪素，神氣凜然。乃建祠堂，式薦時事。」蓋陳州故有趙犨畫像，至方平時復修之也。（孔本）

長子麓，位至列卿。

次子霖，改名巖，尚太祖女長樂公主。開平初，授衛尉卿、駙馬都尉。二年九月，權知洺州軍州事，俄轉天威軍使。十二月，授右羽林統軍，改右衛上將軍，充大內皇牆使。案：原本作「皇城」，考五代會要，梁時避諱，改皇城使爲皇牆使，今改正。（舊五代史考異）三年七月，出爲宿州團練使，旋移州刺史〔八〕。其後累歷近職，連典禁軍。預誅庶人友珪有功，末帝即位，用爲租庸使、守户部尚書。巖以勳戚自負，貨賂公行，天下之賄，半入其門。又以身尚公主，聞唐朝駙馬都尉杜悰位極將相，以服御飲饌自奉，務極華侈，巖恥其不及。由是豐其飲膳，嘉羞法饌，動費萬錢，僦斂綱商〔九〕，其徒如市〔一〇〕，權勢熏灼，人皆阿附。及唐莊宗滅梁室，巖踰垣而逸。素與許州温韜相善〔一一〕，巖往依之。既至，韜斬巖首送京師。永樂大典卷一萬六千九百九十。

昶，字大東，韡仲弟也。弱冠習兵機，沈默大度，神形灑落，臨事有通變之才。及兄韡爲陳州刺史，以昶爲防遏都指揮使〔一二〕。未幾，巢將孟楷擁衆萬餘據項城縣，昶與兄韡領兵擊破之，擒楷以歸。不數月，巢黨悉衆攻陳，以報孟楷之役，又與蔡寇合從〔一三〕，凶醜百萬，棲於陳郊，陳人大恐。一夕，昶因巡警，假寐於闉闍，闉闍，原本作「闤闍」，今據文改正。（影庫本粘籤）恍惚間如有陰助，昶異而待之。遲明，開門決戰，人心兵勢，勇不可遏，若有陰兵前導。是日，擒賊將數人，斬首千餘級，羣凶氣沮。其後連日交戰，無不應機俘斬，未嘗小衂，以至重圍數月，士心如一。及賊敗圍解，朝廷紀勳，昶一門之中，疊加爵秩。當時方鎮之內，言忠勇者、言守禦者、言功勳者、言政事者，皆以犨、昶爲首焉。及犨遥領泰寧軍節度使〔一四〕，以昶爲本州刺史、檢校右僕射。俄而犨有疾，遂以軍州盡付於昶。詔授兵馬留後，旋遷忠武軍節度使，亦以陳州爲理所。

時宗權未滅，中原方受其毒。陳、蔡封疆相接，昶每選精鋭，深入蔡境。蔡賊雖衆，終不能抗，以至宗權敗焉。案上篇趙犨傳云：蔡州平，以犨爲忠武軍節度使。據此傳，則昶爲忠武節度使，宗權未滅，二傳自相矛盾。見通鑑考異。朝廷賞勳，加檢校司徒。昶以大寇削平之後，益留心於政事，勸課農桑，大布恩惠。景福元年秋，陳許將吏耆老録其功，詣闕以聞，天子嘉之，命文臣撰德政碑植於通衢，以旌其功。俄加同平章事。昶自圍解之後，恒曰：「梁王之恩，不敢忘也。」是後太祖每有征伐，昶訓練兵甲，饋輓供億，無有不至。乾寧二年寢疾〔一五〕，薨於鎮，年五十三。追贈太尉。永樂大典卷一萬六千九百九十。

珝，字有節，犨季弟也。案：新唐書以珝爲犨子，據歐陽史及通鑑皆以珝爲犨弟，與薛史同，新唐書誤。幼而剛毅，器宇深沉。既冠，好書籍。及壯，工騎射，尤精三略。及犨爲陳州刺史，以珝爲親從都知兵馬使。時巢黨東出商、鄧，與蔡賊會，衆至百餘萬，掘長壕五百道攻陳，陳人大懼。珝與二兄堅心誓衆，激勵將校，約以死節。珝以祖先松楸去郭數里，慮爲羣盜穿發，乃夜縋心膂之士〔六〕，遷柩入城。府庫舊有巨弩數百枝，機牙皆缺，工人咸謂不可用，珝即創意制度，自調弦筈，置之雉堞間，矢激五百餘步，凡中人馬，皆洞達胸腋，羣賊畏之，不敢逼近。自仲秋至於首夏，軍食將竭，士雖不飽，而堅拒之志不移。會太祖率大軍解其圍，珝兄弟抆泣感謝。其後朝廷議功，加檢校右僕射，遥領處州刺史。犨薨，昶爲忠武軍節度使，珝遷爲行軍司馬、檢校司空。昶薨，珝知忠武軍留後。

珝公幹之才，播於遠邇，至於符籍虚實，財穀耗登，備閲其根本，民之利病，無不洞知。庶事簡廉，公私俱濟，太祖深加慰薦。尋加特進、檢校司徒，充忠武軍節度使。陳州土壤卑疎，每歲壁壘摧圮，工役不暇，珝遂營度力用，俾以甓周砌四墉，自是無霖潦之虞。光化二年，加檢校太保、平章事。明年，檢校侍中，進封天水郡公。珝博通前古，以陳州本伏羲所都，南頓乃光武舊地，遂稽考古制，崇飾廟貌，爲四民祈福之所。又詢鄧艾故址，鄧艾，原本作「鄧義」，今據歐陽史改正。（影庫本粘籤）決翟王河以溉稻粱，大實倉廩，民獲其利。珝兄弟節制陳許，繼擁旌鉞，共二十餘年，陳人愛戴，風化大行。

天復元年冬，韓建爲忠武軍節度使，乃徵珝知同州匡國軍節度留後。時太祖統軍岐下，珝輪輓調發，旁午道途。俄而昭宗還長安，詔徵入覲，錫迎鑾功臣之號，珝因堅辭藩鎮，遂加檢校太傅、右金吾衞上將軍。及扈從東遷，歲餘，以痼疾免官，遂歸淮陽。未幾，薨於私第，年五十五。詔贈侍中，陳人爲之罷市。

子縠，仕至左驍衞大將軍、宣徽北院使。唐莊宗入汴，與從兄巖皆族誅。永樂大典卷一萬六千九百九十。

王珂，河中人。祖縱，鹽州刺史。父重榮，河中節度使〔一七〕，破黃巢有大功，封瑯琊郡王。珂本重榮兄重簡之子，出繼重榮。唐僖宗光啓三年，重榮爲部將常行儒所害，推重榮弟重盈爲蒲帥，以珂爲行軍司馬。及重盈卒，軍府推珂爲留後。時重盈子珙爲陝州節度使、瑤爲絳州刺史，由是爭爲蒲帥，瑤、珙連上章論列，又與太祖書云：「珂非吾兄弟，蓋余家之蒼頭也，小字忠兒，案：舊唐書「忠」作「蟲」。安得繼嗣！」珂亦上章云：「亡父有興復之功。」又遣使求援於太原，李克用爲保薦於朝，昭宗可之。既而珙厚結王行瑜、李茂貞、韓建爲援，三鎮互相表薦，昭宗詔諭之曰：「吾以太原與重榮有再造之功，已俞其奏矣。」乾寧二年五月，三鎮率兵入覲，賊害時政，請以河中授珙〔一八〕，珙、瑤又連兵以攻河中。克用聞之，出師以討三鎮，瑤、珙兵退，晉師拔絳州，擒瑤斬之。及克用駐軍於渭北，昭宗以珂爲河中節度使，正授旄鉞，克用因以女妻珂。珂至太原謝婚成禮，克用令李嗣昭將兵助珂，攻珙於陝焉。

光化末，太祖謂張存敬曰：「珂恃太原之勢，侮慢鄰封，爾爲我持一繩以縛之。」天復元年春，存敬兵下晉、絳，令何絪案：原本作「何緯」，今據通鑑改正。（舊五代史考異）守晉州以扼太原援師。二月，大軍逼河中，珂妻書告太原曰：「敵勢攻逼，朝夕爲俘囚，乞食於大梁矣，大人安忍不救！」克用曰：「前途既阻，衆寡不敵，救則與爾兩亡。可與王郎歸朝廷。」珂復求救於李茂貞，茂貞不答。珂勢窮蹙，即登城謂存敬曰：「吾與汴王有家世事分，公宜退舍，俟汴王至，吾自聽命。」存敬即日退舍。三月，太祖自洛陽至，先哭於重榮之墓，案新唐書：全忠，王出也，始背賊事重榮，約爲甥舅，德其全己，指日月曰：「我得志，凡氏王者皆事之。」至是念誓言〔一九〕，過重榮墓，爲哭而祭〔二〇〕。（舊五代史考異）蒲人聞之感悦。珂欲面縛牽羊以見，太祖曰：「太師阿舅之恩，何時可忘，郎君若以亡國之禮相見，黃泉其謂我何！」案歐陽史云：梁太祖自同州降唐，即依重榮，以母王氏，故事重榮爲舅。及珂出迎於路，握手歔欷，聯轡而入。乃以存敬守河中〔二一〕，珂舉家徙於汴。後入覲，被殺於華州傳舍。永樂大典卷六千八百四十九。

珙，少有俊氣，才兼文武，性甚驕虐。屬世多故，遂代伯父重霸爲陝州節度使。爲政苛暴，且多猜忌，殘忍好殺，不以生命爲意，内至妻孥宗屬，外則賓幕將吏，一言不合，則五毒將施，鞭笞剸斮，無日無之。奢縱聚斂，民不堪命，由是左右惕懼，憂在不測。唐光化二年夏六月，爲部將李璠所殺。璠自稱留後，因是陝州不復爲王氏所有。永樂大典卷六千八百四十九。

史臣曰：紹威始爲唐雄，據魏地，當土德之季運，倡梁祖以强禪，在梁則爲佐命也，在唐則豈得爲忠臣乎！趙犨以淮陽咫尺之地〔二〕，抗黄巢百萬之衆，功成事立，有足多者。巖、縠非賢，遽泯其嗣，惜哉！王珂奕世山河，勢危被擄，乃魏豹之徒與！永樂大典卷六千八百四十九。

## 校勘記

〔一〕趙文建　舊唐書卷一八一樂彦禎傳、羅弘信傳、新唐書卷二一〇樂彦禎傳、羅讓神道碑（拓片藏中國國家圖書館）作「趙文玠」。本卷下一處同。

〔二〕進封北平王　「進封」，舊唐書卷一八一羅弘信傳作「追封」。

〔三〕必知有禪代之志　「必知」，殿本作「知必」。

〔四〕浮陽　原作「孚陽」，據殿本、劉本改。按太平寰宇記卷六五記滄州清池縣，本漢浮陽，以在浮水之陽，故名。

〔五〕紹威在鎮凡十七年　舊唐書卷二〇上昭宗紀、新唐書卷一〇昭宗紀、通鑑卷二六一及本卷上文皆記羅紹威光化元年襲魏博節度使，至開平四年卒，凡十二年。

〔六〕進封潁川縣伯　「封」字原闕，據册府卷三八六補。

〔七〕陳人望其旗鼓　「其」字原闕，據册府卷四〇〇補。

〔八〕旋移州刺史　「州」，邵本校作「棣州」。

〔九〕僦斂綱商　「綱」，原作「網」，據彭校、册府卷三〇六、卷三〇七（宋本）改。

〔一〇〕其徒如市　「徒」，原作「徙」，據殿本、劉本、册府卷三〇六、卷三〇七、卷五一一改。

〔一一〕素與許州温韜相善　「許州」，原作「徐州」，據本書卷七三温韜傳、册府卷三〇六改。按本書卷三〇唐莊宗紀四、新五代史卷四〇温韜傳皆記其爲許州節度使。

〔一二〕以昶爲防遏都指揮使　「防遏」，原作「防禦」，據本卷趙犨傳、册府卷三六〇、卷三九八改。

〔一三〕又與蔡寇合從　「與」字原闕，據册府卷三六〇補。

〔一四〕泰寧軍節度使　「使」字原闕，據通鑑卷二五八考異引薛史補。

〔一五〕乾寧二年　「二年」，册府卷四三六作「三年」。

〔一六〕乃夜縋心膂之士　「縋」，原作「縱」，據册府卷四〇〇改。

〔一七〕河中節度使　「河中」，原作「河東」，據册府卷八六三、卷九四三、新五代史卷四二王珂傳改。

〔一八〕請以河中授珙　「珙」字原闕，據舊唐書卷一八二王珂傳補。新唐書卷一八七王珙傳敍其事作「固請授珙河中」。

〔一九〕至是念誓言　「念」，劉本、新唐書卷一八七王重榮傳作「忘」。

〔二〇〕爲哭而祭　「爲」，劉本、新唐書卷一八七王重榮傳作「僞」。

〔二一〕乃以存敬守河中　「存敬」，原作「居敬」，據舊唐書卷一八二王珂傳、新唐書卷一八七王珂傳及本卷上文改。按本書卷二梁太祖紀二：「庚午，帝至河中，以張存敬權領河中軍府事。」

〔二二〕趙犨以淮陽咫尺之地　「淮陽」，原作「淮揚」，據邵本校改。按新唐書卷三八地理志二，陳州舊爲淮陽郡。

# 舊五代史卷十五　梁書十五

## 列傳第五

韓建　李罕之　馮行襲　孫德昭　趙克裕　張愼思

韓建，字佐時，許州長社人。父叔豐，世爲牙校。初，秦宗權之據蔡州，招合亡命，建隸爲軍士，累轉至小校。唐中和初，忠武監軍楊復光起兵於蔡，宗權遣其將鹿晏弘赴之〔一〕，建與里人王建俱隸晏弘軍，入援京師。賊平，復光暴卒。時僖宗在蜀，晏弘率所部赴行在，路出山南〔二〕，因攻剽郡邑，據有興元，興元，原本作「興亦」，今據通鑑改正。（影庫本粘籤）晏弘自爲留後，以建爲屬郡刺史〔三〕。唐軍容使田令孜密遣人誘建，啗以厚利，建時懼爲晏弘所併，乃率所部歸行在，令孜補爲神策都校、金吾將軍，出爲潼關防禦使、兼華州刺史。河潼經大寇之後，户口流散，建披荆棘，闢污萊，勸課農事，樹植蔬果，出入閭里，親問疾苦，不數年，流亡畢復，軍民充實。建比不知書，治郡之暇，日課學習，遣人於器皿、牀榻之上各題其名，建視之既熟，乃漸通文字。俄遷華商節度、潼關守捉等使，累加檢校太尉、平章事。

乾寧二年，建與鳳翔李茂貞、邠州王行瑜舉兵赴闕，迫昭宗，請以王珙爲河中帥，害大臣於都下。河中王珂召晉軍以爲援，及晉軍渡河，昭宗幸石門。三年四月，昭宗遣延王、通王率禁兵討李茂貞，爲茂貞所敗，車駕幸渭橋，翊日，次富平，將幸河中。建奉表迎駕，俄自至渭北，懇乞東幸，許之。七月十五日，昭宗至華下，百官士庶相繼而至。建尋加兼中書令，充京畿安撫制置等使，又兼京兆尹、京城把截使。昭宗久在華州，思還宫掖，每花朝月夕，遊宴西谿，與羣臣屬詠歌詩，歔欷流涕。建每從容奏曰：「臣爲陛下修營大内，結信諸侯，一二年間，必期興復。」乃以建兼領修創京城使，建自華督役輦運工作，復治大明宫。

四年二月，有詣建告睦王已下八王謀殺建，案：通鑑作防城將張行思等來告，建惡諸王典兵，故使行思等告之。建因八王於别宅，放散隨駕殿後軍二萬人，殺捧日都頭李筠，自是天子益微，宿衞之士盡矣。八月，建以兵圍十六宅，通王以下十一王並遇害於石堤谷，以謀逆聞。又害太子詹事馬道殷、將作監許巖士，貶宰相朱朴，皆昭宗寵昵者也。案新唐書昭宗紀：正月乙酉，韓建以兵圍行宮，殺扈蹕都將李筠。二月，韓建殺太子詹事馬道殷、將作監許巖士。八月，韓建殺通王滋、沂王禋、韶王、彭王、嗣韓王、嗣陳王、嗣覃王嗣周〔四〕、嗣延王戒丕、嗣丹王允。通鑑與新唐書同。薛史以殺李筠爲二月事〔五〕，以殺馬道殷、許巖士爲八月事，蓋本於舊唐書昭宗紀，宜可徵信云。建尋兼同州節度使。光化元年，升華州爲興德府，以建爲尹。八月，車駕還京。九月，册拜太傅，進封許國公，并賜鐵券。

天復元年十一月，宦官韓全誨迫天子幸鳳翔，建亦預其謀。太祖聞之，自河中引軍而西。前鋒至同州，建判官司馬鄴以城降，遂移軍迫華州，建懼乞降。太祖責以脅君之罪，建拜伏稱從事李巨川之謀也，太祖即誅巨川。案北夢瑣言：韓建曰：「某不識字，凡朝廷章奏、鄰封書檄，皆巨川爲之。」因斬之。通鑑所采即本於北夢瑣言，與薛史同。新唐書李巨川傳云：巨川詣軍門納款，因言當世利害。全忠屬官敬翔以文翰事左右，疑巨川用則全忠待己或衰，乃詭説曰：「巨川誠奇才，顧不利主人，若何！」是日，全忠殺之。是巨川之死，亦由于敬翔之譖，不僅爲韓建所賣也。太祖與建素有軍中昆弟之契，及見，其怒驟息，尋表建爲許州節度使。昭宗東遷，以建爲佑國軍節度使、京兆尹。車駕至陝，召太祖與建侍宴，宮妓奏樂，何皇后舉觴以賜太祖，建躡足，太祖遽起曰：「臣醉不任。」僞若顛仆即去。建私謂太祖曰：「上與宮人附耳而語，幕下有兵仗聲，恐圖王爾。」天祐三年，改青州節度使。

及受禪，徵爲司徒、平章事，充諸道鹽鐵轉運使。開平二年，加侍中，充建昌宮使。三年，郊祀于洛，以建爲大禮使。建爲上宰，每謁見，時有直言。太祖爲性剛嚴，羣下將迎不暇，待建稍異，故優容之。九月，册拜太保，罷知政事。案五代會要：開平三年十月，詔曰：太保韓建，每月旦、十五日入閤稱賀，即令赴朝參，餘時弗入見。示優禮也。四年三月，除匡國軍節度使、陳許蔡觀察使，仍令中書不議除替。案五代會要：乾化元年正月，敕：許昌雄鎮，太保韓建，朕用以布政，民耕盜止，久居其位，庶可勝殘矣。宜令中書門下不計年月，勿議替移〔六〕。乾化二年六月，朝廷新有内難，人心動摇，部將張厚因作亂，害建于衙署，案通鑑考異引莊宗實録：九月，建遇害。通鑑從薛史。時年五十八。

子從訓，昭宗在華時授太子侍學〔七〕，賜名文禮，尋拜屯田員外郎。國初爲都官郎中，賜紫，年未弱冠。時朝廷命從訓告國哀于陳許，至二日軍亂，與建併命。

乾化三年，追贈太師。永樂大典卷三千六百七十五。

李罕之，陳州項城人。父文，世田家。罕之拳勇趫捷，力兼數人。少學爲儒，不成，又落髮爲僧，以其無賴，所至不容。曾乞食於酸棗縣，自旦至晡，無與之者，乃擲鉢于地，毁棄僧衣，亡命爲盜。案北夢瑣言云：罕之即其僧名。會黄巢起曹濮，罕之因合徒作剽，漸至魁首。及賊巢渡江，罕之因以兵將背賊歸于唐，高駢録其功，表爲光州刺史。歲餘，爲蔡賊秦宗權寇迫，不能守，乃棄郡歸項城，收合餘衆，依河陽諸葛爽，爽署爲懷州刺史。光啓初，僖宗以爽爲東南面招討，以擊宗權，爽乃表罕之爲副，令將兵屯宋州，蔡寇兇燄日熾，兵鋒不敵。中和四年，爽表罕之爲河南尹、東都留守。

是歲，李克用脱上源之難，歛軍西歸，路由洛陽，罕之迎謁，供帳館待甚優，因與克用厚相結託。時罕之有衆三千，以聖善寺爲府。聖善寺，原本作「聖喜」，今據新唐書改正。（影庫本粘籤）光啓元年，蔡賊秦宗權遣將孫儒來攻，罕之對壘數月，以兵少備竭，委城而遁，西保于澠池。蔡賊據京城月餘，焚燒宮闕，剽剥居民。賊既退去，鞠爲灰燼，寂無雞犬之音，罕之復引其衆，築壘於市西。

明年冬，諸葛爽死，其將劉經推爽子仲方爲帥，經懼罕之難制，自引兵鎮洛陽。罕之部曲有李瑭、郭璆者，情不相叶，欲相圖害。罕之怒，誅璆，軍情由是不睦。劉經因其有間，掩擊罕之於澠池，軍亂，保乾壕。經急攻之，爲罕之所敗，罕之乘勝追至洛陽。時經保敬愛寺，罕之保苑中飛龍廐，罕之激勵其衆攻敬愛寺，數日，因風縱火，盡燔之，經衆奔竄，追斬殆盡。罕之進逼河陽，營於鞏縣，陳舟于汜水，將渡，諸葛仲方遣將張言案：張言後名全義。率師拒于河上。時仲方年幼，政在劉經，諸將心多不附。張言密與罕之修好，經知其謀，言懼，引衆渡河歸罕之，因合勢攻河陽，爲經所敗，罕之與言退保懷州。冬，蔡將孫儒陷河陽。仲方汎輕舟來奔，孫儒遂自稱節度使。俄而蔡賊爲我軍所敗，孫儒棄河陽歸蔡。罕之與言收合其衆，求援于太原，李克用遣澤州刺史安金俊率騎助之，遂收河陽。克用表罕之爲節度、同平章事，又表言爲河南尹、東都留守。

罕之既與言患難交契，刻臂爲盟，永同休戚，如張耳、陳餘之義也。罕之雖有膽決，雄猜翻覆，而撫民御衆無方略，率多苛暴，性復貪冒，不得士心。既得河陽，出兵攻晉、絳。時大亂之後，野無耕稼，罕之部下以俘剽爲資，啖人作食。絳州刺史王友遇以城降，罕之乃進攻晉州，河中王重盈遣使求援於太祖。時張言治軍有法，善積聚，勤於播植，軍儲不乏。言輸粟於罕之，以給其軍，罕之求索無限，言頗苦之，力不能應，罕之則録河南府吏笞責之。東諸侯修貢行在，多爲罕之邀留，王重盈苦其侵削，密結張言請圖之。

文德元年春，會罕之盡出其衆攻平陽，言夜出師掩擊河陽，罕之無備，單步僅免，舉族爲言所俘。罕之奔于太原，李克用表爲澤州刺史，仍領河陽節度使。三月，克用遣其將李存孝率師三萬助之，來攻懷孟。城中食盡，備禦皆竭，張言遣其孥入質，且求救於太祖。太祖遣葛從周、牛存節赴之，逆戰於沇河店〔八〕。會晉將安休休以一軍奔于蔡，存孝引軍而退，罕之保于澤州。自是罕之日以兵寇鈔懷孟、晉絳，數百里内，郡邑無長吏，閭里無居民。河内百姓，相結屯寨，或出樵汲，即爲俘馘。雖奇峯絶磴，梯危架險，亦爲罕之部衆攻取。先是，蒲、絳之間有山曰摩雲，邑人立栅於上以避寇亂，罕之以百餘人攻下之，軍中因號罕之爲「李摩雲」。案洛陽縉紳舊聞記云：罕之亦嘗置寨於洛城中，至今民呼其寨地爲李摩雲寨。（舊五代史考異）自是數州之民，屠啖殆盡，荆棘蔽野，烟火斷絶，凡十餘年。

乾寧二年，李克用出師以拒邠、鳳，營于渭北，天子以克用爲邠州行營四面都統，克用乃表罕之爲副。及誅王行瑜，罕之以功授檢校太尉，食邑千户。按新唐書：克用討王行瑜，表罕之副都統、檢校侍中。行瑜誅，封隴西郡王、檢校太尉、兼侍中。所載爵位，較薛史爲詳。歐陽史仍薛史之舊。罕之自以功多，私謂晉將蓋寓曰：「余自河陽失守，來依巨廕，歲月滋久，功效未施。比年以來，倦於師旅，所謂老夫耄矣，無能爲也。望吾王仁愍，太傅哀憐，與一小鎮，休兵養疾，一二年間即歸老菟裘，幸也。」寓爲言之，克用不對。每藩鎮缺帥，議所不及，罕之私心鬱鬱，蓋寓懼其佗圖，亟爲論之。克用曰：「吾於罕之，豈惜一鎮，吾有罕之，亦如董卓之有吕布，雄則雄矣，鷹鳥之性，飽則颺去，實懼翻覆毒余也。」毒余，原本作「毒餘」，今據文改正。（影庫本粘籤）

光化元年十二月，晉之潞帥薛志勤卒，罕之乘其喪，自澤州率衆徑入潞州，自稱留後，以狀聞於克用曰：「聞志勤之喪，新帥未至，慮爲佗盜所窺，不俟命已屯于潞矣。」克用怒，遣李嗣昭討之，罕之執其守將馬溉、伊鐸、何萬友，案：伊鐸，歐陽史作伊鐔。沁州刺史傅瑤等，遣其子顥案：歐陽史作遣子頎。拘送于太祖以求援焉。案新唐書：全忠表罕之昭義軍節度使。會罕之暴病，不能視事。明年六月，病篤，太祖令丁會代之，移罕之爲河陽節度使，行至懷州，卒於傳舍，時年五十八。其子顥以舟載柩，歸葬河陰縣。開平二年春，詔贈中書令。永樂大典卷一萬三百八十七。

馮行襲，字正臣，武當人也。歷職爲本郡都校。中和中，僖宗在蜀，有賊首孫喜者，聚徒數千人欲入武當，刺史呂燁惶駭無策略〔九〕。行襲伏勇士於江南，乘小舟逆喜，謂喜曰：「郡人得良牧，衆心歸矣，但緣兵多，民懼擄掠。若駐軍江北，領肘腋以赴之，使某前導，以慰安士民，可立定也。」喜然之。既渡江，軍吏迎謁，伏甲奮起，行襲擊喜仆地，仗劍斬之〔一〇〕，其黨盡殪，賊衆在江北者悉奔潰。案新唐書本紀：光啓元年四月，武當賊馮行襲陷均州，逐其刺史呂燁〔一一〕。蓋行襲既殪孫喜，遂自據其郡也。薛史作中和間事，與唐書異。歐陽史仍從薛史。山南節度使劉巨容以功上言，尋授均州刺史。

州西有長山，當襄漢入蜀路〔一二〕，羣賊屯據，以邀劫貢奉，行襲又破之。洋州節度使葛佐奏辟爲行軍司馬，請將兵鎮谷口，通秦、蜀道，由是益知名。李茂貞遣養子繼臻竊據金州，行襲攻下之，因授金州防禦使。時興元楊守亮將襲京師，道出金、商，行襲逆擊，大破之。詔升金州爲節鎮，以戎昭軍爲額，即以行襲爲節度使。案舊唐書哀帝紀：天祐二年，金州馮行襲奏，當道昭信軍額內一字與元帥全忠諱字同，乃賜號戎昭軍。是金州初賜軍額本名昭信，至哀帝時，避朱全忠祖諱，乃改稱戎昭也。薛史於金州初賜軍額即作戎昭，蓋仍梁實録之舊，未及考正。

及太祖義旗西征，行襲遣副使魯崇矩稟受制令。會唐昭宗幸鳳翔，太祖帥師奉迎，久之未出。中尉韓全誨遣中官郄文晏等二十餘人分命矯詔，欲徵江淮兵屯於金州，以脅太祖之軍，行襲定策盡殺之，收其詔敕送於太祖。天祐元年，兼領洋州節度使。太祖之伐荆襄，行襲令其子勗以舟師會於均、房，預收復功，案新唐書昭宣帝紀：二年五月，王建陷金州，戎昭軍節度使馮行襲奔於均州。六月，行襲克金州。舊唐書哀帝紀：二年十二月，戎昭軍奏，收復金州，兵火之後，井邑殘破，請移理所於均州。從之，仍改爲武定軍。是行襲因金州嘗被陷，乃改治均州也。薛史不載。遷匡國軍節度使。案舊唐書哀帝紀：三年四月丙申，敕曰：天祐二年九月二十日，於金州置戎昭軍，割均、房二州爲屬郡。比因馮行襲叶贊元勳，克宣丕績，用奬濟師之效，遂行割地之權。今命帥得人，酬庸有秩，其戎昭軍額宜停，其均、房二州却還山南東道收管。據此則戎昭軍額廢于天祐三年，故行襲改鎮許州也。到任，誅大吏張澄，暴其罪，州人莫不惴懾。在許三年，上供外别進助軍羡糧二十萬石。及太祖郊禋，行襲請入覲，貢獻巨萬，恩禮殊厚。殊厚，原本作「殊學」，今據文改正。（影庫本粘籤）尋詔翰林學士杜曉撰德政碑以賜之，累官至兼中書令，册拜司空。開平中卒，輟朝一日，贈太傅，謚曰忠敬。

行襲性嚴烈，爲政深刻，然所至有天幸：境内嘗大蝗，尋有羣鳥啄食，不爲害；民或艱食，必有穭穀穭穀，原本作「魯穀」，據廣韻云：穭，禾自生也。今改正。（影庫本粘籤）出於壠畝。雖威福在己，而恒竭力以奉於王室，故能保其功名。行襲魁岸雄壯，面有青誌，當時目爲「馮青面」。

長子勗，歷蘄、沁二州刺史。次子德晏，仕至金吾將軍。永樂大典卷四百三。

孫德昭，鹽州五原縣人，世爲州校。父惟晸，案：歐陽史作惟勗，考新唐書亦作惟晸，今仍其舊。（舊五代史考異）有功於唐朝，遥領荆南節度，分判右神策軍事。德昭藉父蔭，累職爲右神策軍都指揮使。案通鑑：德昭由雄毅軍使爲左神策指揮使。光化三年，唐昭宗爲閹官所廢，矯立德王，時中外以權在禁闥，莫能致討，近藩朋附，章表繼有至者。丞相崔胤外與太祖中結輔佐之好，内遣心腹密購忠義。有以事諭德昭者，案通鑑云：德昭常憤惋不平，崔胤聞之，遣判官石戩與之遊。德昭每酒酣必泣，戩知其誠，乃密以胤意説之。德昭感慨，乃與本軍孫承誨、董從實三人，案：新、舊唐書俱作周承誨、董彦弼，據薛史則承誨自姓孫，彦弼乃從實後改之名也。通鑑從唐書，歐陽史從薛史。奮發應命，誓圖返正，崔又割衣手筆以通其志。天復元年正月一日未旦，逆豎左軍容劉季述早入，德昭伏甲要路以俟，逗其前騶〔一三〕，邀而斬之，孫承誨等分捕右軍容王仲先黨伍。唐昭宗方幽辱東内，聞外喧，大恐。德昭馳至，扣閤曰：「逆賊劉季述伏誅矣，請上皇開鑰復皇帝位。」皇后何氏呼曰：「汝可進逆人首，門乃可開。」俄而承誨、從實俱以馘獻，昭宗悲而嘉之。於是丞相崔胤奉迎御丹鳳樓，率百辟待罪，泣且奏曰：「臣居大位，不能討姦，賴東平王全忠首奮忠貞，誅殺邸吏，遂致德昭等擒戮妖逆，再清禁闈。」即日議功，以德昭爲檢校太保、静海軍節度使，承誨邕州節度使，從實容州節度使，並同平章事，錫姓李，賜號扶傾濟難忠烈功臣，圖形凌煙閣，俱留京師。錫賚宴賞之厚，恩寵權倖之勢，近代罕比。

其年十一月，閹官韓全誨縱火脅昭宗西幸鳳翔，承誨、從實並變節，爲中官所誘，始欲驅擁百僚，將圖出令。而德昭獨按兵，與太祖親吏婁敬思叶力衛丞相及文武百官，與長安吏民保於街東，免爲所劫。太祖遣從事相繼勞問，遺以龍鳳劍、鬬雞紗，委令制輯。於是百官次華州，連狀請太祖迎奉。及大旆入關，德昭以軍禮上謁，立道左，太祖命左右扶騎控至長安，賜與甚厚，署權知同州節度留後。將赴任，復徇民請，留充兩街制置使，賜錢百萬。德昭以本部兵八千人獻于太祖，由是愈見賞重，又賜甲第一區，俾先還洛陽。及昭宗東還，奏授左威衞上將軍，以疾免，歸於别墅。太祖受禪，以左領衞上將軍徵赴闕。開平四年，拜左金吾大將軍，充街使。末帝即位，俾將命于兩浙，對見失儀，不果行。尋改授右武衞上將軍，俄復左金吾大將軍。卒於官。詔贈太傅，輟視朝一日。

天復初，德昭與孫承誨、董從實以返正功，時人呼爲「三使相」，恩澤俱冠世。及承誨至鳳翔，易名繼誨，從實改名彦弼，皆爲李茂貞所養。後閹官之敗，俱戮于京師。唯德昭克全終始，有所稱云。永樂大典卷一萬八千一百二十六。

趙克裕，河陽人也。祖、父皆爲軍吏。克裕少爲牙將，好讀書，謹儀範，牧伯皆奇待之。累居右職，擢爲虎牢關使。光啓中，蔡寇陷河陽，克裕率所部歸於太祖，隸于宣義軍。太祖東征徐、鄆，克裕屢受指顧，無不如意。數年之内，繼領亳、鄭二州刺史。時關東藩鎮方爲蔡寇所毒，黎元流散，不能相保，克裕妙有農戰之備，復善於綏懷，民賴而獲安者衆。太祖表爲河陽節度使、檢校右僕射，尋移理許田，案新唐書本紀：景福元年正月己未〔一四〕，朱全忠陷孟州，逐河陽節度使趙克裕。據通鑑則克裕之移鎮，因梁祖欲以張全義領河陽也。新唐書所紀，疑非事實。入爲金吾衛大將軍、檢校司空。及太祖爲元帥，以克裕爲元帥府左都押衙，復統六軍。兗州平，命權知泰寧軍留後。數月，暴疾而卒。開平初，追贈太保。永樂大典卷一萬八千一百二十六。

張慎思，清河人。自黄巢軍來歸，累授軍職，歷諸軍都指揮使。從平巢、蔡、兗、鄆，皆著功〔一五〕，表授檢校工部尚書兼宋州長史。光化中，加檢校右僕射，權知亳州。天復三年，昭宗還長安，以從太祖迎駕功，賜號迎鑾毅勇功臣，尋除汝州防禦使。天祐元年，授左龍武統軍。其冬，除許州匡國軍節度使。明年十一月，權知徐州武寧軍兩使留後。太祖受禪，入爲左金吾大將軍。開平二年，除宋州刺史，未幾，復拜左金吾大將軍。三年冬，除蔡州刺史，蔡州，原本作「孽州」，今據通鑑改正。（影庫本粘籤）以貪貨大失民情，詔追赴闕。未幾，扈從北征還，以疾卧洛陽之私第。馭家不肅，爲其子所弑。永樂大典卷六千三百五十。

史臣曰：韓建遇唐朝之衰運，據潼關之要地，不能藩屏王室，翻務斲喪宗枝，雖有阜俗之能，何補不臣之咎。罕之負驍雄之氣，蓄嚮背之謀，武皇比之呂布，斯知人矣。行襲勵納忠之節，德昭立反正之功，俱善其終，固其宜矣。克裕而下，無譏可也。永樂大典卷六千三百五十。

## 校勘記

〔一〕鹿晏弘　「晏」，原作「宴」，據殿本、孔本、通曆卷一五、册府卷二二三、卷二三三、通鑑卷二五四改。本卷下文同。

〔二〕路出山南　「山南」，原作「南山」，據殿本乙正。按本書卷一三五王建傳、册府卷二二三：「晏弘率八都迎扈行在至山南。」

〔三〕以建爲屬郡刺史　「屬」，原作「蜀」，據劉本改。按通鑑卷二五六敍其事云：「及據興元，以建等爲巡内刺史。」

〔四〕嗣覃王嗣周　「周」下原有「王」字，據彭校、新唐書卷一〇昭宗紀删。

〔五〕薛史以殺李筠爲二月事　「二月」，原作「正月」，據殿本考證、舊唐書卷二〇上昭宗紀及本卷正文改。

〔六〕勿議替移　「移」字原闕，據五代會要卷一一補。

〔七〕昭宗在華時授太子侍學　「太子侍學」，册府卷九三一作「太子文學」。

〔八〕沇河店　原作「流河店」，據劉本、邵本校改。按本書卷五五康君立傳、新五代史卷一梁本紀、卷二一葛從周傳、卷四二李罕之傳、卷四四丁會傳、卷四五張全義傳、册府卷三四七敍其事皆作「沇河店」。

〔九〕吕㷂　原作「吕曄」，據册府卷八七九、新五代史卷四二馮行襲傳、新唐書卷九僖宗紀、卷一八六馮行襲傳、通鑑卷二五六改。

〔一〇〕仗劍斬之　「仗」，册府卷八七九作「拔」。

〔一一〕逐其刺史吕㷂　「吕㷂」，原作「李曄」，據新唐書卷九僖宗紀改。

〔一二〕當襄漢入蜀路　「入」字原闕，據册府卷八七九補。

〔一三〕逗其前驅　「逗」，原作「追」，據册府卷六二七改。

〔一四〕景福元年正月己未　「正月」二字原闕，據新唐書卷一〇昭宗紀補。

〔一五〕皆著功　「功」，册府卷三六〇作「軍功」。

# 舊五代史卷十六　梁書十六

## 列傳第六

### 葛從周　謝彥章　胡真　張歸霸　張歸厚　張歸弁

葛從周，案：玉堂閒話作葛周。（舊五代史考異）字通美，濮州鄄城人也。曾祖阮，祖遇賢，父簡，累贈兵部尚書。從周少豁達，有智略，初入黄巢軍，漸至軍校。唐中和四年三月，太祖大破巢軍於王滿渡，從周與霍存、張歸霸昆弟相率來降。七月，從太祖屯兵於西華，破蔡賊王夏寨。案：原本作「五夏」，今據通鑑改正。（舊五代史考異）太祖臨陣馬踣，賊衆來追甚急，從周扶太祖上馬，與賊軍格鬬，傷面，矢中於肱，身被數槍，奮命以衛太祖。賴張延壽迴馬轉鬬，從周與太祖俱免，退軍溵水。諸將並削職，唯擢從周、延壽爲大校。其從入長葛、靈井[一]，大敗蔡賊，至斤溝、淝河，殺鐵林三千人，獲九寨都虞候王涓。

太祖遣郭言募兵於陝州，有黄花子賊據於温谷，從周擊破之。又破秦賢之衆於滎陽，尋佐朱珍收兵於淄青間。時兗州齊克讓軍於任城，從周敗之，擒其將吕全真。淄人不受制，復與之戰，獲其驍將犨約。會青州以步騎萬餘人列三寨于金嶺，以阨要害，從周與朱珍大殲其衆，擄其將楊昭範五人而還。至大梁，不解甲，徑至板橋擊蔡賊，破盧瑭寨，瑭自溺而死，又於赤堈赤堈，通鑑作赤岡，考薛史前後皆作「堈」，今仍其舊。（影庫本粘籤）殺蔡軍二萬餘人。從討謝殷於亳州，擒之。迴襲曹州，擄刺史丘弘禮以歸。與兗、鄆軍遇於臨濮之劉橋，殺數萬人，朱瑄、朱瑾僅以身免，擒都將鄒務卿已下五十人。從太祖至范縣，復與朱瑄戰，擄尹萬榮等三人，遂平濮州。未幾，與朱珍擊蔡賊於陳亳間，獲都將石璠。

文德元年，魏博軍亂，樂從訓來告急，從太祖渡河，拔黎陽、李固、臨河等鎮，至内黄，破魏軍萬餘衆，獲其將周儒等十人。案：梁祖本紀作帝遣朱珍領大軍渡河，此傳作從周從太祖濟河，與本紀異。（孔本）李罕之引并人圍張全義於河陽，從周與丁會、張存敬、牛存節率兵赴援，大破并軍，殺蕃漢二萬人，解河陽之圍，以功以功，原本作「以助」，今據文改正。（影庫本粘籤）表授檢校工部尚書。從朱珍討徐州，拔豐縣，敗時溥於吴康，得其輜重，加檢校刑部尚書。佐龐師古討孫儒於淮南，略地至廬、壽、滁等州，下天長、高郵，破邵伯堰。迴軍攻濠州，殺刺史魏勳，得餉船十艘。

大順元年八月，并帥圍潞州，太祖遣從周率敢死之士，夜銜枚犯圍而入，會王師不利於馬牢川，即棄上黨而歸。其年十二月，與丁會諸將討魏州，連收十邑。明年正月，大破魏軍於永定橋，魏軍五敗，斬首萬餘級。十月，佐丁會攻宿州，從周壅水灌其城，刺史張筠以郡降。從討兗州，破朱瑾之軍於馬溝。景福二年二月，與諸將大破徐、兗之兵於石佛山。八月，與龐師古同攻兗州。

乾寧元年三月，軍至新泰縣，朱瑾令都將張約、李胡椒率三千人來拒戰，師古遣從周、張存敬掩襲，生擒張約、李胡椒等都將數十人。二年十月，圍兗州，兗人不出，從周詐揚言并人、鄆人來救，案通鑑：十二月，朱瑄、朱瑾告急於河東，李克用遣大將史儼、李承嗣將數千騎假道於魏以救之。是河東實遣師來援〔二〕，非從周詐言也。此蓋覘知兗人告急，乘并師尚未至，乃揚言已至，多方以誤之耳。又本紀作十二月，此作十月，辨正見本紀。即引軍趨高吴，夜半却潛歸寨。朱瑾果出兵攻外壕，我軍士突出，掩殺千餘人，生擒都將孫漢筠。從周累立戰功，自懷州刺史歷曹、宿二州刺史，累遷檢校左僕射。

三年五月，并帥以大軍侵魏，遣其子落落率二千騎屯洹水，洹水，原本作「洹水」，今據歐陽史改正。（影庫本粘籤）從周以馬步二千人擊之，殺戮殆盡，擒落落於陣，并帥號泣而去。遂自洹水與龐師古渡河擊鄆。四年正月，下之。從周乘勝伐兗，會朱瑾出師在徐境，其將康懷英以城降，以功授兗州留後、檢校司空。復領兵萬餘人渡淮討楊行密，至濠州，聞龐師古清口之敗，遽班師。案九國志侯瓚傳云：破葛從周於壽陽，沉其卒萬餘人於淠河。與薛史異。歐陽史兼采九國志。

光化元年四月，率師經略山東，時并帥以大軍屯邢洺，從周至鉅鹿，與并軍遇，大破之，并帥遁走。我軍追襲至青山口，數日之內，邢、洺、磁三州連下，斬首二萬級，獲將吏一百五十人，即以從周兼領邢州留後。十月，復破并軍五千騎於張公橋。晉將李嗣昭急攻邢州，陣於城門外，從周大破之，擒蕃將賁金鐵、慕容騰等百餘人〔三〕。

二年春，幽州劉仁恭率軍十萬寇魏州，屠貝郡。從周自邢臺馳入魏州，燕軍突上水關，攻館陶門。館陶，原本作「館姚」，今據通鑑改正。（影庫本粘籤）從周與賀德倫率五百騎出戰，謂門者曰：「前有敵，不可返顧！」命闔其門。從周等極力死戰，大敗燕人，擒都將薛突厥、王鄶郎等。翊日，破其八寨，追擊至臨清，劉仁恭走滄州，從周授宣義軍行軍司馬。

五月，并人討李罕之於潞州，太祖以丁會代罕之，令從周馳入上黨。七月，并人陷澤州，太祖召從周，令賀德倫守潞州，德倫等尋棄城而歸。三年四月，領軍討滄州，先攻德州，下之。及進攻浮陽〔四〕，幽州劉仁恭大舉來援，時都監蔣玄暉謂諸將曰：「吾王命我護軍，志在攻取，今燕帥來赴，不可外戰，當縱其入壁，聚食困廩，力屈糧盡，必可取也。」從周對曰：「兵在機，機在上將，非督護所言也。」乃令張存敬、氏叔琮守其寨。從周逆戰於乾寧軍老鴉堤，大破燕軍，斬首三萬，獲將佐馬慎交已下百餘人，奪馬三千匹。八月，并人攻邢洺，從太祖破之，從周追襲至青山口，斬首五千級，案玉堂閒話云：葛公威名著于敵中〔五〕，河北諺云：「山東一條葛，無事莫撩撥」云。（舊五代史考異）獲其將王郃郎、楊師悦等，得馬千匹，表授檢校太保兼徐州兩使留後，尋爲兗州節度使。

天復元年三月，與氏叔琮討太原，從周以兗、鄆之衆，自土門路入，與諸軍會於晉陽城下，以糧運不給，班師。頃之，從周染疾，會青州將劉鄩陷兗州，太祖命討之，遂力疾臨戎。三年十一月，鄩舉城降，以功授檢校太傅。太祖以從周抱疾既久，命康懷英代之，授左金吾上將軍，以風恙不任朝謁，改右衛上將軍致仕，養疾偃師縣亳邑鄉之别墅。案：原本作「别埜」，今改正。（舊五代史考異）頃之，授太子太師，依前致仕。末帝即位，制授潞州節度使，令坐食其俸，加開府儀同三司、檢校太師、兼侍中，封陳留郡王，累食邑至七千户，命近臣齎旌節就别墅以賜之。貞明初，卒於家。案：偃師縣有葛從周神道碑云：十月三日，歸葬於偃師縣亳邑鄉。碑以貞明二年十一月十二日建。（舊五代史考異）册贈太尉。永樂大典卷二萬一千二百九。

謝彦章〔六〕，許州人。幼事葛從周爲養父〔七〕，從周憐其敏慧，教以兵法，常以千錢於大盤中，布其行陣偏伍之狀，示以出没進退之節，彦章盡得其訣。及壯，事太祖爲騎將。末帝嗣位，用爲兩京馬軍都軍使，累與晉軍接戰有功，尋領河陽節度使。及從周卒，臨喪行服，躬預葬事，時人義之。彦章後爲許州節度使、檢校太傅。貞明四年冬，滑州節度使賀瓌賀瓌，原本作「賀懷」，今據歐陽史改正。（影庫本粘籤）爲北面招討使，彦章爲排陣使，同領大軍，駐於行臺寨，與晉人對壘。彦章時領騎軍與之挑戰，晉人或望我軍行陣整肅，則相謂曰：「必兩京太傅在此也。」案：原本作「西京」，今據通鑑改正。（舊五代史考異）不敢以名呼，其爲敵人所憚如此。

是時，咸謂賀瓌能將步軍，彦章能領騎士，既名聲相軋，故瓌心忌之。一日，與瓌同設伏於郊外，瓌指一方地謂彦章曰：「此地岡阜隆起，中央坦夷，好列栅之所。」尋而晉人舍之，故瓌疑彦章與晉人通。又瓌欲速戰，彦章欲持重以老敵人，瓌益疑之。會爲行營馬步都虞候朱珪所誣，瓌遂與珪協謀，因享士伏甲以殺彦章及濮州刺史孟審澄、别將侯温裕等於軍，以謀叛聞。晉王聞之喜曰：「彼將帥如是，亡無日矣。」審澄、温裕亦善將騎軍，然所領不過三千騎，多而益辦，唯彦章有焉。將略之外，好優禮儒士。與晉人對壘於河上，恒褒衣博帶，動皆由禮，或臨敵御衆，則肅然有上將之威。每敦陣整旅，左旋右抽，雖風馳雨驟，亦無以喻其迅捷也，故當時騎士咸樂爲用。及其遇害，人皆惜之。永樂大典卷一萬八千一百二十六。

胡真，江陵人也。體貌洪壯，長七尺，善騎射，少爲縣吏。及在巢寇中，寇推爲名將，隨巢涉淮、浙，陷許、洛，入長安。及太祖以衆歸唐，真時爲元從都將，案舊唐書：中和二年，朱温與大將胡真、謝瞳來降。通鑑云：温見巢兵勢日蹙，知其將亡，親將胡真、謝瞳勸温歸國。薛史謝瞳傳載瞳説温之辭，胡真傳不言其勸温歸國，與通鑑異。從至梁苑，表授檢校刑部尚書，頻從破巢、蔡於陳鄭間。尋以奇兵襲取滑州，乃署爲滑州節度留後，復表爲鄭滑節度使、檢校右僕射。數年，徵爲右金吾衞大將軍，俄拜寧遠軍節度使、容州刺史、檢校太保。卒，贈太傅。永樂大典卷一萬八千一百二十六。

張歸霸，字正臣，清河人。祖進言，陽穀令。父實，亦有宦緒。少倜儻，好兵術。唐乾符中，寇盜蜂起，歸霸率昆弟三人棄家投黃巢，頗以勇略聞。巢陷長安，遂署爲左番功臣。中和中，巢領徒走宛丘，時太祖在汴，奉詔南討，巢黨日窘，歸霸昆仲與葛從周、李讜等相率來降，尋補宣武軍劇職。

光啓二年，與蔡將張存戰于盧氏。三年夏，又與蔡將盧瑭戰於雙丘，復與秦宗賢戰于萬勝，皆敗而殲之。翌日，秦宗權遣將張晊來寇〔八〕，列寨于赤堈。一日，出騎將較勝，歸霸爲飛戈所中〔九〕，案：飛戈，歐陽史作飛矢。即拔馬却逸，控弦一發，賊洞頸而墜，遂兼騎而還。太祖時於高丘下瞰，備見其狀，面加賞激，厚以金帛及所獲馬錫之。又嘗被命以控弦之士五百人伏於壕内，太祖統數百騎稍逼其寨，蔡人果以鋭士摩壘來追，歸霸發伏兵，掩殺千餘人，奪馬數十匹，尋奏授檢校左散騎常侍。其後從太祖伐鄆，副李唐賓渡淮，咸著奇績。

文德初，大軍臨蔡州，賊將蕭顥來斫寨，歸霸與徐懷玉各以所領兵自東、南二扉分出，合勢殺賊，蔡人大敗。及太祖整衆離營，寇塵已息。太祖召至，賞之曰：「昔耿弇不俟光武擊張步，言不以賊遺君父，弇之功，爾其二焉。」大順中，郭紹賓拔曹州，歸霸率兵數千守之。俄而朱瑾統大軍自至，歸霸與丁會逆擊之於金鄉，瑾大敗，擒賊將宗江等七十餘人〔一〇〕，曹州以寧。明年，破濮州，生擒刺史邵儒。又佐葛從周與晉軍戰於洹水，生獲克用愛子落落。復與燕人戰於内黄，殺仁恭兵三萬餘衆。戎績超特，居諸將之右，累官至檢校左僕射。

光化二年，權知邢州事。明年春，李嗣昭以蕃漢五萬來寇，歸霸堅壁設備，晉軍不敢顧其城，遂移軍攻洺州，陷焉。時太祖在滑，頗慮邢之失守。及葛從周復洺水〔一二〕，嗣昭北遁，歸霸出兵襲之，殺二萬餘衆。捷至，賞錫殊等，旋以功奏加檢校司空。天祐初，遷萊州刺史，秩滿授左衛上將軍，又除曹州刺史。其秋，加檢校司徒，副劉知俊禦邠、鳳之寇，邠、鳳，原本作「汾鳳」，今據通鑑改正。（影庫本粘籤）敗之。太祖受禪，拜右龍虎統軍，改左驍衛上將軍，充河陽諸軍都指揮使。明年夏六月，就除河陽節度使、檢校太保，尋加同平章事。二年秋七月〔一三〕，卒於位。詔贈太傅。

梁末帝德妃張氏，即歸霸女也。末帝嗣位，以歸霸子漢鼎、漢傑並爲近職。漢鼎早亡，漢傑貞明中爲控鶴指揮使，領兵討惠王於陳州，擒之。當貞明、龍德之際，漢傑昆仲分掌權要，藩鎮除拜多出其門，段凝因之遂竊兵柄。及莊宗入汴，漢傑與兄漢倫、弟漢融同日族誅於汴橋下。永樂大典卷六千三百五十。

張歸厚，字德坤，案通鑑考異引梁功臣列傳云：歸厚祖興，父處讓。薛史歸厚傳不言其父、祖名號，當是歸霸從弟。少驍勇，有機略，尤長於弓槊之用。中和末，與兄歸霸自巢軍相率來降，太祖署爲軍校。時淮西兵力方壯，太祖之師尚寡，歸厚以少擊衆，往無不捷。光啓三年春，與秦宗賢戰于萬勝，大破之。其夏，蔡將張晊以數萬衆屯於赤堈，歸厚嘗與晊單騎鬭於陣，晊不能支而奔，師徒乘此大捷。太祖大悅，立署爲騎軍長，仍以鞍馬器幣錫之。及佐朱珍討時溥，寨于豐蕭之間，歸厚乘徐壘如行坦途，甚爲諸將歎伏。龍紀初，奏遷檢校工部尚書。其年冬，復伐徐，歸厚以偏師徑進，至九里山下與徐兵遇。時我之叛將陳璠在賊陣中，歸厚忽見之，因瞋目大罵，單馬直往，期于必取，會飛矢中左目而退，徐戎甚衆，莫敢追之。

大順元年，奏加檢校兵部尚書，又命統親軍。是歲，郴王遷寨〔三〕，未知所往，忽逢兗、鄆賊寇甚衆，太祖亟登道左高阜以觀之，命歸厚領所部廳子馬案：原本作「厲子馬」，考通鑑注，廳子都係當時軍旅之名，今改正。（舊五代史考異）直突之，出沒二十餘合，賊大敗將北，而救軍雲至，歸厚即綴賊苦戰，請太祖以數十騎先還。時歸厚所乘馬中流矢而踣，乃持槊步鬭漸退，賊不敢逼。太祖至寨，亟命張筠、劉儒飛騎來迎，然謂已歿矣。歸厚體被二十餘箭，尚復拒戰，筠等既至，賊解乃歸。太祖見之，撫背泣下曰：「得歸厚身全，縱廣喪戎馬，何足計乎！」便令肩舁歸汴，日降問賚，恩旨甚厚，尋遷中軍指揮使。

景福初，從太祖伐鄆，帝軍不利，太祖爲寇所逼，歸厚殿馬翼衛，左右馳射，矢發如雨，賊騎千百，披靡而退。明年，與葛從周案：原本作「郭從周」，今據通鑑改正。（舊五代史考異）禦晉軍晉軍，原本作「晉君」，今據通鑑改正。（影庫本粘籤）於洹水，殊績尤著。詔加檢校右僕射。其後討滄州，復洛州，咸以功聞，太祖録其勳，命權知洛州事。是郡嘗兩爲晉人所陷，井邑蕭條，歸厚撫之，數月之内，民庶翕然。太祖自鎮、定還，覩其緝理之政，大喜，賞之〔一四〕。

天復元年冬，真拜洛州刺史，加檢校左僕射，尋授絳州刺史。三年秋，改晉州刺史，仍檢校司空。唐帝遷都洛陽，除右神武統軍。天祐二年，改左羽林統軍，與徐懷玉同守澤州，時晉軍五萬來攻，郡中戎士甚寡，歸厚極力拒守，并軍乃還。太祖受禪，加檢校司徒〔一五〕。開平二年夏〔一六〕，劉知俊以同州叛，歸厚副楊師厚、劉鄩等討平之。秋，軍還，授亳州團練使。乾化元年，拜鎮國軍節度使、陜虢等州觀察處置等使。明年夏，以疾卒於位。詔贈太師。子漢卿。永樂大典卷一萬八千一百二十六。

張歸弁，字從晃。始與兄歸霸、歸厚同歸於太祖，得署爲牙校。時太祖初鎮宣武，屢命歸弁結好於近境，頗得行人之儀。乾寧中，以偏師佐葛從周禦并軍於洹水。光化中〔一七〕，又佐張存敬與燕人戰於內黃，積前後功，表授檢校工部尚書。大順初，攻討兗、鄆，命歸弁佐衡王友諒屯單父〔一八〕，軍聲甚振，尋爲齊州指揮使。屬青帥王師範叛，遣將詐爲賈人，挽車數十乘，匿兵器於其中，將謀竊發，歸弁察而擒之，州城以寧。明年春，青寇大舉來伐，州兵既寡，民意頗搖，有本郡都將都將，原本作「郁將」，今據文改正。（影庫本粘籤）康文爽等三人欲謀外應，即時擒獲誅之，人心遂定。歸弁又罄發私帑，賞給士伍，青人遂遁。青州平，超加檢校右僕射，遥領愛州刺史。從征荆襄迴，轉檢校左僕射。

天祐三年春，太祖入魏誅牙軍，魏之郡邑多叛，歸弁與諸將等分布攻討，封境悉平。而歸弁於高唐高唐，原本作「高堂」，今據通鑑改正。（影庫本粘籤）攻賊太猛，飛矢中於臆，太祖嘉之，命賜銀鞍勒馬一疋〔一九〕、金帶一條。夏五月，命權知晉州。冬十一月，真授晉州刺史，加檢校司空。太祖受禪，改滑州長劍指揮使。開平二年秋九月，并軍圍平陽，詔歸弁統兵救之。軍至，解其圍，加檢校司徒。三年春三月，寢疾，卒於滑州之私第。子漢融。

永樂大典卷六千三百五十。

史臣曰：從周以驍武之才，事雄猜之主，而能取功名於馬上，啓手足於牖下，靜而言之，斯爲賢矣。彥章蔚有將才，死於讒口，身既歿矣，國亦隨之，惜哉！歸霸昆仲，皆脫身於巨盜之流，宣力於興王之運，由介冑而析珪爵，可不謂壯夫歟！永樂大典卷六千三百五十。

## 校勘記

〔一〕其從入長葛靈井　「從」，殿本、劉本、冊府卷三四六作「後」。

〔二〕是河東實遣師來援　原作「是河東實遣救河東」，據殿本考證改。

〔三〕擒蕃將賁金鐵慕容騰等百餘人　「等」字原闕，據冊府卷三四六補。

〔四〕浮陽　原作「孚陽」，據殿本、劉本、彭校、冊府卷三四六改。

〔五〕葛公威名著于敵中　殿本、劉本、孔本作「葛侍中鎮兗之日威名著于敵中」。

〔六〕謝彥章　冊府（宋本）卷一六六、通鑑卷二七〇同，冊府（明本）卷一六六、太平廣記卷三五四引玉堂閑話作「謝彥璋」。謝彥璋墓誌（拓片刊隋唐五代墓誌匯編洛陽卷第十五冊）：「公諱彥璋。」本書各處同。

〔七〕幼事葛從周爲養父　「葛」字原闕，據冊府卷三九一、卷八〇四補。據史例當有「葛」字。

〔八〕秦宗權遣將張晊來寇　「秦」字原闕，據冊府卷三四六、卷三九六補。據史例當有「秦」字。「張晊」，殿本、孔本、冊府卷三四六、卷三八六、卷三九六作「張郅」。

〔九〕歸霸爲飛戈所中　「戈」，册府卷三四六作「弋」。新五代史卷二一張歸霸傳敍其事作「矢中歸霸」。

〔一〇〕宗江　册府卷三四六、卷三八六作「宋江」。

〔一一〕及葛從周復洛水　「水」字原闕，據册府卷三四六、卷三八六補。

〔一二〕二年秋七月　册府卷三八六無「二年秋」三字。按本卷上文已敍「太祖受禪」及「明年夏六月」，此處不當復出二年。另本書卷四梁太祖紀四記開平三年正月張歸霸來朝，則其似卒於開平二年後。

〔一三〕是歲郴王遷寨　按此處疑有闕文，册府卷三六〇作「是歲，郴王友裕領諸軍屯於濮州之境。十一月，太祖率親從騎士將合大軍，會郴王遷寨」。自「友裕」至「會郴王」爲二十八字，檢今存本永樂大典每行二十八字，疑清人輯録時涉兩「郴王」而脱行。

〔一四〕大喜賞之　册府卷六九二作「大嘉賞之」。

〔一五〕加檢校司徒　「司徒」，原作「司空」，據册府卷三八六改。按本卷上文：「三年秋，改晉州刺史，仍檢校司空。」

〔一六〕開平二年夏　册府卷三八六同，本書卷四梁太祖紀四、卷一三劉知俊傳、卷二三劉鄩傳、通鑑卷二六七皆繫其事於開平三年。

〔一七〕光化中　「光化」，原作「光啓」，據册府卷三六〇改。按本書卷二梁太祖紀二記梁敗燕軍於內黄爲光化二年事。此傳先敍乾寧事，又敍光化事，後敍大順事，前後舛亂。

〔一八〕命歸弁佐衡王友諒屯單父　「友諒」，原作「友謙」，據劉本、册府卷三六〇改。按本書卷一二梁宗室傳：「友諒，全昱子，初封衡王，後嗣廣王。」

〔一九〕命賜銀鞍勒馬一疋　「銀」字原闕，據册府卷三六〇、卷三八六補。

# 舊五代史卷十七　梁書十七

## 列傳第七

成汭 杜洪 鍾傳　田頵 朱延壽　趙匡凝 弟匡明　張佶　雷滿

成汭，淮西人。少年任俠，乘醉殺人，爲讎家所捕，因落髮爲僧，冒姓郭氏，案新唐書云：入蔡賊中，爲賊帥假子，更姓名爲郭禹。亡匿久之，及貴，方復本姓。永樂大典卷一萬八千八百二十。唐僖宗朝，爲蔡州軍校，領本郡兵戍荆南，帥以其凶暴，欲害之，遂棄本軍奔於秭歸。一夕，巨蛇繞其身，幾至於殞，乃祝曰：「苟有所負，死生唯命。」逡巡，蛇亦解去。後據歸州，招輯流亡，練士伍，得兵千餘人，沿流以襲荆南，遂據其地，朝廷即以旄鉞授之。永樂大典卷五千九百四十九〔一〕。是時，荆州經巨盜之後，居民才一十七家，汭撫輯凋殘，勵精爲理，通商訓農，勤於惠養，比及末年，僅及萬户。永樂大典卷一萬一千八百二十七。汭性豪暴，事皆意斷，又好自矜伐，騁辯凌人，深爲識者所鄙。永樂大典卷二千九百九十八。

初，澧、朗二州，本屬荆南，乾寧中，爲土豪雷滿所據。汭奏請割隸，唐宰相徐彥若執而不行，徐彥若，原本作「産若」，今據新唐書改正。（影庫本粘籤）汭由是銜之。及彥若出鎮南海，路過江陵，汭雖加延接，而猶怏怏。嘗因對酒，語及其事，彥若曰：「令公位尊方面〔二〕，自比桓、文，雷滿者，偏州一草賊爾，令公何不加兵，而反怨朝廷乎！」汭赧然而屈〔三〕。永樂大典卷二萬一千一百二十八。累官至檢校太尉，封上谷郡王。楊行密以兵圍鄂州，汭出師以援鄂〔四〕，淮寇乘之，以火焚其艦，汭投江而死。天祐三年夏，太祖以汭没於王事，上表於唐帝，請爲汭立廟於荆門，優詔可之。永樂大典卷一萬一千八百三十七〔五〕。

案：成汭傳，永樂大典闕全篇，今就散見六條，編次如右。　五代史補：鄭準，不知何許人。性諒直，能爲文章，長于箋奏。成汭鎮荆南，辟爲推官。汭嘗讎殺人，懼爲吏所捕，改姓郭氏。及爲荆南節度使，命準爲表乞歸本姓，準援筆而成。其略云：「臣門非冠蓋，家本軍戎。親朋之内，盱睢爲人報怨；昆弟之間，點染無處求生。背故國以狐疑，望鄰封而鼠竄。名非霸越，乘舟難效于陶朱；志切投秦，出境遂稱于張禄。」又云：「成爲本姓〔六〕，郭乃冒稱。本避犯禁之辜，敢歸司寇；别族受封之典，誠愧諸侯。伏乞聖慈，許歸本姓」云云。其表甚爲朝廷所重。後因汭生辰，淮南楊行密遣使致禮幣之外，仍貺初學記一部，準忿然以爲不可，謂汭曰：「夫初學記，蓋訓童之書爾，今敵國交聘，以此書爲貺，得非相輕之甚耶！宜致書責讓〔七〕。」汭不納，準自嘆曰：「若然，見輕敵國，足彰幕府之無人也。」參佐無狀，安可久！」遽請解職。汭怒其去，潛使人于途中殺之。

杜洪者，江夏伶人。案新唐書：洪，鄂州人。鍾傳者，豫章小校。案新唐書：傳，洪州高安人。唐光啓中，秦宗權凶焰飇起，屢擾江淮，郡將不能城守。洪、傳各爲部校，因戰立威，逐其廉使，自稱留後，朝廷因而命之。案新唐書：光啓二年，洪乘虛入鄂，自爲節度留後，僖宗即拜本軍節度使。中和二年〔八〕，傳逐江西觀察使高茂卿，遂有洪州。僖宗擢傳江西團練使，俄拜鎮南節度使。及爲楊行密所攻，洪、傳首尾相應，皆遣求援於太祖，太祖遣朱友恭赴之，大破淮寇于武昌，二鎮稍寧。及行密乘勝急攻洪鄂，洪復乞師于太祖，太祖命荊南成汭率荊襄舟師以赴之。未至夏口，汭敗溺死，淮人遂陷鄂州，洪爲其所擒，被害于廣陵市，時唐天復二年也〔九〕。案九國志劉存傳：存急焚鄂州城樓，梁援兵將突圍而出，諸將欲急擊之，存曰：「擊之賊必復入，復入則城愈固矣，不若聽其遁去。」諸將皆曰：「善。」是日城陷，擒杜洪父子，斬于廣陵市。天祐三年夏，太祖表請爲洪立廟于其鎮，優詔可之。太祖即位，詔贈太傅。先是，鍾傳卒於江西，其子繼之，案九國志秦裴傳：天祐三年，洪州鍾傳卒，州人立其子匡時。江州刺史延規，傳之養子，忿不得立，以其郡納款，因授裴西南面行營招討，使攻匡時，城陷，擒匡時以獻。歐陽史采用九國志，新唐書延規作匡範，與九國志異。尋爲楊行密所敗，其地亦入于淮夷。永樂大典卷四百九十一。

五代史補：鍾傳雖起于商販，尤好學重士，時江西士流有名第者，多因傳薦，四遠騰然，謂之曰英明。諸葛浩素有詞學，嘗爲泗州管驛巡官，仰傳之風，因擇其所行事赫赫可稱者十條，列于啓事以投之。十啓凡五千字，皆文理典贍。傳覽之驚嘆，謂賓佐曰：「此啓事每一字可以千錢酬之。」遂以五千貫贈，仍辟在幕下，其激勸如此。上藍和尚，失其名，居于洪州上藍院，精究術數，大爲鍾傳所禮。一旦疾篤，往省之，且曰：「老夫于和尚可謂無間矣，和尚或不諱，得無一言相付耶？」上藍强起，索筆作偈以授，其末云：「但看來年二三月，柳條堪作打鍾槌。」偈終而卒。傳得之，不能測。洎明年春，淮帥引兵奄至，洪州陷，江南遂爲楊氏有。「打鍾」之偈，人始悟焉。

田頵，本揚府之大校也。案九國志：頵字德臣，廬州合肥人。朱延壽，不知何許人。案九國志：延壽，廬州舒城人，與新唐書同。唐天祐初，楊行密雄據淮海，時頵爲宣州節度使，延壽爲壽州刺史。頵以行密專恣跋扈，嘗移書諷之曰：「侯王守方，以奉天子，古之制也。其或踰越者，譬如百川不朝于海，雖狂奔猛注，澶漫遐廣，終爲涸土，不若恬然順流，淼茫無窮也。況東南之鎮揚爲大，塵賤刀布，阜積金玉，願公上恒賦，頵將悉儲峙，具單車從。」

行密怒曰：「今財賦之行，必由於汴，適足以資于敵也。」不從。時延壽方守壽春，案九國志：天復初，北司擁駕西幸，昭宗聞延壽有武幹，遣李儼間道齎詔授延壽蔡州節度使。直頵之事，密遣人告于頵曰：「公有所欲爲者，願爲公執鞭。」頵聞之，頗會其志，乃召進士杜荀鶴具述其意，復語曰：「昌本朝，奉盟主，在斯一舉矣。」即遣荀鶴具述密議，自間道至大梁。太祖大悅，遽屯兵于宿州以會其變。不數月，事微洩，行密乃先以公牒徵延壽，案新唐書：行密妻，延壽姊也。遣辯士召延壽，疑不肯赴，姊遣婢報，故延壽疾走揚州。次悉兵攻宣城，頵戎力寡薄，棄壁走，不能越境，爲行密軍所得。案九國志：行密別遣臺濛、王茂章率步騎以往，頵委舟師于汪建、王壇，自出廣德迎戰，大爲濛所敗，遂率殘衆遁保宛陵。壇、建聞其敗，因盡以舟師歸款于行密。十二月，頵出外州柵疾戰，橋陷馬墜，爲外軍所殺。延壽飛騎赴命，邇揚州一舍，行密使人殺之。案五國故事云：延壽既至，行密處正廳，潛兵以見之。俄而開目曰：「數年不見舅，今日果相覩！」延壽惶駭。遂叱壯士執而殺之。（舊五代史考異）案九國志：行密迎至寢門，使人刺殺之。新唐書從九國志，當得其實。薛史以爲邇揚州一舍而見殺，五代史補又以爲行密自奮鐵槌殺之，疑皆屬傳聞之誤。

其後延壽部曲有逸境至者，具言其事。又云：延壽之將行也，其室王氏勉延壽曰：「今若得兵柄，果成大志，是吉凶繫乎時，非繫於吾家也。然願日致一介，以寧所懷。」一日，介不至，王氏曰：「事可知矣。」乃部分家僕，悉授兵器，遽闔中扉，而捕騎已至，不得入。遂集愛屬〔一〇〕，阜私帑，發百燎，合州廨焚之。既而稽首上告曰：「妾誓不以皎然之軀，爲讎者所辱。」乃投火而死。永樂大典卷四千八百五。

五代史補：楊行密據淮南，以妻弟朱氏衆謂之朱三郎者，行密署爲泗州防禦使。泗州素屯軍，朱氏驍勇，到任恃衆自負，行密雖悔，度力未能制，但姑息之，時議以謂行密事勢去矣。居無何，行密得目疾，雖瘉，且詐稱失明，其出入皆以人扶策，不爾則觸牆抵柱，至於流血，姬妾僕隸以爲實然，往往無禮，首尾僅三年。朱氏聞之，信而少懈弛，行密度其計必中，謂妻曰：「吾不幸臨老兩目如此，男女卑幼，苟不諱，則國家爲他人所有。今晝夜思忖，不如召泗州三舅來，使管勾軍府事，則吾雖死無恨。」妻以爲然，遽發使，述其意而召之，朱氏大喜，倍道而至〔一一〕。及入謁，行密恐其覺，坐于中堂，以家人禮見。朱氏頗有德色，方設拜，行密奮袖中鐵槌以擊之，正中其首，然猶宛轉號叫，久而方斃。行密内外不測，即時升堂廳，召將吏等謂之曰：「吾所以稱兩目失明者〔一二〕，蓋爲朱三。此賊今已擊殺，兩目無事矣，諸公知之否！」於是軍府大駭，其僕妾嘗所無禮者皆自殺。初，行密之在民間也，嘗爲合肥縣手力，有過，縣令將鞭之，行密懼且拜。會有客自外入，見行密每拜，則廳之前簷皆叩地，而令不之覺。客知其非常，乃遽升廳，揖令于他處，告以所見。令驚，遂恕之，且勸事郡以自奮。行密度本郡不足依，乃投高駢。駢死，秦彥、孫儒等作亂，行密連誅之，遂有淮南之地。

趙匡凝，案新唐書：匡凝字光儀。蔡州人也。父德諲，初事秦宗權爲列校，當宗權强暴時，表爲襄州留後。唐光啓四年夏六月，德諲審宗權必敗，乃舉漢南之地以歸唐朝，仍遣使投分于太祖，兼誓戮力，同討宗權。時太祖爲蔡州四面行營都統使，乃表德諲爲副，仍領襄州節度使。蔡州平，以功累加官爵，封淮安王。

匡凝以父功爲唐州刺史兼七州馬步軍都校。及德諲卒，匡凝自爲襄州留後，朝廷即以旄鉞授之。作鎮數年，甚有威惠，累官至檢校太尉、兼中書令。匡凝氣貌甚偉，好自修飾，每整衣冠，必使人持巨鑑前後照之。對客之際，烏巾烏巾，原本作「烏中」，今據文改正。（影庫本粘籤）上微覺有塵，即令侍妓持紅拂以去之。人有誤犯其家諱者，往往遭其檟楚，其方嚴也如是。光化初，匡凝以太祖有清口之敗，密附于淮夷，太祖遣氏叔琮率師伐之。未幾，其泌州刺史趙璠越墉來降〔三〕，隋州刺史趙匡璘臨陣就擒。俄而康懷英攻下鄧州，匡凝懼，遣使乞盟，太祖許之，自是附庸于太祖。及成汭敗于鄂州，匡凝表其弟匡明爲荆南留後。是時，唐室微弱，諸道常賦多不上供，唯匡凝昆仲雖强據江山，然盡忠帝室，貢賦不絕。

太祖將期受禪〔四〕，以匡凝兄弟並據藩鎮，乃遣使先諭旨焉。匡凝對使者流涕，答以受國恩深，豈敢隨時妄有他志。使者復命，太祖大怒。天祐二年秋七月，遣楊師厚率師討之。八月〔五〕，太祖親領大軍南征〔六〕，仍請削匡凝在身官爵。及師厚濟江，匡凝以兵數萬逆戰，大爲師厚所敗，匡凝乃燔其舟，單舸急棹，沿漢而遁于金陵。後卒於淮南。案新唐書云：師厚縣陰谷伐木爲梁，匡凝以兵二萬瀕江戰，大敗，乃燔舟〔七〕，單舸夜奔揚州。行密見之，曰：「君在鎮，輕車重馬輸于賊，今敗乃歸我邪！」匡明亦謀奔淮南，子承規諫曰：「昔諸葛兄弟分仕二國，若適揚州，是自取疑也。」匡明謂然，乃趨成都。歐陽史云：行密厚遇匡凝，其後行密死，楊渥稍不禮之，渥方宴，食青梅，匡凝顧渥曰：「勿多食，發小兒熱。」諸將以爲慢。渥遷匡凝海陵〔八〕，後爲徐溫所殺。初，匡凝好聚書，及敗，楊師厚獲數千卷于第，悉以來獻。

匡凝弟匡明，字贊堯，幼以父貴，一子出身，爲江陵府文學。及壯，以軍功歷繡、峽二州刺史。成汭之敗，其兄匡凝表爲荆南留後，未至鎮，而朗、陵之兵先據其城矣。匡明領兵逐之，遂鎮于渚宮。天祐二年秋，太祖既平襄州，遣楊師厚乘勝以趨荆門。匡明懼，乃舉族上峽奔蜀，王建待以賓禮。及建稱帝，用爲大理卿、工部尚書。久之，卒于蜀。永樂大典卷一萬六千九百九十一。

張佶，不知何郡人也。案九國志：佶，京兆長安人。乾寧初〔一九〕，以明經中第，累遷宣州從事，復爲秦宗權行軍司馬。後與劉建鋒據湖南〔二〇〕，推建鋒爲帥。唐乾寧初，劉建峯據湖南〔二一〕，獨邵州不賓，命都將馬殷討之，期歲未尅，而建峯爲部下所殺，軍亂，鄰寇且至。是時，佶爲行軍司馬，屬潭人謀帥，曰：「張行軍即所奉也。」佶不得已而視事，旬日之間，威聲大振，寇亦解去。案九國志：建鋒將吏推佶爲帥，佶將入府，常所乘馬忽爾踶齧不止，正中佶髀。佶謂將吏曰：「吾非汝主，當迎馬公爲之。」與薛史異。新唐書劉建鋒傳從九國志〔二二〕。乃謂將吏曰：「佶才能不如馬公，況朝廷重藩，非其人不可。」因以牘召，殷亦不疑，稟命而至。佶受拜謁禮畢，命升階讓殷爲帥，佶即趨下率衆抃賀。乃自請率師代殷攻邵州，下之。復爲行軍司馬，垂二十年。殷果立大勳，甚德佶。開平初，殷表佶爲朗州永順軍節度使，累加檢校太傅、同平章事。乾化元年夏四月，卒于位。案九國志：乾化初，移鎮桂林，卒于治所。詔贈侍中。永樂大典卷六千三百五十。

雷滿，按新唐書：滿字秉仁。武陵洞蠻也。始爲朗州小校，唐廣明初，王仙芝焚劫江陵，是時朝廷以高駢爲節度使，駢擢滿爲裨將，以領蠻軍。駢移鎮淮南，復隸部曲，以悍獷趫健知名。中和初，擅率部兵自廣陵逃歸于朗，沿江恣殘暴，始爲荆人大患矣。率一歲中三四移，兵入其郛，焚蕩驅掠而去。唐朝姑務息兵，即以澧朗節度使授之。案歐陽史云：滿殺刺史崔翥，遂據朗州，請命于唐。昭宗以澧、朗爲武貞軍，拜滿節度使。新唐書則云：詔授朗州兵馬留後，俄進武貞軍節度使。與薛史微有互異。累官至檢校太傅、案：新唐書作檢校太尉。同平章事。滿貪穢慘毒，蓋非人類。又嘗於府署濬一深潭，構大亭於其上，每鄰道使車經由，必召讌於中，且言：「此水府也，中有蛟龍，奇怪萬態，唯余能游焉。」或酒酣對客，即取筵中寶器亂擲於潭中，因自褫其衣，裸露其文身，遽躍入水底，徧取所擲寶器，戲弄於水面，久之方出，復整衣就座，其詭誕如此。

及死，子彦恭繼之，案新唐書：滿以天復元年卒，子彦威自立，弟彦恭結忠義節度使趙匡凝以逐彦威。蠻蜑狡獪，深有父風，燼墟落，榜舟檝，上下於南郡、武昌之間，殆無人矣。又與淮、蜀結連，阻絶王命。太祖詔湖南節度使馬殷、荆南節度使高季昌練精兵五千，遣將倪可福統之，下澧州，與潭兵合。先是，滿塹沅江，以周其壘，門臨長橋，勢不可入。殷極其兵力，攻圍周歲，彦恭食盡兵敗，間使求救於淮夷。及淮軍來援，高季昌逆戰於沿津馬頭岸，大破之，俄而攻陷朗州，彦恭單棹遁去。案通鑑考異引梁太祖實録云：「彦恭没溺于江。」通鑑從紀年録作奔廣陵〔三〕。歐陽史與通鑑同。馬殷擒其弟彦雄及逆黨七人，械送至闕，皆斬於汴橋下，時開平二年十一月也。永樂大典卷二千七百三十一。

史臣曰：成汭、鍾、杜、田、朱之流，皆因否運，雄據大藩，雖無濟代之勞，且有勤王之節，功雖不就，志亦可嘉，若較其誠明，則田頵、延壽斯爲優矣。匡凝一門昆仲，千里江山，失守藩垣，不克負荷，斯乃劉景升之子之徒歟！張佶有讓帥之賢，雷滿辱俾侯之寄，優劣可知矣。永樂大典卷二千七百三十一。

## 校勘記

〔一〕永樂大典卷五千九百四十九　原作「永樂大典卷五千九百四十」，據孔本改。檢永樂大典目録，卷五九四〇爲「車」字韻，與本則内容不符，卷五九四九爲「蛇」字韻。

〔二〕令公位尊方面　「令公」，原作「今公」，據殿本、劉本、邵本校、彭校、北夢瑣言卷五、通鑑卷二六二改。本卷下一處同。

〔三〕汭赧然而屈　句下殿本注：「案以下有闕文。」册府卷九三九敍其事作「汭赧然而屈，因思嶺外有黄茅瘴，患者皆落髮，乃謂彦若曰：『黄茅瘴，望相公保重。』彦若應聲答曰：『南海黄茅瘴，不死成和尚。』蓋譏汭曾爲僧也。汭終席慚恥」。

〔四〕汭出師以援鄂　通鑑卷二六四考異引薛史：「汭未至鄂渚，江陵已陷，將士亡其家，皆無鬭志。」按此則係舊五代史佚文，清人失輯，姑附於此。

〔五〕永樂大典卷一萬一千八百三十七　檢永樂大典目録，卷一一八三七爲「仰」「想」等字韻，與本則内容不符，恐有誤記。疑與本卷上文同出自卷一一八二七「養」字韻「事韻二」。

〔六〕成爲本姓　「姓」，原作「性」，據殿本、劉本、孔本、舊五代史考異卷一、五代史補卷二改。

〔七〕宜致書責讓　「致」字原闕，據五代史補（顧校）卷一補。

〔八〕中和二年　「二年」，原作「三年」，據新唐書卷一九〇鍾傳傳改。按新唐書卷九僖宗紀亦繫其事於中和二年。

〔九〕時唐天復二年也　本書卷一三四楊行密傳、舊唐書卷二〇下哀帝紀、通鑑卷二六五皆繫其事於天祐二年。

〔一〇〕遂集愛屬　「愛」，殿本、劉本、孔本作「家」。

〔一一〕倍道而至　「至」，原作「去」，據五代史補（顧校）卷一改。殿本作「行」。

〔一二〕吾所以稱兩目失明者　「稱」字原闕，據五代史補（顧校）卷一補。

〔一三〕泌州　原作「沁州」，據劉本、本書卷二梁太祖紀二改。按新唐書卷四〇地理志四，泌州與襄、唐、隋、鄧諸州均屬山南道；新唐書卷三九地理志三，沁州屬河東道。

〔一四〕太祖將期受禪　「期受禪」，册府卷三七四同，通鑑卷二六五考異引薛史作「圖禪代」。

〔一五〕八月　通鑑卷二六五考異引薛史作「辛未」。按辛未爲七月十四日，本書卷二梁太祖紀二、册府卷一八七皆繫其事於天祐二年七月辛未。

〔一六〕太祖親領大軍南征　句下通鑑卷二六五考異引薛史有「表匡凝罪狀」五字。

〔一七〕乃燔舟　「舟」，原作「州」，據殿本、劉本、邵本、舊五代史考異卷一、新唐書（宋紹興刻宋元遞修公文紙印本）卷一八六趙德諲傳改。

〔一八〕渥遷匡凝海陵　「遷」，原作「遣」，據新五代史卷四一趙匡凝傳改。

〔一九〕乾寧初　九國志卷一一作「咸通初」。

〔二〇〕劉建鋒　原作「劉建峯」，據九國志卷一一改。本卷下文引九國志同。

〔二一〕劉建峯　册府卷四〇九、卷八一四同，舊唐書卷二〇上昭宗紀作「劉建鋒」。按新唐書卷一九〇有劉建鋒傳，云其「字鋭端」，疑「鋒」字是。本書各處同。

〔二二〕新唐書劉建鋒傳從九國志　「劉建鋒」，原作「劉建峯」，據孔本、新唐書卷一九〇劉建鋒傳改。

〔二三〕通鑑從紀年録作奔廣陵　「奔廣陵」，孔本、通鑑卷二六六作「輕舟奔廣陵」。

# 舊五代史卷十八

# 梁書十八

## 列傳第八

### 張文蔚 薛貽矩 張策 杜曉 敬翔 李振

張文蔚，字右華〔一〕，河間人也。父裼，案：裼，原本作「錫」。考舊唐書張裼傳云，字公表，當以從「衣」爲是，今改正。唐僖宗朝，累爲顯官。文蔚幼礪文行，求知取友，藹然有佳士之稱。唐乾符初，登進士第，時丞相裴坦兼判鹽鐵，解褐署巡官。未幾，以畿尉直館。丁家艱，以孝聞。中和歲，僖宗在蜀，大寇未滅，大寇，原本作「大熟」，今據文改正。（影庫本粘籤）急於軍費，移鹽鐵於揚州，命李都就判之，奏爲轉運巡官。駕還長安，除監察御史，遷左補闕、侍御史、起居舍人、司勳吏部員外郎，拜司勳郎中、知制誥，歲滿授中書舍人。丁母憂，退居東畿，哀毀過禮。服闋，復拜中書舍人，俄召入翰林，爲承旨學士。屬昭宗初還京闕，皇綱寖微，文蔚所發詔令，靡失厥中，論者多之。轉户部侍郎，仍依前充職，尋出爲禮部侍郎。天祐元年夏，拜中書侍郎、平章事，兼判户部。

時柳璨在相位，擅權縱暴，傾陷賢儁，宰相裴樞等五家及三省而下三十餘人，咸抱冤就死，搢紳以目，不敢竊語其是非，餘怒所注，亦不啻十許輩。文蔚殫其力解之，乃止，士人賴焉。璨敗死，文蔚兼度支鹽鐵使。天祐四年，天子以土運將革，天命有歸，四月，命文蔚與楊涉等總率百僚，奉禪位詔至大梁。太祖受命，文蔚等不易其位。開平二年春，暴卒於位，詔贈右僕射。

文蔚沈邃重厚，有大臣之風，居家孝且悌，雖位至清顯，與仲季相雜，在太夫人膝下，一不異布素。弟濟美，早得心恙，案舊唐書云：文蔚弟濟美、貽憲，相繼以進士登第。北夢瑣言云：張裼尚書有五子：文蔚、彝憲、濟美、仁龜，皆有名第，至宰輔、丞郎。內一子，忘其名，少年聞壁魚食神仙字，身有五色，吞之可得仙，因欲試之，遂致心疾。是得疾者别自一人，非濟美也。文蔚撫視殆三十年，士君子稱之。

子鑄，周顯德中，位至祕書監。永樂大典卷六千三百五十一。

薛貽矩，字熙用，河東聞喜人。祖存，父廷望，咸有令名。貽矩風儀秀聳，其與游者皆一時英妙，藉甚於文場間。唐乾符中，登進士第，歷度支巡官、集賢校理、拾遺、殿中、起居舍人，召拜翰林學士，加禮部員外郎、知制誥，轉司勳郎中，其職如故。乾寧中，天子幸石門，貽矩以私屬相失，不及於行在，罷之。旋除中書舍人，再踐内署，内署，原本作「内書署」，以文義求之，「書」字當係衍文，今删去。（影庫本粘籤）歷户部兵部侍郎、學士承旨。及昭宗自鳳翔還京，大翦閹寺，貽矩尚爲韓全誨等作畫讚，悉紀于内侍省屋壁間，坐是謫官。天祐初，除吏部侍郎，不至。太祖素重之，嘗言之于朝，即日拜吏部尚書，俄遷御史大夫。四年春，唐帝命貽矩持詔赴大梁，議禪代之事。貽矩至，盛稱太祖功德，請就北面之禮，太祖雖謙抑不納，待之甚厚。受禪之歲夏五月，拜中書侍郎、平章事，兼判户部。明年夏，進拜門下侍郎、監修國史、判度支，又遷弘文館大學士，充鹽鐵轉運使，累官自僕射至守司空。在任綿五載，案歐史梁本紀：貽矩以開平元年同平章事，至乾化二年薨，統計貽矩居相位共六年。歐史唐六臣傳：貽矩爲梁相五年，卒。尚仍薛史之誤。然亦無顯赫事跡可紀。扈從貝州還，染時癘，旬日卒于東京。詔贈侍中。永樂大典卷二萬一千三百六十七。

張策，字少逸，燉煌人。父同，父同，唐摭言作父同文，薛史與歐陽史合，今存其舊。（影庫本粘籤）仕唐，官至容管經略使。策少聰警好學，尤樂章句。居洛陽敦化里，嘗浚甘泉井，得古鼎，耳有篆字曰「魏黄初元年春二月，匠吉千」，吉千，原本作「吉大」，今據歐陽史改正。（影庫本粘籤）且又製作奇巧，同甚寶之。策時在父傍，徐言曰：「建安二十五年，曹公薨，改年爲延康，其年十月，文帝受漢禪，始號黄初，則是黄初元年無二月明矣。鼎文何謬歟！」同大驚，亟遣啓書室，取魏志展讀，一不失所啓，宗族奇之，時年十三。然而妙通因果，酷奉空教，未弱冠，落髮爲僧，居雍之慈恩精廬，頗有高致。唐廣明末，大盜犯闕，策遂返初服，奉父母逃難，君子多之。及丁家艱，以孝聞。服滿，自屏郊藪，一無干進意，若是者十餘載，案唐摭言云：張策自少從學浮圖，法號藏機，繫名内道場爲大德。廣明庚子之亂，趙少師崇凝主文，策謂事時更變，求就貢籍。崇凝庭譴之。策不得已，復舉博學鴻詞。崇凝職受天官，復黜之，仍顯揚其過。又北夢瑣言載趙崇凝之辭曰：「張策衣冠子弟，無故出家，不能參禪訪道，抗跡塵外，乃于御簾前進詩，希望恩澤，如此行止，豈掩人口。某十度知舉，十度斥之。」薛史以爲自屏郊藪，無仕進意，與摭言諸書異。（孔本）方出爲廣文博士，改祕書郎。

王行瑜帥邠州，辟爲觀察支使，帶水曹員外郎，賜緋。及行瑜反，太原節度使李克用奉詔討伐，行瑜敗死，邠州平。策與婢肩輿其親，南出邠境，屬邊寒積雪[二]，爲行者所哀。

太祖聞而嘉之，奏爲鄭滑支使，尋以内憂去職。制闋，除國子博士，遷膳部員外郎。不一歲，華帥韓建辟爲判官，及建領許州，又爲掌記。

天復中，策奉其主書幣來聘，太祖見而喜曰：「張夫子且至矣。」即奏爲掌記，兼賜金紫。案北夢瑣言云：朱令公軍次于華，用張濬計，先取韓建。其幕客張策攜印率副使李巨川同詣轅門請降。張策本與張濬有分，攜印而降，協濬之謀。是梁祖之喜張策，由張濬有先入之言也。天祐初，表其才，拜職方郎中、兼史館修撰，俄召入爲翰林學士，案唐摭言云：策後爲梁太祖從事。天祐中，在翰林，太祖頗倚之爲謀府〔三〕。策極力媒孽崇凝，竟罹冤酷。（孔本）轉兵部郎中、知制誥，依前修史。未幾，遷中書舍人，職如故。太祖受禪，改工部侍郎，加承旨。其年冬，轉禮部侍郎。明年，從征至澤州，拜刑部侍郎、平章事，仍判户部，尋遷中書侍郎，以風恙拜章乞骸，改刑部尚書致仕。即日肩輿歸洛，居於福善里，修葺嘉木，圖書琴酒，以自適焉。乾化二年秋，卒。所著典議三卷、制詞歌詩二十卷、牋表三十卷，存於其家。永樂大典卷六千三百五十一。

杜曉，字明遠，京兆杜陵人。祖審權，審權，原本作「省權」，今據新、舊唐書改正。（影庫本粘籤）仕唐，位至宰相。父讓能，官至守太尉、平章事。乾寧中，邠、鳳二鎮舉兵犯王畿，讓能被其誣陷，天子不得已，賜死於臨臯驛。曉居喪柴立，幾至滅性。憂滿，服幅巾七升，沈跡自廢者將十餘載。案：歐陽史作自廢十餘年，吳縝纂誤據景福二年讓能死，乾寧四年崔遠判户部，光化三年崔遠罷相，相隔止八年。曉爲崔遠判户部所舉，不得云自廢十餘年。（舊五代史考異）

光化中，宰相崔胤判鹽鐵，奏爲巡官、兼校書郎，尋除畿尉、直弘文館，皆不起。及昭宗東遷，宰相崔遠判户部，又奏爲巡官、兼殿中丞。或語之曰：「嵇中散死，子紹埋没不自顯，山濤以物理勉之，乃仕。吾子忍令杜氏歲時以鋪席鋪席，原本作「補席」，今據歐陽史改正。（影庫本粘籤）祭其先人同匹庶乎！」曉乃就官。未幾，拜左拾遺，尋召爲翰林學士，轉膳部員外郎，依前充職。及崔遠得罪，出守本官，居數月，以本官知制誥，俄又召爲學士，遷郎中充職。太祖受禪，拜中書舍人，職如故。開平二年〔四〕，轉工部侍郎，充承旨。承旨，應作「奉旨」。五代會要：梁時避諱，改承旨爲奉旨。至後唐，始復爲承旨。薛史梁書承旨與奉旨前後互見，通鑑亦然。蓋當時雜採諸書，未及改從畫一也。今姑仍其舊。（影庫本粘籤）明年秋，拜中書侍郎、平章事，案：杜曉入相之歲，歐陽史紀作三年，傳作二年，吳縝已辨其誤。（舊五代史考異）仍判户部。庶人友珪篡位，遷禮部尚書、平章事、集賢殿大學士，依前判户部。及袁象先之討友珪，禁兵大縱，曉中重創而卒。末帝即位，詔贈右僕射。

曉博贍有詞藻，時論稱之。兄光乂，案新唐書表：光乂，字啓之。有心疹，厥疾每作，或溢喙縱詬，或揮梃追撲，曉事之愈恭，未嘗一日少怠。居兩制之重，祖述前載，甚得王言之體。案北夢瑣言云：曉貌如削玉，有制誥之才。及典秩尚書，志氣甚遠，一旦非分而沒，咸冤惜焉。豈三世爲相，道忌太盛歟！永樂大典卷一萬四千七百三十。

敬翔，字子振，同州馮翊人。唐神龍中平陽王暉之後也。曾祖琬，綏州刺史。祖忻，同州掾。父衮，集州刺史。翔好讀書，尤長刀筆，應用敏捷。乾符中，舉進士不第。及黃巢陷長安，乃東出關。時太祖初鎮大梁，有觀察支使王發者，翔里人也，翔往依焉，發以故人遇之，然無由薦達。翔久之計窘，乃與人爲牋刺，往往有警句，傳於軍中。太祖比不知書，章檄喜淺近語，聞翔所作，愛之，謂發曰：「知公鄉人有才，可與俱來。」及見，應對稱旨，即補右職，每令從軍。翔不喜武職，求補文吏，即署館驛巡官，俾專掌檄奏。太祖與蔡賊相拒累歲，城門之外，戰聲相聞，機略之間，翔頗預之，太祖大悅，恨得翔之晚，故軍謀政術，一以諮之。案通鑑考異引張昭遠莊宗列傳：溫狡譎多謀，人不測其際。唯翔視彼舉錯，即揣知其心，或有所不備，因爲之助。溫大悅，自以爲得翔之晚，故軍謀政術，一切諮之。（舊五代史考異）蔡賊平，奏授太子中允，賜緋。從平兗、鄆，改檢校水部郎中。太祖兼鎮淮南，授揚府左司馬，揚府，原本作「陽府」，考歐陽史作「揚府」，蓋即揚州都督府之省文，今改正。（影庫本粘籤）賜金紫。乾寧中，改光禄少卿充職。天復中，授檢校禮部尚書，遥領蘇州刺史。昭宗自岐下還長安，御延喜樓，召翔與李振登樓勞問，翔授檢校右僕射、太府卿，賜號迎鑾叶贊功臣。

太祖受禪，自宣武軍掌書記、前太府卿，授檢校司空，依前太府卿、勾當宣徽院事。尋改樞密院爲崇政院，以翔知院事。開平三年夏四月，太祖以邠、岐侵擾，遣劉知俊西討鄜、延，深憂不濟，因宴顧翔，以問西事。翔剖析山川郡邑虚實，軍糧多少，悉以條奏，如素講習，左右莫不驚異，太祖嘆賞久之。乾化元年，進位光禄大夫、行兵部尚書、金鑾殿大學士、知崇政院事、平陽郡侯。前朝因金巒坡金巒，歐陽史、通鑑俱作「鸞」，唯五代會要與薛史同，今仍從原文，附識于此。（影庫本粘籤）以爲門名，與翰林院相接，故得爲學士者稱「金巒」以美之，今殿名「金鑾」，從嘉名也。案：原本脱「名」字，今從職官志增入。（舊五代史考異）置大學士，始以翔爲之。案五代會要云：以「金鑾」爲名，非典也。大學士與三館大學士同。

翔自釋褐東下，遭遇霸王，懷抱深沉，有經濟之略，起中和歲，至鼎革大運，其間三十餘年，案：歐陽史作從太祖用兵三十餘年，蓋仍薛史之文。吳縝纂誤云：朱全忠以中和三年癸卯歲爲汴州節度使，至建國受禪，迄于乾化二年壬申遇弒，正三十年，不得云三十餘年也。（舊五代史考異）

扈從征伐，出入帷幄，庶務叢委，恒達旦不寢，唯在馬上稍得晏息。每有所裨贊，亦未嘗顯諫上，俛仰顧步間，微示持疑爾，而太祖意已察，必改行之，故裨佐之迹，人莫得知。及太祖大漸，召至御床前受顧託之命，且深以并寇爲恨，翔嗚咽不忍，受命而退。案通鑑：乾化二年六月丁丑朔，帝命敬翔出友珪爲萊州刺史，即令之官。已宣旨，未行敕。蓋即敬翔所受之命。戊寅，太祖被弑，命未及行，故薛史亦不爲詳載。庶人友珪之篡位也，以天下之望，命翔爲宰相。友珪以翔先朝舊臣，有所畏忌，翔亦多稱病，不綜政事。

末帝即位，趙、張之族皆處權要，翔愈不得志。及劉鄩失河朔，安彦之喪楊劉，翔奏曰：「國家連年遣將出征，封疆日削，不獨兵驕將怯，亦制置未得其術。陛下處深宫之中，與之計事者皆左右近習，豈能量敵之勝負哉！先皇時，河朔半在，親御虎臣驍將，猶不得志於敵人。今寇馬已至鄆州，陛下不留聖念，臣所未諭一也。臣聞李亞子自墨縗統衆，於今十年，每攻城臨陣，無不親當矢石，昨聞攻楊劉，率先負薪渡水，一鼓登城。陛下儒雅守文，未嘗如此，俾賀瓌賀瓌，原本作「環」，册府元龜引薛史亦作「環」，新、舊唐書、歐陽史及通鑑皆作「瓌」，今改正。（影庫本粘籤）輩與之較力，而望攘逐寇戎，臣所未諭二也。陛下所宜詢於黎老，别運沉謀，不然，則憂未艾也。臣雖駑怯，受國恩深，陛下必若乏材，乞於邊陲効試。」末帝雖知其懇惻，竟以趙、張輩言翔怨望，不之聽。及王彦章敗於中都，晉人長驅而南，末帝急召翔，謂之曰：「朕居常忽卿所奏，果至今日。事急矣，勿以爲懟，且使朕安歸？」翔泣奏曰：「臣受國恩，僅將三紀，從微至著，皆先朝所遇，雖名宰相，實朱氏老奴耳。事陛下如郎君，以臣愚誠，敢有所隱！陛下初任段凝爲將，臣已極言，小人朋附，致有今日。晉軍即至，段凝限水。欲請陛下出居避狄，陛下必不聽從；欲請陛下出奇應敵，陛下必不果決。縱良、平復生，難以轉禍爲福，請先死，不忍見宗廟隕墜。」言訖，君臣相向慟哭。

及晉主陷都城，有詔赦梁氏臣僚，李振謂翔曰：「有制洗滌，將朝新君。」翔曰：「新君若問，其將何辭以對！」是夜，翔在高頭里第，宿於車坊。案：原本作「中」，今據歐陽史及通鑑改正。（舊五代史考異）欲曙，左右報曰：「崇政李太保已入朝。」翔返室嘆曰：「李振謬爲丈夫耳！朱氏與晉仇讎，我等始同謀畫，致君無狀，今少主伏劍于國門[五]，縱新朝赦罪，何面目入建國門也！」乃自經而卒。數日，并其族被誅。

初，貞明中，史臣李琪、張衮、郄殷象、馮錫嘉奉詔修撰太祖實録三十卷，敍述非工，事多漏略。復詔翔補緝其闕，翔乃別纂成三十卷，目之曰大梁編遺録，與實録偕行。案：編遺録，通鑑考異引之。書録解題云：朱梁興，創遺編二十卷，梁宰相敬翔子振撰。自廣明巢賊之亂，朱温事迹，迄於天祐弒逆，大書特書，不以爲愧也。其辭亦鄙俚。（舊五代史考異）

翔妻劉氏，父爲藍田令。廣明之亂，劉爲巢將尚讓所得，巢敗，讓攜劉降於時溥，及讓誅，時溥納劉於妓室。太祖平徐，得劉氏嬖之，屬翔喪妻，因以劉氏賜之。及翔漸貴，劉猶出入太祖卧内，翔情禮稍薄，劉於曲室讓翔曰：「卿鄙余曾失身於賊耶？以成敗言之，尚讓，巢之宰輔；時溥，國之忠臣，論卿門第，辱我何甚，請從此辭！」翔謝而止之。劉恃太祖之勢，案：原本下有缺文。太祖四鎮時，劉已得國夫人之號。車服驕侈，婢媵皆珥珠翠，其下別置爪牙典謁，書幣聘使，交結藩鎮，近代婦人之盛，無出其右，權貴皆相附麗，寵信言事，不下於翔。當時貴達之家，從而效之，敗俗之甚也。永樂大典卷一萬八千四百二十四。

五代史補：敬翔應三傳，數舉不第，發憤投太祖，願備行陣。太祖問曰：「足下通春秋久矣，今吾主盟，其爲戰欲效春秋時可乎？」翔曰：「不可。夫禮樂猶不相沿襲，況兵者詭道，宜其變化無窮。若復如春秋時，則所謂務虛名而喪其實效，大王之事去矣。」太祖大悅，以爲知兵，遽延之幕府，委以軍事，竟至作相。

李振，字興緒，唐潞州節度使抱真之曾孫也。祖、父皆至郡守。振仕唐，自金吾將軍改台州刺史，會盜據浙東，不克之任，因西歸過汴，以策略干太祖，太祖奇之，辟爲從事。

太祖兼領鄆州，署天平軍節度副使。湖南馬殷爲朗州雷滿所逼，振奉命馳往和解，殷、滿皆禀命。

光化三年十一月〔六〕，太祖遣振入奏於長安，舍於州邸，邸吏程巖白振曰：「劉中尉命其姪希貞來計大事，案：原本作「希直」，今據通鑑改正。（舊五代史考異）欲上謁，願許之。」既至，巖乃先啓曰：「主上嚴急，内官憂恐，左中尉欲行廢黜之事，巖等協力以定中外，敢以事告。」振顧希貞曰：「百歲奴事三歲主，亂國不義，廢君不祥，非敢聞也。況梁王以百萬之師匡輔天子，禮樂尊戴，猶恐不及，幸熟計之。」希貞大沮而去。案：通鑑考異疑李振之拒希貞爲誤，謂李振若已立異，豈敢復入長安與崔胤謀反正乎！今考梁祖紀亦云「李振自長安使迴」，當時季述懼汴梁兵力，固不能阻李振之往來。薛史所書，宜可徵信。及振復命，劉季述等果作亂，程巖率諸道邸吏牽帝下殿，以立幼主，奉昭宗爲太上皇。振至陜，陜已賀矣。護軍韓彝範言其事，振曰：「懿皇初昇遐，韓中尉殺長立幼，以利其權，遂亂天下，今將軍復欲爾耶！」彝範即文約孫也，由是不敢言。

振東歸，太祖方在邢洺，遽還于汴，大計未決，季述遣養子希度以唐之社稷欲輸于太祖，又遣供奉官李奉本、案：原本脱「奉本」二字，據本傳增入。（舊五代史考異）副介支彦勳詐齎上皇誥諭至，皆季述黨也。太祖未及迎命，振入言曰〔七〕：「夫豎刁、伊戾之亂，所以資霸者之事也。今閹豎幽辱天子，王不能討〔八〕，無以令諸侯。」時監軍使劉重楚，季述兄也〔九〕，舊相張濬，寓於河南緱氏，亦來謂太祖曰：「同中官則事易濟，且得所欲。」唯振堅執不改，獨曰：「行正道則大勳可立。」太祖英悟，忽厲色曰：「張公勸我同敕使，欲傾附自求宰相耶？」案舊唐書昭宗紀：崔胤與前左僕射張濬告難于全忠。張濬傳亦云：德王廢立之際，濬致書諸藩，請圖匡復。薛史作張濬黨于季述，爲梁祖所拒，與舊唐書異。乃定策縶僞使李奉本、支彥勳與希度等，即日請振將命于京師，與宰相謀返正。未幾，劉季述伏誅，昭宗復帝位，太祖聞之喜，召振，執其手謂之曰：「卿所謀是吾本志，穹蒼其知之矣！」自是益重之。

天祐二年春正月，太祖召振謂曰：「王師範來降易歲，尚處故藩，今將奏請徙授方面，其爲我馳騎，以茲意達之。」振至青州，師範即日出公府，以節度、觀察二印及文簿管鑰授於振。師範雖已受代，而疑撓特甚，屢揮泣求貸其族，振因以切理諭之曰：「公不念張繡事耶！漢末繡屢與曹公立敵，豈德之耶？及袁紹遣使招繡，賈詡曰：『袁家父子自不相容，何能主天下英士，曹公挾天子令諸侯，其志大，不以私讎爲意，不宜疑之。』今梁王亦豈以私怨私怨，原本作「私恕」，今據文改正。（影庫本粘籤）害忠賢耶！」師範洒然大悟，翌日以其族西遷〔一〇〕。太祖乃表振爲青州留後，未幾，徵還。

唐自昭宗遷都之後，王室微弱，朝廷班行，備員而已。振皆頤指氣使，旁若無人，朋附者非次獎升[一]，私惡者沈棄。振每自汴入洛，朝中必有貶竄，故唐朝人士目爲「鴟梟」。天祐中，唐宰相柳璨希太祖旨[二]，譖殺大臣裴樞、陸扆等七人於滑州白馬驛。時振自以咸通、乾符中嘗應進士舉，累上不第，尤憤憤，乃謂太祖曰：「此輩自謂清流，宜投於黄河，永爲濁流。」太祖笑而從之。洎太祖受禪，自宣義軍節度副使、檢校司徒授殿中監，累遷户部尚書。庶人友珪篡立，代敬翔爲崇政院使。末帝即位，趙、張二族用事，遂爲所間，謀猷獻替，多不見從，振每稱疾避事。龍德末，閑居私第將期矣，晉主入汴，振謁見首罪，郭崇韜指振謂人曰：「人言李振乃一代奇才，吾今見之，乃常人耳！」會段凝等疏梁氏權要之臣，振與敬翔等同日族誅。永樂大典卷一萬三百八十六。

史臣曰：文蔚、貽矩，皆唐朝之舊臣，遇梁室之强禪，奉君命以來使，狎神器以授之，逢時若斯，亦爲臣者之不幸也。抑不爲其相，不亦善乎！杜曉著文雅之稱，張策有沖淡之量，咸登台席，無忝士林。敬翔、李振，始輔霸圖，終成帝業。及國之亡也，一則殞命以明節，一則視息以偷生，以此較之，翔爲優矣。振始有「濁流」之言，終取赤族之禍，報應之事，固以昭然。永樂大典卷一萬三百八十八。

## 校勘記

〔一〕字右華　新唐書卷七二下宰相世系表二下作「字在華」。

〔二〕屬邊寒積雪　「邊寒」，原作「邊寨」，據册府（宋本）卷七五六改。

〔三〕太祖頗倚之爲謀府　「倚」，原作「奇」，據唐摭言（中國國家圖書館藏管廷芬鈔、方成珪校本）卷一一改。

〔四〕開平二年　「二年」，原作「三年」，據邵本校改。按本卷下文云「明年秋，拜中書侍郎、平章事」，本書卷五梁太祖紀五、新五代史卷二梁本紀、通鑑卷二六七皆繫其入相事於開平三年。

〔五〕今少主伏劍于國門　「今」，册府卷三二五作「令」。

〔六〕光化三年十一月　「光化」，原作「光啓」，據册府卷七二一、通鑑卷二六二改。按劉季述廢昭宗事，在光化年間，光啓爲唐僖宗年號。

〔七〕振入言曰　「入」，原作「又」，據册府卷七二一改。新唐書卷二〇八劉季述傳敍其事作「李振入見曰」。

〔八〕王不能討　「王」字原闕，據彭校、本書卷二梁太祖紀二、册府卷七二一補。

〔九〕季述兄也　句下册府卷七二一有「固黨其族」四字。

〔一〇〕翌日以其族西遷　「西」字原闕，據册府卷六六〇、通鑑卷二六五補。按本書卷一三王師範傳：「師範舉家徙汴。」

〔二〕朋附者非次奬升　「朋」，原作「明」，據殿本、劉本、孔本、彭校改。

〔三〕柳璨　原作「柳燦」，據殿本、孔本改。按舊唐書卷一七九、新唐書卷二二三下有柳璨傳。

# 舊五代史卷十九　梁書十九

## 列傳第九

氏叔琮　朱友恭　王重師　朱珍　李思安　鄧季筠
黄文靖　胡規　李讜　李重胤　范居實

氏叔琮，尉氏人也。唐中和末，應募爲騎軍，初隸於龐師古爲伍長。叔琮壯勇沈毅，膽力過人。太祖討巢、蔡於陳許間，叔琮奮擊，首出諸校，太祖壯之，自行伍間擢爲後院馬軍都將。時東伐徐、鄆，多歷年所，叔琮身當矢石，奮不顧命，觀者許焉。累遷爲指揮使，尋奏授宿州刺史、檢校右僕射。太祖伐襄陽，叔琮失利，案舊唐書：光化元年七月，汴將氏叔琮陷趙匡凝之隨、唐、鄧等州。考薛史康懷英傳云：從氏叔琮伐襄漢，懷英以一軍攻下鄧州。趙匡凝傳云：太祖遣氏叔琮伐之，匡凝懼，乞盟。是役也，實以勝歸，而薛史言其失利，疑别有據。歐陽史作攻襄陽，戰數敗，因薛史原文而增益其辭，與舊唐書異。降爲陽翟鎮遏使。尋又捍禦晉軍於洹水有功，遷曹州刺史。

天復元年春，領大軍攻拔澤、潞，叔琮遂引兵北掠太原。師還，除晉州節度使。明年，太祖屯軍於岐下，晉軍潛襲絳州，前軍不利。晉軍恃勝攻臨汾，叔琮嚴設備禦。乃於軍中選壯士二人深目虬鬚貌如沙陀者，令就襄陵縣牧馬於道周〔一〕。襄陵，原本作「襄陽」，考襄陽非太原地名，據歐陽史作「襄陵」，今改正。（影庫本粘籤）蕃寇見之不疑，二人因雜其行間，俄而伺隙各擒一人而來。晉軍大驚，且疑有伏兵，遂退據蒲縣。時太祖遣朱友寧將兵數萬赴應，悉委叔琮節制。既至，諸將皆欲休軍，叔琮曰：「若然，則賊必遁矣，遁則何功焉！」因夜出，潛師截其歸路，遇晉軍遊騎數百，盡殺之，遂攻其壘，拔之，斬獲萬餘衆，奪馬三百匹〔二〕。太祖聞之，喜謂左右曰：「殺蕃賊，破太原，非氏老不可。」叔琮乃長驅收汾州，與晉人轉戰，直抵并壘。軍迴，以其功奏加檢校司空。自後累年，晉軍不敢侵軼。

叔琮養士愛民，甚有能政。天復三年，爲鄜州留後，尋真領保大軍節度使、檢校司徒。及昭宗東遷，徵爲右龍虎統軍，以衞洛陽。天祐元年八月，與朱友恭同受太祖密旨，弑昭宗於大内。既而責以軍政不理，貶白州司户。案舊唐書哀帝紀：叔琮貶貝州司户。歐陽史作流嶺南，不言其地。考當時賜叔琮等死，其敕云：「謫掾遐方，安能塞責？」若貝州近在河北，不得云遐方也。當從薛史作白州爲是。尋賜自盡。叔琮將死，呼曰：「賣我性命，欲塞天下之謗，其如神理何！」乾化二年，詔許歸葬。永樂大典卷一萬八千一百二十六。

朱友恭，壽春人，本姓李，名彥威。丱角事太祖，性穎利，善體太祖意，太祖憐之，因畜爲己子，賜姓，初名克讓，後改之。案通鑑云：友恭幼爲全忠家僮，全忠養以爲子。時初建左長劍都，以友恭董之。從太祖四征，稍立軍功，累遷諸軍都指揮使、檢校左僕射。乾寧中，授汝州刺史，加檢校司空。光化初，淮夷侵鄂渚，武昌帥杜洪來乞師，太祖遣友恭將兵萬餘濟江應援，引兵至龍沙、九江而還，軍聲大振。時淮寇據黃州，友恭攻陷其壁，獲賊將瞿章，俘斬萬計。途經安陸，因襲殺刺史武瑜，盡收其衆，以功爲潁州刺史，加檢校司徒。天復中，爲武寧軍留後。天祐初，昭宗東遷洛邑，徵拜左龍虎統軍，以衛宮闕。尋與氏叔琮同受太祖密旨，弒昭宗於洛陽宮。既而太祖自河中至，責以慢於軍政，貶崖州司户，案北夢瑣言云：朱全忠以朱友諒、氏叔琮扇動軍情，請誅朱友諒、氏叔琮，以成濟之罪歸之。友諒臨刑訴天曰：「天若有知，他日亦當如我！」後全忠即位，爲子友珪所弒，竟如其言。考歐陽史、通鑑俱作友恭，而北夢瑣言作友諒，殊誤。仍復其本姓名，與氏叔琮同日賜死。永樂大典卷二千三百十一。

王重師，潁州長社人也〔三〕。案：歐史潁州作許州。材力兼人，沈嘿大度，臨事有權變，劍矟之妙，冠絶於一時。唐中和末，蔡寇陷許昌，重師脱身而來，太祖異其狀貌，乃隸於拔山都。案：原本作「拔山」，歐陽史作「拔山」。當時軍旅皆以「都」名，如黑雲都、銀鎗都、效節都、横衝都之類。今從歐陽史改正，并增入「都」字。（舊五代史考異）拔山都，原本作「拔山」，歐陽史作「拔山」。考當時軍旅以「都」名者，如黑雲都、銀槍都，則取衣服器用爲號；如效節都、横衝都，則取古人嘉名爲號。拔山都，當是取史記拔山蓋世之義。原本疑有脱誤，今從歐陽史改正。（影庫本粘籤）每於軍前効用，頗出儕類。文德中，令董左右長劍軍。太祖伐上蔡，重師力戰有功。及討兗、鄆，擢爲都指揮使〔四〕，奏授檢校右僕射。重師枕戈擐甲五六年，於齊魯間凡經百餘戰，由是威震敵人。尋授檢校司空，爲潁州刺史。乾寧中，太祖攻濮州，縱兵壞其墉，濮人因屯火塞其壞壘，煙焰亘空，人莫敢越。重師方苦金瘡，卧於軍次，諸將或勉之，乃躍起，命壯士悉取軍中氈罽投水中，擲於火上，重師然後率精鋭，持短兵突入，諸軍踵之，濮州乃陷。重師爲劍槊所傷，身被八九創，丁壯荷之還營，且將斃矣。太祖驚惜尤甚，曰：「雖得濮壘，而失重師，奈何！」亟命以奇藥療之，彌月始愈。尋知平盧軍留後，加檢校司徒。其後北伐幽、滄、鎮、定，屢與晉軍接戰，頗得士心，故多勝捷。天祐中，授雍州節度使，加同平章事。數年治戎卹民，頗有威惠。開平中，爲劉捍所搆，太祖深疑之，然未有以發其事。案通鑑：佑國軍節度使王重師鎮長安數年，帝怒其貢奉不時，召重師入朝。是重師之得罪，由貢奉不時，與薛史異。無何，擅遣裨將張君練縱兵深入邠、鳳，君練敗北。太祖聞之，怒其專擅，因追而斬之。永樂大典卷一萬八千一百二十六。案：通鑑不載張君練縱兵之事，惟云劉捍至長安，王重師不爲禮，捍譖之帝，曰：「重師潛與邠、岐通。」甲申，貶溪州刺史，尋賜自盡，夷其族。此傳未經詳載。據劉知俊傳，太祖云：「王重師得罪，劉捍悮予事也。」與通鑑合。此傳不載，蓋史家前後省文。

朱珍，徐州豐縣雍鳳里人也。太祖初起兵，珍與龐師古、許唐、李暉、丁會、氏叔琮、鄧季筠、王武等八十餘人以中涓從，摧堅陷陣，所向盪決。及太祖鎮汴，兼領招討使，署珍爲宣武右職，以總腹心。於是簡練軍伍，裁制綱紀，平巢破蔡，多珍之力也。始尚讓以驍騎五千人至繁臺，珍與龐師古、齊奉國等擊退之。及黄巢敗，珍與并帥李克用追至冤句而還。尋從太祖以汴、宋、亳之師入西華，破王夏寨，勇冠軍鋒，以功加秩。

光啓元年，署諸軍都指揮使，始爲上將。於是軍焦夷，敗蔡師鐵林三千人，盡俘其將。復西至汝、鄭，南過陳、潁，繚宋、亳、滑、濮間，與蔡賊交戰，鏖伏襲殺，不知其數。會滑州節度使安師儒戎政不治，太祖命珍與李唐賓率步騎以經略之。始入境，遇大雪，令軍士無得休息，一夕馳至壁下，百梯並升，遂乘其墉，滑州平。滑州下原本衍「刺史」二字，今據文删去。（影庫本粘籤）時太祖方謀濟師，乃遣珍往淄州募兵，行次任縣，東面都統齊克讓伏兵於孫師陂以邀珍，珍大破之。進軍至牙山，都虞候張仁遇白珍曰：「軍有不齊者，當先斬本都將，後以狀聞，願許之。」珍怒其專，乃斬仁遇以徇軍，由是諸將感懼。兵至乾封，與淄人戰於白草口，敗之。青人以步騎二萬，列三寨于金嶺驛，珍與戰，連破之，殲其師，盡獲軍器戎馬。是夕，攻博昌，大獲兵衆〔五〕。其後破盧瑭、張晊及朱瑄、朱瑾之衆，平定曹、濮，未嘗不在戰中。

梁山之役，始與李唐賓不協。珍在軍嘗私迎其室於汴，而不先請，太祖疑之，案：通鑑作全忠怒，追還其妻，殺守門者。（舊五代史考異）　案通鑑云：全忠怒，追還其妻，殺守門者。使親吏蔣玄暉召珍，以唐賓代總其衆。館驛巡官敬翔曰：「朱珍未可輕取，恐其猜懼生變。」全忠懼，使人追止之。與薛史異。（孔本）密令唐賓察之，二將不相下，因而交諍。唐賓夜斬關還汴以訴，珍亦棄軍單騎而至，太祖兩惜之，故不罪，俾還於師。復以踏白騎士入陳亳間，以邀蔡人，遂南至斤溝，破淮西石璠之師二萬，擒璠以獻。珍旋師自亳北趣靜戎，濟舟于滑，破黎陽、臨河、李固三鎮。軍於内黄，敗樂從訓萬餘人，案通鑑考異云：珍往救從訓，而云敗從訓，誤也。（殿本）分命聶金、范居實略澶州，與魏師遇於臨黄〔六〕，魏軍有豹子軍二千人，戮之無噍類，威振河朔。（舊五代史考異）案：通鑑作樂從訓來告急，遣都指揮使朱珍等分兵救從訓，與此傳異。復攻淮西，至上蔡〔七〕，夾河而寨，敗賊將蕭皓之衆，皆擁於河溺死之。進軍蔡州，營其西南，既破羊馬垣，遇雨班師。珍以兵援劉瓚，赴楚州，至襄山南〔八〕，遇徐戎扼其路，珍乃攻豐，下之。時溥乃以全師會戰於豐南吴康里，珍乃收豐，破其三萬餘衆。及蔡賊平，珍比諸將功居多。

龍紀初，與諸將屯於蕭縣，以禦時溥，珍慮太祖自至，令諸軍葺馬厩以候巡撫，李唐賓之裨將嚴郊獨慢焉，軍候范權恃珍以督之。唐賓素與珍不協，果怒，乃見珍以訴其事〔九〕，珍亦怒曰：「唐賓無禮！」遂拔劍斬之，珍命騎列狀陳其事。太祖初聞唐賓之死，驚駭，與敬翔謀，詐令有司收捕唐賓妻子下獄，以安珍心。太祖遂徑往蕭縣，距蕭一舍，珍率將校迎謁，太祖令武士執之〔一〇〕，責其專殺，命丁會行戮。案：歐陽史作珍自縊死。都將霍存等數十人叩頭以救，太祖怒，以坐床擲之，乃退。永樂大典卷二千三百三十一。

李思安，陳留張亭里人也。初事汴將楊彦洪爲騎士。好拳勇，未弱冠，長七尺，超然有乘時自奮之意。唐中和三年，太祖鎮汴，嘗大閲戎旅，覩其材，甚偉之，因錫名思安，字貞臣。思安善飛矟，所向披靡，每從太祖征伐，常馳馬出敵陣之後，測其厚薄而還。或敵人有恃猛自衒者，多命取之，必鷹揚飈卷，擒馘於萬衆之中，出入自若，如蹈無人之地。太祖甚惜之，命副王虔裕爲踏白將。

時巢、蔡合從，太祖每遣偵邏，必率先獨往。巢敗走，思安領所部百餘人追賊，殺戮掩奪，衆莫敢當。尋領軍襲蔡寇於鄭，都將李唐賓馬蹪而墜，思安援槊刺追者，唐賓復其騎而還。又嘗與蔡人鬭，當陣生擒賊將柳行實。其後渡長淮，下天長、高郵二邑，又拒孫儒，迫濠州，皆有奇績。累遷爲諸軍都指揮使，奏官至檢校左僕射，尋拜亳州刺史。練兵禦寇，邊境肅然。思安爲性勇悍，每統戎臨敵，不大勝，必大敗。

開平元年春，率兵伐幽州，營於桑乾河，擄獲甚衆，燕人大懼。及軍迴，率諸軍伐潞，累月不克，師人多逸。太祖怒甚，詔疏其罪，盡奪其官爵，委本郡以民户係焉。踰歲起之，復令領兵，亦無巨績可紀。太祖嘗因命將授鉞，謂左右曰：「李思安當敵果敢，無出其右者，然每遇藩方擇材，吾將用之，則敗聞必至，如是者二三矣，則知飛將數奇，前史豈虚言哉！」乾化元年秋，又以爲相州刺史。思安自謂當擁旄仗鉞，及是殊不快意，但因循晏安〔一一〕，無意爲政。及太祖北征，以候騎之誤〔一二〕，落然無所具，而復壁壘荒圮，餱廩空竭，太祖怒，貶柳州司户，尋賜死於相州。永樂大典卷一萬三百八十八。案通鑑：乾化元年九月丙午〔一三〕，至相州，刺史李思安不意帝猝至，落然無具，坐削官爵。二年正月丁卯〔一四〕，帝至獲嘉，追思李思安去歲供饋有闕，貶柳州司户，尋長流思安于崖州，賜死。據薛史，則思安賜死即在相州，未嘗至貶所，與通鑑異。

鄧季筠，宋州下邑人也。少入黃巢軍，隸於太祖麾下。及太祖鎮汴，首署爲牙將，主騎軍。伐鄆之役，生擒排陣將劉矯以獻。唐大順初，唐帝命丞相張濬伐太原，太祖奉詔出師，西至高平，與晉人接戰，軍既不利，季筠爲晉人所擒。克用見之甚喜，釋縛，待以賓禮，俄典戎事。季筠在并門凡四稔。案：通鑑考異引唐餘録，謂季筠與李存孝並賜死，蓋傳聞之誤。景福二年，晉軍攻邢臺，季筠領偏師預其役，將及邢，邢人陣於郊，兩軍酣戰之際，季筠出陣，飛馬來歸，太祖大加獎歎，賞賚甚厚。時初置廳子都，最爲親軍，命季筠主之，旋改統親騎，又遷將中軍。天祐三年，奏授登州刺史，下車稱理。登州舊無羅城，及季筠至郡，率丁壯以築之，民甚安之，因相與立碑以頌其績。太祖受禪，改鄭州刺史，尋主兵於河中，爲都指揮使。時并人寇平陽，季筠接戰於洪洞，大克，拜華州防禦使。又繼領龍驤等諸軍騎士，累官至檢校司空。柏鄉之役，季筠臨陣前却，太祖亦未之罪。乾化二年春，太祖親伐鎮、定，駐於相州，因閲馬，怒其馬瘦，與魏博軍校何令稠、陳令勳同斬於纛下。永樂大典卷一萬八千一百二十六。

黄文靖，金鄉人。少附於黄巢黨中，巢敗，歸於太祖，累署牙職，繼遷諸軍指揮使，從太祖南平巢、蔡，北定兗、鄆，皆有功。唐大順中，佐葛從周送朱崇節入潞。會晉軍十餘萬近逼垣寨，文靖慮孤軍難守，乃與葛從周啓關出師，文靖爲殿，命矢刃皆外向，持重而還，晉人不敢逼。其年冬，與康懷英渡淮，入壽春之境，下安豐、霍丘，至光州光州，原本作「先州」，今據十國春秋改正。（影庫本粘籤）而還。光化初，晉將李嗣昭、周德威寇於山東，文靖佐葛從周統大軍禦之。至沙河，敗晉軍五千餘騎，遂逐之，越張公橋乃止。後旬日，復與晉人戰於邢州之北，擒蕃將賁金鐵、慕容藤〔一五〕、李存建等百餘人，奪馬數千匹，尋以功表授檢校左僕射〔一六〕、耀州刺史。天祐二年春，命佐楊師厚深入淮甸，越壽春，侵廬江，軍至大獨山，遇淮夷，殺五千餘衆，振旅而還。改蔡州刺史，加檢校司空，又遷潁州刺史。太祖受禪，復爲蔡州刺史，入爲左神武統軍，又改左龍驤使。乾化元年，從太祖北征，因閱馬得罪，命斬之。文靖驍果善戰，諸將皆惜之。永樂大典卷一萬八千一百二十六。

胡規，兗州人。初事朱瑾爲中軍都校。兗州平，署爲宣武軍都虞候。佐葛從周伐鎮、定，從張存敬收晉、絳，皆有功，署爲河中都虞候，権鹽務。天復中，太祖迎駕在岐下，以規權知洺州〔一七〕。昭宗還長安，詔授皇城使。及東遷，以爲御營使。駕至洛，授内園莊宅使。天祐三年，佐李周彝討相州，獨當州之一面，頗以功聞，軍還，權知耀州事。明年，討滄州，爲諸軍壕寨使。太祖受禪，除右羽林統軍，尋佐劉鄩統兵收潼關，擒劉知浣獻之，乃以爲右龍虎統軍兼侍衛指揮使。乾化元年，詔修洛河堤堰，軍士因之斬伐百姓園林太甚，河南尹張宗奭奏之，規得罪，賜死。永樂大典卷一萬八千一百二十七。

李讜，河中臨晉人。少時遊秦雍間，爲人勇悍多力，甚有氣誼。唐廣明初，黄巢陷長安，讜遂得仕於其間，巢以讜爲內樞密使，案：新唐書黄巢傳及通鑑皆言巢以費傳古爲樞密使，不載李讜，疑與傳古先後授僞官也。蓋讜曾委質於宦者，出入於宫禁間，巢以此用焉。其後巢軍既敗，讜乃束身歸於太祖，署爲左德勝騎軍都將。從太祖討蔡賊，頗立軍功。及東伐兗、鄆，以所部士伍俘獲甚衆，改元從騎將，表授檢校右僕射。郴王友裕領兵攻澤州，時太祖駐大軍於盟津，乃令讜將兵越太行，授以籌謀。讜頗違節度，久而無功，案唐書李存孝傳云：李讜收軍而遁，存孝擊至馬牢川，俘斬萬計。此傳不載，蓋前後省文。太祖遣追還，廷責其罪，戮之於河橋。永樂大典卷一萬三百八十八。

李重胤，案：重胤，原本作「重裔」，蓋薛史沿避諱舊例，今改畫一。宋州下邑人。狀貌雄武，初在黄巢黨中，推爲剛鷙。唐中和四年五月，同尚讓、李讜等率衆至繁臺，與太祖之軍相拒。及巢寇漸衰，乃率衆來降。太祖素識之，拔用不次，署爲先鋒步軍都頭。與胡真援河陽，逼懷州。重胤以部下兵突之，射中蕃將安休休。又令與李讜率騎軍至陝，應接郭言，迴次澠池，破賊帥黄花子之衆，改滑州夾馬指揮使。蔡賊圍汴，重胤以步兵攻下三寨，擄獲甚多。太祖大舉伐秦宗權〔一八〕，俾重胤以滑兵爲先鋒。及東討徐州，下豐、蕭二邑，轉右廂馬步軍指揮使。大順元年秋，從郴王友裕收澤州，與晉軍戰於馬牢川，王師敗績，迴守河陽。太祖謂諸將曰：「李讜、李重胤違我節度〔一九〕，不能立功，頗辜任使。」於是與李讜於是與李讜，原本脱「與」字，今據文增入。（影庫本粘籤）並戮於河橋。永樂大典卷一萬三百八十八。

范居實，絳州翼城人。事太祖，初爲隊將，從討巢、蔡有功。又從朱珍收滑州，改左廂都虞候。預破兖、鄆功，遷感義都頭、鄭州馬軍指揮使。幽州劉仁恭舉衆南下，寇魏郡北闉，居實與葛從周、葛從周，原本脱「從」字，今據文增入。（影庫本粘籤）張存敬率兵救魏，大破幽、滄之衆於内黄。太祖迎昭宗於岐下，以居實爲河中馬軍都指揮使。及昭宗還京，賜迎鑾毅勇功臣，遥領錦州刺史，又遷左龍驤馬軍都指揮使。從征淮南迴，改登州刺史，轉左神勇軍使。開平元年，用軍於潞州，命居實統軍以解澤州之圍，授耀州刺史，令以郡兵屯固鎮，尋除澤州刺史。居實拳勇善戰，頗立軍功，在郡以戎備不理，詔追赴闕，暴其翫寇之罪而斬之。永樂大典卷一萬六千五百十七。

史臣曰：叔琮而下，咸以鷹犬之才，適遇雲龍之會，勤勞王室，踐履將壇，然俱不得其死，豈不惜哉。得非鳥盡弓藏，理當如是耶？將梁祖之雄猜，無漢高之大度歟？乃知自古帝王，能保全功臣者，唯光武一人而已矣。語曰「弑父與君，亦不從也」，而叔琮、友恭從之，何也？既爲盜跖所嗾，豈免成濟之誅，臨終之言，益彰其醜也。永樂大典卷一萬六千五百十七。

## 校勘記

〔一〕令就襄陵縣牧馬於道周　「道周」，原作「道間」，據册府卷三六七改。新五代史卷三一氏叔琮傳作「道旁」。

〔二〕奪馬三百匹　「三百」，册府卷三六〇、新唐書卷二二三下氏叔琮傳作「三千」。

〔三〕潁州長社人也　「潁州」，册府卷八四五作「潁川」，新五代史卷二二王重師傳作「許州」。按舊唐書卷三八地理志一，潁川即許州，長社爲其屬縣。

〔四〕擢爲都指揮使　「都」字原闕，據册府卷三九三補。按册府卷三八六敍其歷官亦作「都指揮使」。

〔五〕大獲兵衆　句下册府卷三四六有「而還」二字。

〔六〕與魏師遇於臨黄　「臨黄」，新五代史卷二一朱珍傳同，册府卷三四六作「内黄」。

〔七〕至上蔡　「上」字原闕，據册府卷三四六補。

〔八〕至襄山南　朱玉龍中華版舊五代史考證三（安徽史學一九九〇年第二期）：「自宋之楚州，中經淮北，此襄山必是淮北之相山，時屬徐州，故遇徐戎扼其路。」按隋書卷三一地理志下，彭城郡蕭縣有相山。

〔九〕乃見珍以訴其事　「珍」字原闕，據彭校、册府卷四四九、通鑑卷二五八補。

〔一〇〕太祖令武士執之　「太祖」，原作「梁祖」，據册府卷四四九及本卷上下文改。

〔一一〕但因循晏安　「因」，原作「日」，據册府卷六九八改。

〔一二〕以候騎之誤　「誤」，册府卷六九八作「設」。

〔一三〕乾化元年九月丙午　原作「開化元年丙午」，據通鑑卷二六八改。

〔一四〕二年正月丁卯　「正月」，通鑑卷二六八作「二月」。

〔一五〕慕容藤　册府卷三六〇同，劉本、本書卷一六葛從周傳、册府卷三四六作「慕容騰」。

〔一六〕檢校左僕射　「左」，册府卷三六〇、卷三八六作「右」。

〔一七〕洺州　劉本、邵本校作「洛州」。

〔一八〕太祖大舉伐秦宗權　「秦」字原闕，據册府卷三六〇、卷三八六補。

〔一九〕李重胤　「李」字原闕，據册府卷四三九補。

# 舊五代史卷二十

梁書二十

## 列傳第十

謝瞳　司馬鄴　劉捍　王敬蕘　高劭　馬嗣勳　張存敬

寇彦卿

謝瞳〔一〕，字子明，福州人。唐咸通末舉進士，因留長安，三歲不中第。廣明初，黄巢陷長安，遂投跡於太祖，洎居門下，未嘗一日不在左右。及太祖據同州，遂署右職。其年秋，太祖與河中交戰，再不利，連上章請兵於巢，僞右軍中尉孟楷抑而不進〔二〕。瞳揣太祖有擇福意，擇福，原本作「澤輻」，今據文改正。（影庫本粘籤）乃進説曰：「黄家以數十萬之師，值唐朝久安，人不習戰，因利乘便，遂下兩京。然始竊僞號，任用已失其所。今將軍勇冠三軍，力戰于外，而孟楷專務壅蔽，奏章不達，下爲庸才所制，上無獨斷之明〔三〕，破亡之兆必矣。況土德未厭，外兵四集，漕運波注，日以收復爲名，惟將軍察之。」太祖曰：「我意素決，爾又如是，復何疑哉！」翌日遂定策，戮僞監軍使，僞監軍使，夏文莊集作魏監軍使。考黄巢僞號爲齊，不當爲魏。蓋因「僞」字聲轉而訛，今仍從原文。（影庫本粘籤）悉衆歸順於河中。王重榮表瞳爲檢校屯田員外郎，賜緋，令奉表于蜀。唐僖宗大悦，召入顧問，錫賚甚厚，以功授朝散大夫、太子率更令，賜紫，爲陵州刺史。治郡一歲，改檢校右散騎常侍、通州刺史〔四〕。在任四考，頗有政績。秋罷，詣蜀行在，太祖遣人迎之。龍紀二年，至東京，勞徠彌厚，賜第墅各一區、錢千緡，表爲亳州團練使兼太清宫副使，加檢校工部尚書。是年冬，太祖征淮南，過郡，因求侍府幕，表爲宣義軍節度副使，充兩使留後。瞳在滑十三年，部内增户約五萬，益兵數千人，累遷至大中大夫、檢校右僕射，卒于滑。開平初，追贈司徒。永樂大典卷一萬八千一百二十八。

司馬鄴，案：通鑑考異引實録作司馬鄴，通鑑從薛史。（舊五代史考異）字表仁，其先河内温人也。祖德璋，仕唐爲杞王傅。父諲，左武衛大將軍。鄴資蔭出身，頗知書，累官至大列。唐天復初，韓建用爲同州節度留後。案：韓建傳作判官司馬鄴。昭宗之幸鳳翔也，太祖引兵入關，前鋒至左馮翊，鄴持印鑰迎謁道左。太祖以兵圍華州，命入城招諭韓建，建果出降。及大軍在岐下，遣奏事於昭宗，再入復出。又使于金州，説其帥馮行襲，俾堅攀附。後歷宣武、天平等軍從事。開平元年，拜右武衛上將軍。三年，使于兩浙。時淮路不通，乘馹者迂迴萬里，陸行則出荊、襄、潭、桂入嶺，自番禺泛海至閩中，達于杭、越。復命則備舟楫，出東海，至於登、萊。而揚州諸步多賊船，諸步，原本作「諸走」。考韓文羅池廟碑有云：步有新船，柳文有鐵爐步志，容齋隨筆云：步者，水旁之名。知原文「走」字係「步」字傳寫之誤，今改正。（影庫本粘籤）過者不敢循岸，必高帆遠引海中，謂之「入陽」〔五〕，以故多損敗。鄴在海逾年，漂至躭羅國，一行俱溺。後詔贈司徒。永樂大典卷一萬八千一百二十八。

劉捍，開封人。父行仙，宣武軍大將。捍少爲牙職，太祖初鎮夷門，以捍聰敏，擢副典客。唐中和四年夏，太祖以朱珍爲淄州刺史，令收兵於淄青間，命捍監其兵，路逢大敵，皆破之。入博昌，獲精兵三萬以歸。四月，合大軍敗蔡賊秦宗賢數萬衆於汴西。文德元年十一月，蔡將申叢折宗權足，納款於太祖，使捍奏其事，加兼御史大夫。光化三年六月，太祖北伐鎮、定，至常山，而王鎔危慴，送款於太祖，命捍入壁門傳諭。時兩軍未整，守門者戈戟千匝，捍馳騎而入，竟達其命。又移師以攻中山，至懷德驛，大破定人五萬衆，王處直乞降，捍復單馬入州，安撫而迴。案：梁祖下鎮、定，服中山，舊唐書作光化三年九月，新唐書作十月，薛史又總繫于六月以後。據通鑑自六月舉兵，至九月始定中山也。

太祖迎昭宗於岐下，以捍爲親軍指揮使〔六〕。天復三年正旦，宋文通令客將郭啓奇使於太祖，命捍復命。昭宗聞其至，即召見，詢東兵之事，仍以錦服、銀鞍勒馬賜之。翌日，授光禄大夫、檢校司空、登州刺史。昭宗還京，改常州刺史，賜號迎鑾毅勇功臣。四月，太祖伐王師範於青州，改左右長直都指揮使。天祐三年正月，授宋州刺史。四月，加檢校司徒。

太祖受禪，授左龍虎統軍兼元從親軍馬步都虞候。及上黨纏兵，太祖親往巡撫，以捍爲御營使。大軍次昂車，昂車，原本作「昂申」，考通鑑注云：昂車，懷州地名。今改正。（影庫本粘籤）斥候來告蕃戎逼澤州，命捍以兵千人赴之，并軍遂遁，車駕還京，授捍侍衛親軍都指揮使。晉人侵晉州，從幸陝迴，加檢校太保。及從駕幸河中，詔追王重師赴行在，以捍爲雍州節度觀察留後。纔踰月，劉知俊據同州反，潛使人以厚利啗捍將校，遂爲部下所執，送於知俊。知俊縶捍歸於鳳翔，爲李茂貞所害。開平四年，贈太傅。末帝即位，又贈太尉。

捍便習賓贊，善於將迎，自司賓局及征討四出，必預其間，雖無決戰爭鋒之績，而承命奔走，敷揚命令，勤幹涖職，以至崇顯焉。永樂大典卷九千九十八。

王敬蕘，潁州汝陰人。世爲郡武吏。唐乾符初，敬蕘爲本州都知兵馬使。中和初，寇難益熾，郡守庸怯，不能自固，敬蕘遂代之監郡，俄真拜刺史，加檢校右散騎常侍。時州境荒饉，大寇繼至，黄巢數十萬衆寨于州南，敬蕘極力抗禦，逾旬而退。俄又秦宗權之衆凌暴益甚〔七〕，合圍攻壁，皆力屈而去。蔡賊復遣將刁君務以萬衆來逼，敬蕘列陣當之，身先馳突，殺敵甚多，由是竟全郡壘，遠近歸附。

及淮人不恭，太祖屢以軍南渡，路由州境，敬蕘悉心供億，太祖甚嘉之。乾寧二年，署爲沿淮上下都指揮使。四年冬，龐師古敗于清口，敗軍逃歸者甚衆，路出于潁。時雨雪連旬，軍士凍餒，敬蕘自淮燎薪，相屬於道，郡中設糜粮餅餌以待之，全活者甚衆，由是表知武寧軍節度、徐宿觀察留後。數月，真拜武寧軍節度使。案：文苑英華載授敬蕘武寧軍節度制有云：「襲淮流之積寇，挺潛山之雄姿〔八〕，勇實兼人，智能周物。」蓋因清口之役而加秩也。天復二年，入爲右龍武統軍。天祐三年，轉左衛上將軍。開平元年八月，以疾致仕，尋卒於其第。

敬蕘魁傑沈勇，多力善戰，所用槍矢，皆以純鐵鍛就，槍重三十餘斤，摧鋒突陣，率以此勝。雖非太祖舊臣，而遠輸懇款，保境合兵，以輔興王之運，有足稱者。永樂大典卷一萬八千一百二十六。

高劭，字子將，淮南節度使駢之從子也。父泰，黔中觀察使。唐僖宗避敵在蜀，駢鎮淮南爲都統，兼諸道鹽鐵使，兵賦在已，朝廷優假之，以故劭幸而早官，年十四遥領華州刺史。光啓中，以駢命謁晉公王鐸于鄭〔九〕。俄而州陷於蔡，劭爲賊所得，使人守之，戒四門曰：「無出高大夫。」劭伺守者稍惰，稍惰，原本作「稍隋」，今據文改正。（影庫本粘籤）佯爲乞食者，過危垣，取殍者衣，坌身易服，得佗兒抱之行，出東郊門。人以爲丐者，不之止。及稍遠，棄所抱兒，疾趨至中牟，遂達于汴。太祖以客禮遇之，尋表爲亳州團練副使、知州事。又數年，辟爲宣武軍節度判官，在幕下頗以氣直自許。後監鄭州事，復權知徐州留後。唐昭宗之鳳翔，太祖迎奉未出，劭有疑謀，遂令赴華州，詣丞相府以議其事，行至高陵，爲盜所害。永樂大典卷五千五百三十八。

馬嗣勳，濠州鍾離縣人。世爲軍吏。嗣勳有口辯，習武藝，初爲州客將。唐景福元年三月，太祖以壽州刺史江儒反，下蔡鎮使李立率兵攻濠梁，刺史張遂俾嗣勳持州印籍户口以歸於太祖。乾寧二年三月，楊行密復攻濠州，張遂遣嗣勳求援于太祖。俄而郡陷，案九國志李簡傳：乾寧二年，從攻濠州，濠水深闊，簡手搴重甲，口銜大刀，先渡踰壘，破其關鍵，擒刺史張遂以獻。新唐書楊行密傳與九國志略同，惟「遂」字新唐書作「璲」。嗣勳無所歸，即署爲元從押牙、副典客，頗稱任使。

光化元年三月，太祖令往光州説刺史劉存背淮賊以向國，案新唐書本紀：乾寧三年，楊行密陷光州，劉存死之。九國志柴再用傳：乾寧中，從朱延壽平劉存于弋陽，授知光州軍事。梁兵寇光州，再用擊走之，以功遷光州刺史。與薛史異。又九國志：吳有兩劉存，其一即光州刺史，其一陳州人，後爲馬殷所害。又從李彦威復黄州及武昌縣，獲刺史瞿章。案新唐書本紀：乾寧四年五月壬午，朱全忠陷黄州，刺史瞿章死之。九國志馬珣傳：三年，梁將朱友恭圍瞿章于黄州，命珣率兵援之。黄州陷，戰不利而退。薛史作光化元年，與諸書互異。瞿章，原本作「翟章」，今從新唐書、九國志改正。（影庫本粘籤）俄復使光州，持幣馬以賜劉存。會淮賊急攻光州，存與嗣勳率兵大戰，敗而走之。又遣使於蜀，及歸，得其助軍貲實甚多。

天復中，太祖迎昭宗于岐下，軍至華之西闉，使嗣勳入見，韓建即時同出迎謁。及羅紹威將殺牙軍，遣使告於太祖，求爲外援。時安陽公主初卒於魏，太祖乃遣嗣勳率長直官千人〔一〇〕，實兵仗于橐中，肩舁以入於魏，聲言來致祭會葬，牙軍不之覺。天祐三年正月十六日夜，嗣勳與紹威親軍同攻牙軍，至曙，盡殪之。嗣勳重傷，旬日而卒。開平中，累贈太保。永樂大典卷一萬八千一百二十八。

張存敬，譙郡人也。性剛直，有膽勇，臨危無所畏憚。唐中和中，從太祖赴汴，以其壯節〔一一〕，頗見親昵，首爲右騎都將。從討巢、蔡，凡歷百戰，多于危蹙之間，顯有奇略，由是頻立殊効。光啓中，李罕之會晉軍圍張宗奭于盟津，太祖遣丁會、葛從周、存敬同往馳救。存敬引騎軍先犯敵將，諸軍翼之，敵騎大敗，乃解河橋之圍。河橋，原本作「何橋」，今據通鑑改正。（影庫本粘籤）

大順二年，爲諸軍都虞候，佐霍存董大軍收宿州，以功奏加檢校兵部尚書。太祖東征徐、兗，存敬屢有俘斬之功，凡受指顧，皆與機會，矢石所及，必以身先，太祖尤加優異，以爲行營都指揮使、檢校右僕射。乾寧三年，充武寧軍留後，行潁州刺史。光化二年夏四月，幽、滄侵凌魏郡，復以存敬爲都指揮使。三年，大舉，與葛從周連統諸軍攻浮陽，樹數十栅，圍劉守文累月。時幽州劉仁恭舉兵來援，存敬潛軍擊之於乾寧軍南老鴉堤。是日，燕人大敗，斬首五萬級，生擒馬慎交已下一百餘人，獲馬萬餘蹄。案舊唐書：光化二年三月，張存敬率師援魏州，大敗燕軍，仁恭父子僅免。薛史作三年事，與舊唐書異。

其年秋九月，引軍收鎮州，存敬勒衆涉滹沲河，師人鼓行而進，逢鎮之遊兵數千，因逐之，直入鎮之壅門，收鞍馬牛駞萬計。翌日，鎮人納質而旋。尋爲宋州刺史，踰年，甚有能政。復擁衆伐薊門，數旬間連下瀛、莫、祁、景四州，擒俘不可勝紀。自懷德驛與中山兵接戰，枕屍數十里，中山開壁請降。

天復元年春，太祖以河中節度使王珂與太原結親，憑恃驕恣，命存敬統大軍討之。即日收絳州，擒刺史陶建釗，陶建釗，原本作「建鉦」，今從通鑑改正。（影庫本粘籤）降晉州刺史張漢瑜，二郡平。進圍河中，王珂請降。太祖嘉之，乃以存敬爲護國軍留後。未幾，檢校司空，尋移宋州刺史。將之任所，寢疾，踰旬，卒于河中。太祖聞之，痛惜移晷。開平初，追贈太保，乾化三年，又追贈太傅。

子仁愿，晉天福中，仕至大理卿[三]。永樂大典卷六千三百五十。

寇彦卿，字俊臣，大梁人也。祖瑄，父裔，皆宣武軍牙校。太祖鎮汴，以彦卿將家子，擢在左右。弱冠，選爲通贊官。太祖爲元帥，補元帥府押牙，充四鎮通贊官行首兼右長直都指揮使，累奏授檢校司徒，領洺州刺史。羅紹威將殺牙軍，遣使告於太祖，太祖命彦卿使于魏，密與紹威謀之，竟成其事，彦卿之力也。

彦卿身長八尺，隆準方面，語音如鐘。善騎射，好書史，復善伺太祖之旨，凡所作爲，動皆云合。太祖每言曰：「敬翔、劉捍、寇彦卿，蓋爲我而生。」其見重如此。太祖有所乘烏馬，號「一丈烏」，嘗以賜彦卿。天復中，太祖迎昭宗於鳳翔，累與岐軍對陣。時彦卿爲諸道馬步軍都排陣使，嘗躬擐甲冑，乘其所賜烏馬，馳騁於陣前，太祖目之曰：「真神王也！」神王，原本作「神全」，考歐陽史作神王，册府元龜引薛史與歐陽史同，今改正。（影庫本粘籤）昭宗還京，賜迎鑾毅勇功臣，改邢州刺史，尋還亳州團練使。案通鑑：開平二年，帝從吴越王錢鏐之請，以亳州團練使寇彦卿爲東南面行營都指揮使，使擊淮南。十一月，彦卿帥衆二千襲霍丘，爲土豪朱景所敗，又攻廬、壽二州，皆不勝。淮南遣滁州刺史史儼拒之〔一三〕。九國志朱景傳：梁祖聞景名，命寇彦卿率勁騎三千襲霍丘，圖取景，且諭梁祖之意令降，景率其徒戰於丘墟林澤中，射死者無數，彦卿兵折力殫而去。此事薛史及歐陽史皆不載。

太祖受禪，爲華州節度使，加檢校太保。歲餘，入爲左金吾衛大將軍、充街使。一日，過天津橋，有老人案：歐陽史作民梁現。案：崔沂傳作市民梁現。（舊五代史考異）悮衝其前〔一四〕，騶導者排之〔一五〕，落橋而斃，爲御史府所彈，太祖不得已，責授左衛中郎將。案：通鑑作遊擊將軍、左衛中郎將。不數月，除相州防禦使，案：相州，歐陽史作襄州。依前行營諸軍排陣使。未幾，授河陽節度使，加檢校太傅。及太祖遇弑，彥卿追感舊恩，圖御容以奠之。每因對客言及先朝舊事，即涕泗交流。

末帝嗣位，遥領興元節度使、東南面行營都招討使，以拒淮寇，尋改右金吾衛上將軍。貞明初，授鄧州節度使。會淮人圍安陸，彥卿奉詔領兵解圍，大破淮賊而迴。四年，卒于鎮，時年五十七。詔贈侍中。

彥卿貞幹明敏，善事人主，然怙寵作威，多忌好殺，雖顯立功名，而猶爲識者之所鄙焉。永樂大典卷一萬九千三百三十〔一六〕。

史臣曰：案：原本有闕文。存敬有提鼓之勞，彥卿偶攀鱗之會，俱爲藩后，亦其宜哉！永樂大典卷一萬九千三百三十。

# 校勘記

〔一〕謝曈　原作「謝瞳」，據册府卷七二一、卷七六六（宋本）改。按文苑英華卷四一一有授陵州謝曈兼御史中丞前舒州司馬倪徽端州刺史制。本卷下文云其「字子明」，據其字，當作「曈」。本書各處同。

〔二〕僞右軍中尉孟楷抑而不進　「右軍中尉」，原作「右軍都尉」，據册府卷七二一改。按舊唐書卷二〇〇下黄巢傳：「孟楷、蓋洪爲左右軍中尉。」

〔三〕上無獨斷之明　「上」字原闕，據册府卷七二一補。

〔四〕通州刺史　「州」字原闕，按舊唐書卷三九地理志二，通州屬山南西道，天寶元年改爲通川郡，乾元元年復爲通州。新唐書卷四〇地理志四：「通州，通川郡。」據補「州」字。

〔五〕謂之入陽　「陽」，邵本校作「洋」。

〔六〕以捍爲親軍指揮使　「使」字原闕，據册府卷三八六補。

〔七〕俄又秦宗權之衆凌暴益甚　「秦」字原闕，據册府卷六九四補。

〔八〕襲淮流之積寇挺潛山之雄姿　文苑英華卷四五七授王敬蕘武寧軍張珂彰義軍節度使制作「襲淮流之積慶挺山立之雄姿」。

〔九〕以騈命謁晉公王鐸于鄭　「謁」，原作「遏」，據劉本、邵本、彭本改。

〔一〇〕太祖乃遣嗣勳率長直官千人　「長直官」，本書卷二梁太祖紀二、册府卷一八七作「長直軍」。

通鑑卷二六五作「長直兵」，胡注：「長直兵，蓋選驍勇之士，長使之直衞，不以番代者也。」

〔二〕以其壯節　「壯節」，原作「折節」，據册府卷三四六、卷三九六改。

〔三〕仕至大理卿　「卿」字原闕，據本書卷九三張仁愿傳、新五代史卷二一張存敬傳補。按本書卷八四晉少帝紀四：「（開運二年六月）壬午，大理卿張仁愿卒，贈祕書監。」

〔三〕史儼　原作「李儼」，據通鑑卷二六七改。

〔四〕有老人俁衝其前　「前」字原闕，據册府卷六二八補。

〔五〕騶導者排之　「導」，原作「道」，據册府卷六二八改。

〔六〕永樂大典卷一萬九千三百三十　檢永樂大典目録，卷一九三三〇爲「寇」字韻「莊子列御寇篇」，與本則内容不符，恐有誤記。陳垣舊五代史輯本引書卷數多誤例謂應作卷一九三三一「寇」字韻「姓氏」。本卷下一則同。

# 舊五代史卷二十一　梁書二十一

## 列傳第十一

龐師古　霍存　符道昭　徐懷玉　郭言　李唐賓　王虔裕
劉康乂　王彥章　賀德倫

龐師古，曹州南華人，初名從。以中涓從太祖，性端愿，未嘗離左右。及太祖鎮汴，樹置戎伍，始得馬五百匹，即以師古爲偏將，援陳破蔡，累有戰功。及朱珍以罪誅，遂用師古爲都指揮使。乃渡淮，餉軍于盧壽，攻滁州，破天長，下高郵，沿淮轉戰，所至克捷。尋代朱友裕領軍，攻下徐州，斬時溥首以獻。遂移軍伐兗州，入中都，寨于梁山，敗朱瑄之衆，襲至壘下，又破朱瑾于清河。從討汶陽，與朱瑄、朱瑾及晉將史儼兒史儼兒，通鑑作史儼，此傳作儼兒，與本紀同，今仍其舊。（影庫本粘籤）戰于故樂亭，大捷而迴。乾寧四年正月，復統諸軍伐鄆，拔之，擒其帥朱瑄以獻，始表爲天平軍節度留後，尋授徐州節度使，案：文苑英華有授龐從武寧平難軍節度改名師古制〔一〕，張玄晏之辭也。中云：「自委之留事，頒我詔條，惠愛行於鄉閭，威望揚于士伍。是宜錫以旗幢，進其官秩，奄有徐夷之四境，爰撫大彭之故都。」是師古先爲留後，繼授節度也。通鑑止作留後，誤。官至檢校司徒。乾寧四年八月，與葛從周分統大軍，渡淮以伐楊行密。十一月，師古寨於清口，寨地卑下，案玉堂閒話云：龐從會軍五萬于清口，所屯之地，蓋兵書謂之絶地，人不駕肩，行一舍方至夷坦之處。（舊五代史考異）或請遷移，弗聽。俄有告淮人決上流者，曰：「水至矣。」師古怒其惑衆，斬之。案九國志侯瓚傳：時兵起倉卒，加以陰寒，士皆飲冰餐雪而行。甫及梁營，則豎戈植足，鬬志未決。朱瑾與瓚率五十騎潛濟淮，入自壘北，舞槊而馳，囂聲雷沸，梁兵皆殞眩不能舉，遂斬龐從，大將繼之，死者大半。是清口之戰，因雪夜不備而敗也。薛史以爲決淮上流，與九國志異，新唐書楊行密傳兼用之。須臾，我軍在淖中，莫能戰，而吳人襲焉，故及於敗，師古没於陣。永樂大典卷一萬八千一百二十六。

霍存，洺州曲周縣人。性驍勇，善騎射，在黄巢中已爲將領。唐中和四年，太祖大破巢軍於王滿渡，時存與葛從周、張歸霸皆自巢軍來降，太祖宥而納之。其後破王夏寨，擊殷鐵林，並在戰中。尋佐朱珍取滑臺，攻淄州，取博昌，皆預戰立功。

時蔡賊張晊在汴北，存以三千人夕犯其營，破之。用本部騎兵敗秦賢軍，案：王虔裕傳作秦宗賢。（舊五代史考異）殺五千人，連破四寨，盡得其輜重。從討盧瑭、張晊，殪萬餘人，存功居多。我軍之圍濮州也，有賊升眺樓大詬。案：原本作「昭樓」，今據歐陽史改正。（舊五代史考異）太祖怒甚，召存射之，矢一發而屍隕其下，賞賚甚厚。復佐朱珍擒石璠，破魏師，敗徐戎。又佐龐師古至呂梁，敗時溥二千餘衆，以是累遷官。初，王師渡淮乏食，不甚利，唯存軍戰有功，淮賊乃引退。太祖之討宿州也，葛從周以水壞其垣，丁會以師乘其墉，存戰壘外，敗其軍，宿人乃降。明年，佐郴王友裕擊時溥于碭山，破之，獲蕃將石君和石君和，原本作「軍和」，今從通鑑改正。（影庫本粘籤）等五十人〔二〕。案歐陽史云：存代李唐賓攻時溥，溥敗碭山，存獲其將石君和等五十人。梁攻宿州，葛從周引水浸之，丁會與存戰城下，遂下之。（舊五代史考異）是歲，復與晉軍戰于馬牢川，始入爲前鋒，出則後拒，晉不敢逼，乃渡河襲淇門，殺三千餘人。曹州刺史郭紹賓之來歸也，存以師援之，遂代其任。始，朱友裕以大軍伐鄆，臨其壁，既而師陷圍中，以急來告，存領二百騎馳赴，擊退之。太祖喜，拔爲諸軍都指揮使。

景福二年春，太祖親至曹州，留騎軍數千，令存將之，且曰：「有急則倍道兼行以赴之。」俄聞朱瑾領兵二萬入援彭門，存乃領騎軍馳赴之，與徐、兗之衆合戰於石佛山下，大敗之，存亦中流矢而卒，時人稱其忠勇。

初，朱珍、李唐賓之殁，龐師古代珍，存代唐賓，戰伐功績，多與師古同。始遥領韶州牧，又改賀州，後用爲權知曹州刺史，官至檢校右僕射。及太祖登極，屢有征討，因起猛士之歎。一日，幸講武臺閲兵，謂諸將曰：「霍存在，朕安有此勞苦耶！諸君其思之。」他日語又如是。累贈官至太保。

子彦威，後唐明宗朝爲青州節度使。永樂大典卷一萬八千一百二十六。

符道昭，淮西人。案：歐陽史作蔡州人。（舊五代史考異）性强敏，有武略，秦宗權用爲心膂，使監督諸軍。後爲騎將，尤能布陣，勇聞於時。然剛而無操，善迎人意，一見若盡肺腑，必甚愛其才，而道昭之心腹颺矣。秦宗權之將敗也，有薛潛者，薛潛，原本作「雪潛」，今從歐陽史改正。（影庫本粘籤）支擘隊伍，道昭謂所私曰：「蔡弱矣。」乃歸潛。潛欲敗，復奔洋州依葛佐。佐攻興元軍不利，復奔於岐。宋文通愛之，養爲己子，名繼遠，遂易其宗。及得軍職，悉超儕伍。後爲巴州刺史，又奏爲隴州防禦使兼中軍都指揮使。太祖迎奉昭宗，駐軍於岐下，道昭頻領騎士敢鬬戰，屢爲王師所敗，遂來降。太祖素聞其名，待之甚厚。案通鑑：李繼昭出降於全忠，復姓符，名道昭。據薛史則道昭在岐，自名繼遠，非繼昭也。通鑑疑傳寫之訛。（舊五代史考異）昭宗反正，奏授秦州節度使、同平章事，遣兵援送，不克而還。

先是，李周彝棄鄜州自投歸國，署爲元帥府行軍左司馬，寵冠霸府。及道昭至，以爲右司馬，使與周彝同領寇彥卿、南大豐、閻寶已下大軍伐滄州。及太祖幸魏州，討牙軍，中軍前有魏博將山河營山河營，原本作「山阿」，今從通鑑改正。（影庫本粘籤）指揮使左行遷，聞府中有變，引軍還屯歷亭，自稱留後，從亂者數萬人。道昭佐周彝與彥卿已下大破之，殺四萬餘人，擒左行遷，斬之。有史仁遇亦聚徒數萬據高唐，又破之，擒仁遇以獻。乘勝取澶、博二州，平之，復殺萬餘人。

道昭性勇果，多率先犯陣，屢有摧失，而周彝、彥卿犄角繼進，連以捷告，護兵者上功不實，皆以道昭爲首，太祖陰知之，俱不議賞。及滄州之圍也，不用騎士，令道昭牧馬於堂陽〔三〕。太祖受禪後，委以兵柄〔四〕，與康懷英等攻潞州，以蚰蜒塹繚之，飛鳥不度。既踰歲，晉人援至，王師大敗，道昭爲晉軍所殺。永樂大典卷一萬八千一百二十七。

徐懷玉，本名琮，亳州焦夷縣人。少以雄傑自任，隨太祖起軍。唐中和末，從至大梁。光啓初，蔡寇屯金堤驛，懷玉將輕騎連破之，由是累遷親從副將，改左長劍都虞候。又從破蔡賊於板橋，收秦宗權八寨，奏加檢校右散騎常侍。文德初，同諸軍解河陽之圍，復從破徐、宿。乾寧中，奏加檢校刑部尚書，太祖賜名懷玉。破朱瑾於金鄉南，擒宗江以獻〔五〕，表授金紫光禄大夫、檢校右僕射。

乾寧四年，龐師古失利於清口，懷玉獨完軍以退。光化初，轉滑州右都押牙兼右步軍指揮使，俄奏授沂州刺史。沂州，原本作「忻州」，今從歐陽史改正。（影庫本粘籤）頃之，王師範以青州叛，屢出兵侵軼，懷玉擊退之。天復四年，轉齊州防禦使，加檢校司空，從大軍迎駕於岐下。歸署華州觀察留後。一年，復領所部兵戍雍州，尋召赴河中，補晉絳同華五州馬步都指揮使。天祐三年，授左羽林統軍，案：歐陽史作右羽林統軍。（舊五代史考異）轉右龍虎統軍，領六軍之士赴澤州。尋爲晉軍所攻，晝夜衝擊，穴地而入，懷玉率親兵逆殺於隧中，晉軍遂退。開平元年，授曹州刺史，加檢校司徒。明年，除晉州刺史。其秋，晉軍大至，已乘其墉，懷玉選親兵五十餘人，擁殺下城。晉軍既退，出家財以賞戰士。歲中，晉軍又至，懷玉領兵敗之於洪洞。三年，制授鄜坊節度使、特進、檢校太保，練兵繕壁，人頗安之，加檢校太傅。

乾化二年，庶人友珪既篡立，河中朱友謙拒命，遣兵襲鄜州，懷玉無備，尋爲河中所擄，囚於公館。及友珪遣康懷英率師圍河中，友謙慮懷玉有變，遂害之。懷玉材氣剛勇，臨陣未嘗折退，平生金瘡被體，有戰將之名焉。永樂大典卷一萬八千一百二十七。

郭言，太原人也。家於南陽新野，少以力穡養親，鄉里稱之。唐廣明中，黄巢擁衆西犯秦雍，言爲巢黨所執。後從太祖赴汴，初爲騎軍，繼有戰功，後擢爲裨校。

言性剛直，有權略，勤於戎事，或以家財分給將士之貧者，由是頗得士心。屢將兵與蔡寇戰於浚郊，每以少擊衆，出必勝歸。太祖嘉其勇果，謂賓佐曰：「言乃吾之虎侯也。」時宗權支黨數十萬，太祖兵不過數十旅，每恨其寡，與之不敵。一日，命言董數千人，越河洛，趨陝虢，招召丁壯，以實部伍。言夏往冬旋，得鋭士萬餘，遂遷步軍都將。自是隨太祖掩襲蔡寇，斬獲掠奪，不可勝紀，宗權以茲敗北，太祖盡收其地。因命言將兵導達貢奉，以安鄆傳，自汴、鄭迄於潼關，去奸恤弱，甚得其所。

光啓中，唐天子以太祖兵威日振，命兼揚州節度使。太祖遣幕吏李璠領兵赴維揚以制置爲名，時言爲李璠前鋒，深入淮甸，破盱眙而還。案通鑑云：時溥以師襲之，言力戰得免。

梁祖紀亦作不克進而還，與傳異。梁祖東伐徐、鄆，言將偏師，略地千里，頻逢寇敵，言出奇決戰，所向皆捷，大挫東人之鋭。太祖録其績，以「排陣斬斫」之號委之，尋表爲宿州刺史、檢校右僕射。于時徐、宿兵鋒日夕相接，控扼偵邏，以言爲首。景福初，時溥大舉來攻宿州，言勇於野戰，喜逢大敵，自引鋭兵擊溥，殺傷甚衆，徐戎乃退。言爲流矢所中，一夕而卒。永樂大典卷二萬二千一百六十。

李唐賓，陝州陝縣人也。中和四年二月，尚讓之寇繁臺也，唐賓與李讜、霍存並爲巢將，與太祖之軍戰于尉氏門外。三月，太祖破瓦子寨，唐賓與王虔裕來降。時黄巢壁于陳郊，乃命唐賓摩其西闉焚焉。王滿之師、王夏之陣，唐賓悉在戰中。後與朱珍趣淄州，所向摧敵。及取滑平蔡，前後破兗、鄆、淮、徐之衆〔六〕，功與朱珍略等，而驍勇絶倫，善用矛，未嘗不率先陷陣，其善於治軍行師之道，亦與珍齊名。珍之擒石璠也，唐賓亦沿淮與郭言犄角下盱眙，其後渡河破黎陽、李固等鎮，攻澶州，下内黄，敗魏師，未嘗不與珍同。暨攻蔡之役，珍自西南破其外垣，唐賓亦堙壕坎墉，摧其東北隅。及伐徐取豐，時溥軍於吴康，案：原本訛「吴唐」，今據歐陽史改正。（舊五代史考異）珍亟遇之，未能却，唐賓引本軍擊敗之，珍遂大勝。每興師必與珍偕用，故往無不利，然而剛中用壯，遂爲珍所害，以謀叛聞。太祖聞之，痛惜累日。及誅朱珍後，令其妻孥至軍收葬，而加弔祭焉。永樂大典卷一萬三百八十八。

王虔裕，瑯琊臨沂人也，家於楚丘。少有膽勇，多力善射，以弋獵爲事。唐乾符中，諸葛爽聚徒於青棣間，攻剽郡縣，虔裕依其衆。及爽歸順，乃以虔裕及其衆隸於宣武軍。太祖鎮汴，四郊多事，始議選將征討，首以虔裕綰騎兵，恒爲前鋒。及太祖擊巢、蔡於陳州，虔裕連拔數寨，擒獲萬計。巢孽既遁，虔裕躡其迹，追至萬勝戍，賊衆饑乏，短兵纔接而潰。太祖以其勞，表授義州刺史。蔡人日縱侵掠，陳、鄭、許、亳之郊，頻年大戰，虔裕掩襲攻拒，凡百餘陣，勦戮生擒，不知紀極。秦宗賢寇汴南鄙，太祖令虔裕逆擊於尉氏，不利而還。太祖怒，命削職，拘於別部。踰年，邢州孟遷請降。未幾，晉人伐邢，孟遷遣使來乞師，太祖先遣虔裕選勇士百餘人徑往赴之，伺夜突入邢州，明日，循堞樹立旗幟，晉人不測，乃退。數月，復來圍邢，時太祖大軍方討兗、鄆，未及救援，案通鑑考異云：是時，全忠方攻時溥，未討兗、鄆也。傳誤。未及救援，原本作「未幾」，今從通鑑考異所引薛史改正。（影庫本粘籤）邢人困而攜貳，遷乃縶虔裕送於太原，尋爲所害。永樂大典卷一萬八千一百二十七。

劉康乂，壽州安豐縣人也。以農桑爲業。唐乾符中，關東羣盜並起，江淮間偏罹其苦〔七〕，因爲巢黨所掠。康乂沉默有膂力，善用矛槊，然不樂爲暴。中和三年，從太祖赴鎮，委以心腹，康乂枕戈擐甲，夷險無憚。其後累典親軍，襲巢破蔡，斬獲尤多，累以戰功遷元從都將。從太祖連年攻討徐、兗、鄆，所向多捷，尤善於營壘，充諸軍壕寨使。及太祖盡下三鎮，議其功，奏加檢校右僕射，兼領軍衞，尋遷密州刺史，密州，原本作「宣州」，考新唐書昭宗紀：「楊行密陷密州，刺史劉康乂死之。」「宣」字係「密」字之誤，今改正。（影庫本粘籤）政甚簡靜。時王師範叛據青州，乞師於淮夷，淮人遂攻密州。密兵素少，執鋭者不滿千夫，而淮賊踰萬，康乂率老弱守陴，自别領少壯，日與接戰於密之四郊，俘擒千計。賊知密州虚弱，援兵未至，晝夜急攻，遂陷，康乂爲賊所害。永樂大典卷九千九十八。

王彦章，字賢明，案：歐陽史作字子明。鄆州壽張縣人也。案：歐陽史作鄆州壽昌人。通鑑從薛史作壽張〔八〕。祖秀，父慶宗，俱不仕，以彥章貴，秀贈左散騎常侍，慶宗贈右武衞將軍。彥章少從軍，隸太祖帳下，以驍勇聞。稍遷軍職，累典禁兵。從太祖征討，所至有功，常持鐵鎗衝堅陷陣〔九〕。開平二年十月，自開封府押牙、左親從指揮使授左龍驤軍使。三年，轉左監門衞上將軍，依前左龍驤軍使。乾化元年，改行營左先鋒馬軍使，又加金紫光禄大夫、檢校司空，依前左監門衞上將軍。二年，庶人友珪簒位，加檢校司徒。三年正月，授濮州刺史、本州馬步軍都指揮使，依前左先鋒馬軍使。未幾，改先鋒步軍都指揮使。四年，爲澶州刺史，進封開國伯。

五年三月，朝廷議割魏州爲兩鎮，慮魏人不從，遣彥章率精騎五百屯鄴城，駐於金波亭，以備非常。是月二十九日夜，魏軍作亂，首攻彥章於館舍，彥章南奔。七月，晉人攻陷澶州，彥章舉家陷没。案通鑑：晉人夜襲澶州，陷之。刺史王彥章在劉鄩營，晉人獲其妻子。是當時澶州之陷，因刺史他出而掩其不備，非彥章力不能守也。歐陽史極推重彥章，而載澶州事不詳，蓋未博考。晉王遷其家於晉陽，待之甚厚，遣細人間行誘之，彥章即斬其使以絶之。後數年，其家被害。九月，授汝州防禦使、檢校太保，依前行營先鋒步軍都指揮使。貞明二年四月，改鄭州防禦使。三年十二月，授西面行營馬軍都指揮使，加檢校太傅，依前鄭州防禦使。頃之，授行營諸軍左廂馬軍都指揮使。五年五月，遷許州兩使留後，軍職如故。六年正月，正授許州匡國軍節度使、充散指揮都頭都軍使，進封開國侯。未幾，授北面行營副招討使。七年正月，移領滑州。

三年四月晦〔一〇〕，晉師陷鄆州，中外大恐。五月，以彥章代戴思遠爲北面招討使。拜命之日，促裝以赴滑臺，遂自楊村砦浮河而下，水陸俱進，斷晉人德勝之浮梁，攻南城，拔之，晉人遂棄北城，併軍保楊劉。彥章以舟師沿流而下，晉人盡徹北城北城，原本作「博城」，今據歐陽史改正。（影庫本粘籤）析屋木編栰，置步軍於其上，與彥章各行一岸，每遇轉灘水匯，即中流交鬭，流矢雨集，或舟栰覆没，比及楊劉，凡百餘戰。彥章急攻楊劉，晝夜不息，晉人極力固守，垂陷者數四。六月，晉王親援其城，彥章之軍，重壕複壘，晉人不能入。晉王乃於博州東岸築壘，以應鄆州。彥章聞之，馳軍而至，急攻其栅，自旦及午，其城將拔，會晉王以大軍來援，彥章乃退。七月，晉王至楊劉，彥章軍不利，遂罷彥章兵權，詔令歸闕，以段凝爲招討使。

先是，趙、張二族撓亂朝政，彥章深惡之，性復剛直，不能緘忍。及授招討之命，因謂所親曰：「待我立功之後，回軍之日，當盡誅姦臣，以謝天下。」趙、張聞之，私相謂曰：「我輩寧死於沙陀之手，不當爲彥章所殺。」因協力以傾之。時段凝以賄賂交結，自求兵柄，素與彥章不協，潛害其功，陰行逗撓，遂至王師不利，竟退彥章而用段凝，未及十旬，國以之亡矣。

是歲秋九月，朝廷聞晉人將自兗州路出師，末帝急遣彦章領保鑾騎士數千於東路守捉，案：歐陽史從家傳作保鑾士五百人，又作畫像記，極辨舊史領數千人以往之非。今考通鑑云：「梁主命王彦章將保鑾騎士及他兵合萬人[二]，屯兗、鄆之境。」是彦章所將且不止薛史所云數千矣。又考通鑑，李嗣源敗彦章于遞坊鎮，獲將士三百人，斬首二百級。使彦章所將止於五百，是師徒盡喪，單騎遁還，不應尚能再戰也。彦章忠于所事，百折不回，不幸爲監軍張漢傑所制，力竭而亡，非戰之罪。歐陽史必欲減其兵數，恐轉非實録。且以鄆州爲敵人所據，因圖進取，令張漢傑爲監軍。一日，彦章渡汶，以略鄆境，至遞坊鎮，爲晉人所襲，彦章退保中都。十月四日，晉王以大軍至，彦章以衆拒戰，兵敗，爲晉將夏魯奇所擒。魯奇嘗事太祖，與彦章素善，及彦章敗，識其語音，曰：「此王鐵槍也。」揮矟刺之，彦章重傷，馬踣，遂就擒。

晉王見彦章，謂之曰：「爾常以孺子待我，今日服未？」又問：「我素聞爾善將，何不保守兗州？此邑素無城壘，何以自固？」彦章對曰：「大事已去，非臣智力所及。」晉王惻然，親賜藥以封其創。晉王素聞其勇悍，欲全活之，令中使慰撫，以誘其意。彦章曰：「比是匹夫，本朝擢居方面，與皇帝十五年抗衡，今日兵敗力窮，死有常分，皇帝縱垂矜宥，何面目見人！豈有爲臣爲將，朝事梁而暮事晉乎！得死幸矣。」晉王又謂李嗣源曰：「爾宜親往諭之，庶可全活。」時彥章以重傷不能興，嗣源至卧内以見之，謂嗣源曰：「汝非邈佶烈乎？」邈佶烈，蓋嗣源小字也，彥章素輕嗣源，故以小字呼之。既而晉王命肩輿隨軍至任城，彥章以所傷痛楚，堅乞遲留，遂遇害，時年六十一。

彥章性忠勇，有膂力，臨陣對敵，奮不顧身。居嘗謂人曰：「李亞子鬭鷄小兒，何足顧畏！」初，晉王聞彥章授招討使，自魏州急赴河上，以備衝突，至則德勝南城已爲所拔。晉王嘗曰：「此人可畏，當避其鋒。」一日，晉王領兵迫潘張寨。大軍隔河，未能赴援，彥章援槍登船，叱舟人解纜，招討使賀瓌止之，不可。晉王聞彥章至，抽軍而退，其驍勇如此。及晉高祖遷都夷門，嘉彥章之忠款，詔贈太師，太師，原本作「太尉」，歐陽史作太師，考薛史晉高祖紀亦作太師，今改正。（影庫本粘籤）搜訪子孫録用。永樂大典卷一萬八千一百二十七。五代史補：王彥章之應募也，同時有數百人，而彥章嘗求爲長。衆皆怒曰：「彥章何人，一旦自草野中出，便欲居我輩之上，是不自量之甚也。」彥章聞之，乃對主將指數百人曰：「我天與壯氣，自度汝等不及，故求作長耳。汝等咄咄，得非勝負將分之際耶！且大凡健兒開口便言死，死則未暇，且共汝輩赤脚入棘針地走三五遭，汝等能乎？」衆初以爲戲，既而彥章果然。衆皆失色，無敢效之者。太祖聞之，以爲神人，遽擢用之。

賀德倫，其先河西部落人也。父懷慶，隸滑州軍爲小校。德倫少爲滑之牙將。太祖領四鎮，德倫以本軍從，繼立軍功，累歷刺史、留後，遷平盧軍節度使。及魏博楊師厚卒，朝廷以德倫代其任。貞明元年三月二十九日夜，魏軍作亂，執德倫，囚於别館，盡殺其部衆，爲亂首張彥所迫，遣使歸款于太原。晉王自黄澤嶺東下，至臨清，德倫遣從事司空頲密啓晉王，訴以張彥凌辱之事。晉王至永濟，斬彥等八人，然後入于魏，德倫即以符印上晉王。案通鑑：晉王既入，德倫上印節，請王兼領天雄軍。王固辭，曰：「比聞汴寇侵逼貴道，故親董師徒，遠來相救；又聞城中新罹塗炭，故暫入存撫。明公不垂鑒信，乃以印節見推，誠非素懷。」德倫再拜曰：「今寇敵密邇，軍城新有大變，人心未安，德倫心腹紀綱爲張彥所殺殆盡，形孤勢弱，安能統軍！一旦生事，恐負大恩。」王乃受之。（舊五代史考異）尋授雲州節度使，行次河東，監軍張承業留之不遣。頃之，王檀以急兵襲太原，德倫部下多奔逸，承業懼其爲變，遂誅德倫，并其部曲盡殺之。永樂大典卷一萬七千四百六十七。

## 校勘記

〔一〕授龐從武寧平難軍節度改名師古制　「平難軍」，原作「平南」，據文苑英華卷四五七授龐從武寧平難軍節度使改名師古制改。

〔二〕獲蕃將石君和等五十人　「五十」，册府卷三四六同，本書卷一梁太祖紀一、册府卷一八七作「三十」。

〔三〕堂陽　原作「唐陽」，據劉本、邵本校改。按新唐書卷三九地理志三，堂陽屬河北道冀州。漢書卷二八上地理志上注引應劭曰：「在堂水之陽。」

〔四〕委以兵柄　「以」字原闕，據册府卷四四四補。

〔五〕宗江　彭本、册府卷三四六、卷三八六作「宋江」。

〔六〕前後破兗鄆淮徐之衆　「兗」字原闕，據册府卷三六〇補。

〔七〕江淮間偏罹其苦　「苦」，册府卷三四六作「酷」。

〔八〕通鑑從薛史作壽張　以上八字原闕，據舊五代史考異卷一補。

〔九〕常持鐵鎗衝堅陷陣　句下册府卷三四六、卷三九三、卷八四五有「敵人畏之，目之爲王鐵槍」十字。

〔一〇〕三年四月晦　本書卷一〇梁末帝紀下、新五代史卷三梁本紀繫其事於龍德三年。

〔一一〕梁主命王彥章將保鑾騎士及他兵合萬人　「騎」字原闕，據通鑑卷二七二補。

# 舊五代史卷二十二　梁書二十二

## 列傳第十二

### 楊師厚　牛存節　王檀

楊師厚，潁州斤溝人也。初爲李罕之部將〔一〕，以猛決聞，尤善騎射。及罕之敗，退保澤州，師厚與李鐸、何絪等來降，何絪，原本作「何細」，考歐陽史作何絪，今改正。（影庫本粘籤）太祖署爲忠武軍牙將，繼歷軍職，累遷檢校右僕射，表授曹州刺史。

唐天復二年〔二〕，從太祖迎昭宗於岐下，李茂貞以勁兵出戰，爲師厚所敗。及王師範以青州叛，太祖遣師厚率兵東討，時淮賊王景仁以衆二萬來援師範，師厚逆擊，破之，追至輔唐縣，斬數百級，授齊州刺史。將之任，太祖急召見於鄆西境，遣師厚率步騎屯於臨朐，而聲言欲東援密州，留輜重於臨朐。師範果出兵來擊，師厚設伏於野，追擊至聖王山，殺萬餘衆，擒都將八十人。未幾，萊州刺史王師誨以兵救師範，又大敗之。自是師範不復敢戰。師厚移軍寨于城下，師範力屈，竟降。天復四年三月，加檢校司徒、徐州節度使。天祐元年，加諸軍行營馬步都指揮使。

二年八月，太祖討趙匡凝於襄陽，命師厚統前軍以進，趙匡凝嚴兵以備。師厚至穀城西童山，刊材造浮橋，引軍過漢水，一戰，趙匡凝敗散，攜妻子沿漢遁去。翌日，表師厚爲山南東道節度留後，案舊唐書：天祐三年六月甲申敕：「襄州近因趙匡凝作帥，請別立忠義軍額，既非往制，固是從權，忠義軍額宜停廢，依舊爲山南東道節度使。」是山南東道復置于天祐三年，而薛史于二年八月已云表師厚爲山南東道節度留後，蓋史家追書之。即令南討荆州，留後趙匡明亦棄軍上峽，不浹旬，併下兩鎮，乃正授襄州節度使。先是，漢南無羅城，師厚始興板築，周十餘里，郛郭完壯。

開平元年，加檢校太保、同平章事。明年，又加檢校太傅。三年三月，入朝，詔兼潞州行營都招討使。無何，劉知俊據同州叛，師厚與劉鄩率軍西討，至潼關，擒知俊弟知浣以獻。知俊聞師厚至，即西走鳳翔，師厚進攻，至長安。時知俊已引岐寇據其城，師厚以奇兵傍南山急行，自西門而入，賊將王建驚愕，不知所爲，遽出降。制加師厚檢校太尉。頃之，晉王與周德威、丁會、符存審等以大衆攻晉州甚急，太祖遣師厚帥兵援之。軍至絳州，晉軍扼蒙阬之險，案原本「阬」作「吭」，考通鑑注云：蒙阬在汾水之東，東西三百餘里，蹊徑不通。即此處也，今改正。（舊五代史考異）師厚整衆而前，晉人乃徹圍而遁。案通鑑考異引梁實録云：生擒賊將蕭萬通等，賊由是棄寨而遁。莊宗實録云：汴軍至蒙阬，周德威逆戰，敗之，斬首二百級。二軍各言勝捷，其互異如此。通鑑定從薛史及梁實録。四年二月，移授陝州節度使。

五年正月，王景仁敗於柏鄉，晉人乘勝圍邢州，掠魏博，南至黎陽。師厚受詔以兵屯衞州，晉軍攻魏州，不克而退，師厚追襲，過漳河，解邢州之圍，改授滑州節度使。明年，太祖北征，令師厚以大軍攻棗强，逾旬不能克，太祖屢加督責，師厚晝夜奮擊，乃破之，盡屠其城。車駕還，師厚屯魏州。

及庶人友珪篡位，魏州衙内都指揮使潘晏與大將臧延範、趙訓謀變，有密告者，師厚布兵擒捕，斬之。案歐陽史云：師厚乘間殺魏牙將潘晏、臧延範等，逐出節度使羅周翰。與薛史異。越二日，又有指揮使趙賓夜率部軍擐甲，俟旦爲亂。師厚以衙兵圍捕，賓不能起，乃越城而遁，師厚遣騎追至肥鄉，擒其黨百餘人歸，斬于府門。友珪即以師厚爲魏博節度使、檢校侍中。未幾，鎮人、晉人侵魏之北鄙，師厚率軍至唐店，破之，斬首五千級，擒其都將三十餘人。是時，師厚握河朔兵，威望振主，友珪患之，詔師厚赴闕。師厚乃率精甲萬人至洛陽，嚴兵於都外，自以十餘人入謁，友珪懼，厚禮而遣之。

及末帝將圖友珪，遣使謀於師厚，師厚深陳款効〔三〕，且馳書于侍衛軍使袁象先及主軍大將，又遣都指揮使朱漢賓率兵至滑州以應禁旅。友珪既誅，末帝即位於東京，首封師厚爲鄴王，加檢校太師、中書令，每下詔不名，以官呼之，事無巨細，必先謀於師厚，師厚頗亦驕誕。先是，鎮人以我柏鄉不利之後，屢擾邊境，師厚總大軍直抵鎮州城下，焚盪閭舍，移軍掠藁城、束鹿，至深州而歸。乾化五年三月，卒于鎮。廢朝三日，贈太師。

師厚純謹敏幹，深爲太祖知遇，委以重兵劇鎮，他莫能及。然而末年矜功恃衆，驟萌不軌之意，於是專割財賦，置銀槍效節軍，凡數千人，案清異録云：槍材難得十全，魏州石屋材多可用，楊師厚時，銀槍效節都皆采於此。（舊五代史考異）皆選摘驍鋭，縱恣豢養，復故時牙軍之態，時人病之。向時河朔之俗〔四〕，上元比無夜遊，及師厚作鎮，乃課魏人户立燈竿，千釭萬炬，洞照一城，縱士女嬉遊。復彩畫舟舫，令女妓櫂歌於御河，縱酒彌日。又於黎陽採巨石，將紀德政，以鐵車負載，驅牛數百以拽之，所至之處，丘墓廬舍悉皆毁壞，百姓望之，皆曰「碑來」。及碑石纔至，而師厚卒，魏人以爲「悲來」之應。末帝聞其卒也，於私庭受賀，乃議裂魏州爲兩鎮。既而所樹親軍，果爲叛亂，以招外寇，致使河朔淪陷，宗社覆滅，由師厚兆之也。永樂大典卷一萬八千一百二十六。

牛存節，字贊貞，案：原本作「替貞」，夏文莊集引薛史又作「潛真」，今據歐陽史改正。（舊五代史考異）青州博昌人也。本名禮，太祖改而字之。少以雄勇自負。唐乾符末，鄉人諸葛爽爲河陽節度使，存節往從之。爽卒，存節謂同輩曰：「天下洶洶，當擇英主事之，以圖富貴。」遂歸於太祖。初授宣義軍小將〔五〕。屬蔡寇至金堤驛，犯酸棗、靈昌，存節日與之鬬，凡二十餘往，每往必執俘而還，前後斬首二千餘級〔六〕，獲孳畜甚衆。太祖擊蔡賊於板橋、赤堈、酸棗門、封禪寺、枯河北，存節皆預其行。與諸將於濮州南劉橋、范縣大破鄆衆，自此深爲太祖獎遇。

文德元年夏，李罕之以并軍圍張宗奭於河陽，太祖遣存節率軍赴之。屬歲歉，饟餽不至，村民有儲乾椹者，存節以器用、錢帛易之，以給軍食。大破賊於沇河〔七〕，罕之引衆北走。又預討徐、宿有功。及討河北，存節前鋒下黎陽，收臨河，至內黃西，以兵千餘人當魏人萬二千衆，大破其陣，殭仆蔽野。太祖深所歎激，謂有神兵之助。

大順元年〔八〕，改滑州左右廂牢城使。與諸將討時溥，累破賊軍。景福元年秋，改遏後都指揮使。攻濮之役，領軍先登，遂拔其壘。二年四月，下徐州，梟時溥，存節力戰，其功居多。乾寧二年〔九〕，授檢校工部尚書。三年夏，太祖東討鄆州，存節領軍次故樂亭，扼其要路，都指揮使龐師古屯馬頰，存節密與都將王言謀入鄆壘。十二月，存節遣王言夜伏勇士於州西北，以船踰濠，舉梯登陴。既而王言不克入，存節獨率伏軍負梯轒破其西甕城，奪其濠橋，諸軍俱進。四年四月〔一〇〕，陷其城，尋與葛從周降下兗州，加檢校右僕射。

其年秋，大舉以伐淮南，至濠州東，聞前軍失利於清口，諸軍退至淠河，無復隊伍。存節遏其後，與諸將釋騎步鬭〔一一〕，諸軍稍得濟，收合所部並敗兵共八千餘人，至于淮涘，時不食已四日矣。存節訓勵部分，以禦追寇，遂得旋師。案舊唐書昭宗紀：葛從周自霍丘渡淮，至濠州，聞師古敗，乃退軍，信宿至淠河，方渡，而朱瑾至。是日，殺傷溺死殆盡，還者不滿千人，唯牛存節一軍先渡獲免。比至潁州，大雪寒凍，死者十五六。據舊唐書，存節以先渡得免，而薛史以爲存節遏其後，蓋傳聞之異。五年，除亳州刺史，俄遷宣武軍都指揮使，改宿州刺史。明年，淮賊大至彭城，存節乃以部下兵夜發，直趣彭門，淮人訝其神速，震恐而退，諸將服其智識。

光化二年，罷歸，復爲左衙都將兼馬步教練使。天復元年，授潞州馬步都指揮使，法令嚴整，士庶安之。及追赴行在，士卒泣送者不絕於道。加金紫光祿大夫、檢校司空，改滑州左衙步軍指揮使、知邢州軍州事。天祐元年，授邢州團練使。時州兵纔及二百人，晉人知之，以大軍來寇。太祖在鄴，發長直兵二千人赴援，存節率壯健出鬭，以家財賞激戰士，并軍急攻，七日不能克而去。太祖召至，勞慰久之，厚賚金帛鞍馬，加檢校司徒。冬，罷郡〔二〕，署爲元帥府左都押衙。四年，太祖受禪，除右千牛衞上將軍。其秋，攻潞州，以存節爲行營馬步軍都排陣使。

開平二年二月，自右監門衞上將軍轉右龍虎統軍，駐留洛下。是歲，王師敗於上黨，晉人乘勝進迫澤州，州城將陷。河南留守張全義召存節謀，遂以本軍及右龍虎、羽林等軍往應接上黨。師至天井關，存節謂諸將曰：「是行也，雖不奉詔旨，然要害之地，不可致失。」時晉人新勝，其鋒甚盛，存節引衆而前，銜枚夜至澤州，適遇守埤者已縱火鼓噪，以應外軍，刺史保衙城〔三〕，不知所爲。存節纔入，晉軍已至矣，乃分布守禦。晉軍四面攻鬬，開地道以入城，存節亦以隧道應之，逆戰于地中，晉軍不能進。又以勁弩射之，中者人馬皆洞。經十三日，晉軍死傷者甚衆，焚營而退，郡以獲全。案：存節自潞州行營入爲統軍，留駐洛下，其後夾城之敗，存節未嘗在軍中也。歐陽史迺云：晉兵已破夾城，存節以餘兵歸，行至天井關，還救澤州。通鑑考異已辨其誤。（舊五代史考異）太祖屢歎賞之。五月〔四〕，遷左龍虎統軍、充六軍馬步都指揮使。十月，授絳州刺史。

三年四月，除鄜州留後。六月，劉知俊以同州叛，尋授同州留後，未幾，加檢校太保、同州節度使。乾化二年，加檢校太傅，進封開國公。存節戒嚴軍旅，常若敵至。先是，州中井水鹹苦，人不可飲，及并人、岐人來迫州城，或以爲兵士渴乏〔五〕，陷在旦夕。存節乃肅拜虔祝，擇地鑿八十餘井，其味皆甘淡，由是人馬汲濯有餘，案：夏竦集引薛史作存節鑿八十餘井，味皆甘淡，病渴具消。疑引薛史而稍有移易也。衆以爲至誠之感。自八月至三年春末，人馬未嘗釋甲，以至寇退。尋加同平章事，詔赴闕，末帝召慰勉，賞賜甚厚。十一月，加開府儀同三司，食邑一千户〔一六〕，授鄆州節度使。四年，加淮南西北面行營招討使，控扼淮濆，邊境安之。

其冬，蔣殷據徐州逆命，存節方以大衆戍潁州，得殷逆謀，密以上聞，遽奉詔與劉鄩同討之，頓於埇上。淮賊朱瑾以兵救殷，距宿之兩舍，聞存節兵大至，即委糧棄甲而遁，竟平徐州。詔加太尉。夏中病渴且痟，屬河北用軍，末帝令率軍屯陽留案：陽留即楊劉，見通鑑考異。又考李重進碑作楊留，蓋地名通用。以張劉鄩之勢。存節忠憤彌篤，未嘗言病，料敵治戎，旦夕愈厲。病革，詔歸汶陽，翌日而卒。將終，戒其子知業、知讓等以忠孝，言不及他。冊贈太師。

存節武騖慷慨，有大節，野戰壁守，皆其所長，威名聞於境外，深爲末帝所重，而木强忠厚，有賈復之風焉。永樂大典卷八千八百六十一。

王檀，字衆美，京兆人也。曾祖泚，唐左金吾衛將軍、隴州防禦使。祖曜，定難功臣、渭橋鎮遏使。父環，鴻臚卿，以檀貴，累贈左僕射。檀少英悟，美形儀，好讀兵書，洞曉韜略。唐中和中，太祖鎮大梁，檀爲小將。四年，汴將楊彦洪破巢將尚讓、李讜於尉氏門外，檀在戰中，摧鋒陷陣，遂爲太祖所知，稍蒙擢用。預破蔡賊於斤溝、淝河、八角，遷踏白都副將。

光啓二年，從胡真擊淮西之衆，解河陽之圍。蔡賊張存敢乘亂據洛陽，檀與勇士數十人潛入賊柵，邀其輜重，存敢遁走。胡真至陝州，開通貢路，遣檀攻玉山寨，降賊帥石令殷。從擊秦宗賢於鄭州西北河灘之上，於太祖馬前射賊將孫安，應弦而斃。三年，佐都指揮使朱珍敗徐戎於孫師陂，獲其將孫用和、束詡以獻。從擊蔡賊於板橋，偏將李重胤追賊馬躓，爲蔡人所擒，檀奪取而旋，獲賊將薛注。太祖破朱瑾於劉橋，檀盡收其軍實。

文德元年三月〔七〕，討羅弘信，敗魏人於内黄，檀獲其將周儒、邵神劍以歸，補衡山都虞候。案：原本作「衡山」，今從歐陽史改正。是歲，與諸軍平蔡州。明年，佐朱珍大破時溥之衆，檀獲賊將何肱，改左踏白馬軍副將。預征兖、鄆，累立戰功。大順元年，從龐師古渡淮深入，討孫儒之亂，奪邵伯堰，破高郵軍，檀奮命擊賊，刃傷左臂。未幾，遷順義都將。天復中，從太祖率四鎮之師圍鳳翔，以迎昭宗，屢立戎効，遷左踏白指揮使。從攻王師範於青丘〔一八〕，檀以偏師收復密郡，案永陽志云：張訓守密州刺史，朱全忠至青州，訓謂諸將曰：「汴人將至，何以禦之？」諸將請焚城大掠而歸。訓曰：「不可。」乃封府庫，植旗幟於城上，遣羸弱居前，自以精兵殿其後而去。全忠遣王檀攻密州，數日乃敢入城。（舊五代史考異）遂權知軍州事，充本州馬步軍都指揮使，尋表授檢校右僕射〔一九〕、守密州刺史。郡接淮戎，舊無壁壘，乃率丁夫修築羅城〔二〇〕，六旬而畢，居民賴之，加檢校司空。

開平二年六月，授邢州保義軍節度使、檢校司徒。三年，加檢校太保，充潞州東北面行營招討使〔二一〕。乾化元年正月，王景仁與晉人戰於柏鄉，王師敗績，河朔大震。景仁餘衆爲敵騎所追，檀嚴設備，應接敗軍，助以資裝，獲濟者甚衆。俄而晉軍大至，重圍四合，土山地穴，晝夜攻擊，太祖憂之。檀密上表〔二二〕，請駕不親征，而悉力枝梧，竟全城壘。三月，以功就加檢校太傅、同平章事。七月，又加開府儀同三司、檢校太尉，進封瑯琊郡王，命宣徽使趙殷衡齎詔慰諭，賜絹千疋、銀千兩，賞守禦邢州之功也。庶人友珪僭位，授鄧州宣化軍節度使、檢校太尉、兼侍中。

末帝即位，移授許州匡國軍節度使，加檢校太師。五年，蔡州刺史王彥温作亂，檀受詔討平之，加兼中書令。貞明元年三月，魏博軍亂。六月，晉王入魏州，分兵收下屬郡，河北大擾，檀受詔與開封尹劉鄩犄角進師，以援河北。檀攻澶州、魏縣，下之，擒賊將李巖、案：通鑑考異引莊宗實録作李嚴。（舊五代史考異）王門關以獻[一三]。頃之，檀密疏請以奇兵西趣河中，自陰地關襲取晉陽，末帝許之，即馳兵而去。二年二月，師至晉陽，晝夜急攻其壘，并州幾陷。既而蕃將石家才自潞州以援兵至，檀引軍大掠而還。尋授天平軍副大使、知節度事[一四]，充鄆齊曹等州觀察等使。

先是，檀招誘羣盜，選其勁悍者置於帳下，以爲爪牙。至是數輩竊發，突入府第，檀素不爲備，遂爲所害，時年五十一。案：歐陽史作五十八。（舊五代史考異）節度副使裴彦聞變，率府兵盡擒諸賊，州城帖然。尋册贈太師，謚曰忠毅，忠毅，原本作「思毅」，今從册府元龜改正。（影庫本粘籤）葬於開封縣之皋門原。有子六人，皆升朝列。永樂大典卷六千八百五十。

史臣曰：夫大都偶國，春秋所非。當師厚之據鄴城也，縮數萬之甲兵，擅六州之輿賦，名既震主，勢亦滔天。逮其喪亡，須議分割，由茲以失河朔，因是以啓晉人，詩所謂「誰生厲階」者，師厚之謂歟！存節、王檀俱出身事主，底力圖功，觀其方略，皆將帥之良者也。永樂大典卷六千八百五十。

## 校勘記

〔一〕初爲李罕之部將　「初」字原闕，據册府卷三四六、卷九四九補。新五代史卷二三楊師厚傳敘其事作「少事河陽李罕之」。

〔二〕唐天復二年　「二年」，原作「三年」，據册府卷三四六改。按通鑑卷二六三亦繫其事於天復二年。

〔三〕師厚深陳款効　「師厚」二字原闕，據册府卷三七四、卷四五一補。

〔四〕向時河朔之俗　「向時」，殿本、孔本、册府卷四五四作「承前」。

〔五〕初授宣義軍小將　「宣義」，册府卷四一九、牛存節墓誌（拓片刊河洛墓刻拾零）作「宣武」。按宣義軍即滑州，宣武軍爲汴州。

〔六〕前後斬首二千餘級　「二千」，原作「二十」，據册府卷三四六、卷三九六改。

〔七〕沇河　原作「浿河」，據邵本校、本書卷一五李罕之傳、卷五五康君立傳、新五代史卷一梁本紀、卷二一葛從周傳、卷四二李罕之傳、卷四四丁會傳、卷四五張全義傳改。舊五代史考異卷一：「案原本訛『汎河』，今據歐陽史及通鑑改正。」

〔八〕大順元年　牛存節墓誌繫其事於文德元年。

〔九〕乾寧二年　牛存節墓誌繫其事於乾寧元年。

〔一〇〕四年四月　「四月」，册府卷三四六作「正月」。按本書卷一梁太祖紀一、通鑑卷二六一皆繫其事於正月。牛存節墓誌繫其檢校右僕射事於三年。

〔二〕與諸將釋騎步鬬 「與」字原闕，據冊府卷三四六、卷四一八、武經總要後集卷四補。

〔三〕罷郡 原作「罷軍」，據冊府卷三四六改。

〔三〕刺史保衙城 「刺史」下武經總要後集卷一五有「王班」二字。本書卷二七唐莊宗紀一敍其事云：「周德威乘勝攻澤州，刺史王班登城拒守。」

〔四〕五月 牛存節墓誌繫其事於四月。

〔五〕或以爲兵士渴乏 「或」，冊府卷三九八作「咸」。

〔六〕食邑一千户 牛存節墓誌：「乾化二年，加太傅，進國公，邑千户。明年春，加同平章事，十一月加開府儀同三司，增邑二千户。」

〔七〕文德元年三月 「三月」，冊府卷三八六作「二月」。

〔八〕從攻王師範於青丘 「青丘」，原作「青州」，據孔本、永樂大典卷六八五〇引五代薛史、冊府卷三八六改。

〔九〕檢校右僕射 「右」，冊府卷三八六同，永樂大典卷六八五〇引五代薛史作「左」。

〔一〇〕乃率丁夫修築羅城 「丁」字原闕，據御覽卷二五八引五代史梁書、冊府卷六九六補。

〔一一〕充潞州東北面行營招討使 「東北面」，冊府卷四一四同，冊府卷三八六、新五代史卷二二梁本紀、通鑑卷二六七作「東面」。

〔三〕檀密上表　册府卷三八六同，永樂大典卷六八五〇引五代薛史無「密」字。

〔亖〕王門關　原作「王開關」，據永樂大典卷六八五〇引五代薛史、册府（宋本）卷三六九改。影庫本粘籤：「『開關』，原本作『門關』，今據歐陽史改正。」按今檢新五代史未記此人。

〔亖〕知節度事　「節度」下原有「使」字，據永樂大典卷六八五〇引五代薛史删。

# 舊五代史卷二十三

梁書二十三

## 列傳第十三

### 劉鄩　賀瓌　康懷英　王景仁

劉鄩，密州安丘縣人也。祖綬，密州户掾，累贈左散騎常侍。父融，安丘令，累贈工部尚書。鄩幼有大志，好兵略，涉獵史傳。唐中和中，事青州節度使王敬武爲小校。敬武卒，三軍推其子師範爲留後，朝廷命崔安潛崔安潛，原本作「守潛」，今從新唐書改正。（影庫本粘籤）鎮青州，州人拒命。棣州刺史張蟾將襲師範，師範遣都指揮使盧弘攻棣州，弘反與蟾通，僞旋軍以襲師範。師範知之，設伏兵以迎弘，既而享之，先誡鄩曰：「弘至即斬之。」鄩如約，斬弘於座上，同亂者皆誅之。師範以鄩爲馬步軍副都指揮使，攻下棣州，殺張蟾，朝廷因授師範平盧軍節度使。光化初，師範表鄩爲登州刺史。歲餘，移刺淄州，署行軍司馬。

天復元年，昭宗幸鳳翔，太祖率四鎮之師奉迎於岐下。李茂貞與内官韓全誨矯詔徵天下兵入援，師範覽詔，慷慨泣下，遣腹心乘虛襲取太祖管内州郡。所在同日竊發，其事多泄，唯鄩以偏師陷兖州，遂據其郡。初，鄩遣細人詐爲鬻油者，覘兖城内虛實及出入之所，視羅城下一水竇可以引衆而入，遂誌之。鄩乃告師範，請步兵五百，宵自水竇銜枚而入，案金華子云：鄩以大竹藏兵仗。與薛史異。一夕而定，軍城晏然，市民無擾。案金華子云：鄩入據子城，甲兵精鋭，城内人皆束手，莫敢旅拒。加以州將悍，人情不附，鄩因而撫治，民皆安堵。（舊五代史考異）太祖命大將葛從周攻之。案：金華子作兖帥張姓，疑傳聞之誤。時從周爲節度使，領兵在外，州城爲鄩所據，家屬悉在城中。鄩善撫其家，移就外第，供給有禮，升堂拜從周之母。及從周攻城，鄩以板輿請母登城，母告從周曰：「劉將軍待我甚至，不異於兒，新婦已下，並不失所。劉將軍與爾各爲其主，爾其察之。」從周歔欷而退。鄩料簡城中老疾及婦人浮食百姓不足與守者，悉出之於外，與將士同甘苦，分衣食，以抗外軍，戢兵禁暴，居人泰然。從周攻圍既久，鄩無外援，人情稍有去就之意。一日，節度副使王彥温踰城而奔，守陴者從之而逸，鄩之守兵禁之不可，鄩即遣人從容告彥温曰：「請副使少將人出，非素遣者請勿帶行。」又揚言於衆曰：「素遣從副使行者即勿禁，其擅去者族之。」守民聞之皆惑，奔逸者乃止。外軍聞之，果疑彦温有姦，即戮之於城下，自是軍城遂固。及王師範兵力漸窘，從周以禍福諭鄩，俾之革面，革面，原本作「薰面」，今據文改正。（影庫本粘籤）鄩報曰：「俟青州本使歸降，即以城池還納。」天復三年十一月，師範告降，且言先差行軍司馬劉鄩領兵入兗州，請釋其罪，亦以告鄩，鄩即出城聽命。案：劉鄩叛附于梁，新唐書昭宗紀作十月丁丑，與薛史作十一月異。（舊五代史考異）太祖嘉其節槩，以爲有李英公之風。案：原本訛「殷公」，考新唐書李勣封英國公，今改正。（舊五代史考異）

鄩既降〔一〕，從周具行裝服馬，請鄩歸大梁。鄩曰：「未受梁王捨釋之旨，乘肥衣裘，非敢聞命。」即素服跨驢而發。及將謁見，太祖令賜冠帶，鄩曰：「纍囚負罪，請就縶而入。」太祖不許。及見，慰撫移時，且飲之酒，鄩以量小告太祖。太祖曰：「取兗州，量何大耶！」旋授元從都押牙。太祖牙下諸將，皆四鎮舊人，鄩一旦以羈旅之臣，驟居衆人之右，及與諸將相見，並用階庭之禮，太祖尤奇重之。未幾，表爲鄜州留後。

是時，邠、岐之衆，屢寇其境，鄩禦捍備至，太祖以其地遠，慮失鄩，即令棄郡引軍屯於同州。天祐二年二月，授右金吾衞大將軍，充街使。三年正月，太祖授元帥之任，以鄩爲元帥府都押牙，執金吾如故。開平元年，授右金吾上將軍，充諸軍馬步都指揮使。其年秋，與諸將征潞州，遷檢校司徒。三年二月，轉右威衞上將軍，依前諸軍馬步都虞候。五月，改左龍武統軍，充侍衛親軍馬步軍都指揮使。

其年夏，同州劉知俊反，引岐人襲據長安，分兵扼河潼。太祖幸陝，命鄩西討，即奪取潼關〔二〕，擒知俊弟知浣以獻，遂引兵收復長安，知俊棄郡奔鳳翔。太祖以鄩爲佑國、同州軍兩使留後，尋改佑國軍爲永平軍，以鄩爲節度使、檢校司徒，行大安尹、金州管内觀察使。是時，西鄙未寧，密邇寇境，鄩練兵撫衆，獨當一面。四年，加檢校太保、同平章事。庶人友珪篡位，加檢校太傅。乾化三年正月，丁内艱，友珪命起復視事。末帝即位，尤深倚重。明年夏，詔鄩歸闕，授開封尹，遥領鎮南軍節度使。旋屬晉人寇河朔，鄩奉詔與魏博節度使楊師厚禦之而退。

九月，徐州節度使蔣殷據城叛。時朝廷以福王友璋鎮徐方，殷不受代，末帝遣鄩與鄆帥牛存節率兵攻之。殷求援於淮夷，僞吴楊溥遣大將朱瑾領衆赴援，鄩逆擊破之。貞明元年春，城陷，殷舉族自燔，於火中得其尸，梟首以獻，詔加檢校太尉。

三月，魏博楊師厚卒，朝廷分相、魏爲兩鎮，遣鄩率大軍屯南樂，以討王鎔爲名。既而魏軍果亂，因節度使賀德倫送款於太原。六月，晉王入魏州，鄩以精兵萬人自洹水移軍魏縣，晉王來覘，鄩設伏於河曲叢木間，俟晉王至，大譟而進，圍之數匝，殺獲甚衆，晉王僅以身免。案：通鑑作晉王帥騎馳突，所向披靡，自午至申乃得出，亡其七騎。而薛史以爲殺獲甚衆，晉王僅以身免。蓋當時梁、唐二史，各有夸張掩飾，故所紀互異如此。通鑑所載，當是據唐實録。是月，鄩潛師由黄澤西趨太原，將行，慮爲晉軍所追，乃結芻爲人，縛旗於上，以驢負之，循堞而行，數日，晉人方覺。軍至樂平，會霖雨積旬，師不克進，鄩即整衆而旋。魏之臨清，積粟之所，鄩引軍將據之，遇晉將周陽五自幽州率兵至，鄩乃趨貝州〔三〕，與晉軍遇於堂邑，鄩邀擊却之，追北五十餘里，遂軍於莘縣。增城壘，浚池隍，自莘及河，築甬道以通餉路。

八月，末帝賜鄩詔曰：「閫外之事，全付將軍。河朔諸州，一旦淪没，勞師弊旅，患難日滋，退保河壖，久無鬭志。昨東面諸侯，奏章來上，皆言倉儲已竭，飛輓不充，于役之人，每遭擒擄，夙宵軫念，惕懼盈懷。將軍與國同休，當思良畫，如聞寇敵兵數不多，宜設機權，以時剪撲，則予之負荷，無累先人。」鄩奏曰：「臣受國深恩，忝茲閫政，敢不枕戈假寐，罄節輸忠！昨者，比欲西取太原，斷其歸路，然後東收鎮冀，解彼連鷄，止於旬時，再清河朔。豈期天方稔亂，國難未平，纔出師徒，積旬霖潦，資糧殫竭，軍士札瘥，切慮蒼黄，乖於統攝，乃詢部伍，皆欲旋歸。凡次舍經行，每張犄角，又欲絶其餉道，且據臨清。纔及宗城，纔及宗城，原本脱「城」字，今據通鑑增入。（影庫本粘籤）周陽五奄至，騎軍馳突，變化如神。臣遂領大軍，保於莘縣，深溝高壘，享士訓兵，日夜戒嚴，伺其進取。偵視營壘，兵數極多。樓煩之人〔四〕，皆能騎射，最爲勍敵，未可輕謀。臣若苟得機宜，焉敢坐滋患難？臣誠心體國〔五〕，天鑒具明。」末帝又遣使問鄩決勝之策，鄩曰：「臣無奇術，但人給糧十斛，盡則破敵。」末帝大怒，讓鄩曰：「將軍蓄米，將療饑耶？將破賊耶？」乃遣中使督戰。鄩集諸校而謀曰：「主上深居宮禁，未曉兵機，與白面兒共謀，終敗人事。大將出征，君命有所不受，臨機制變，安可預謀。今揣敵人，未可輕動，諸君更籌之。」時諸將皆欲戰，鄩默然。他日，復召諸將列坐軍門，人具河水一器，因命飲之，衆未測其旨，或飲或辭。鄩曰：「一器而難若是，滔滔河流，可勝既乎！」衆皆失色。居數日，鄩率萬餘人薄鎮、定之營，時鄩軍奄至，上下騰亂，殺獲甚衆。少頃，晉軍繼至，乃退。

二年三月，鄩自莘引軍襲魏州，與晉王戰於故元城，王師敗績，鄩脱身南奔，自黎陽濟河至滑州。尋授滑州節度使，詔屯黎陽。三年二月，晉王悉衆來攻黎陽，鄩拒之而退。及鄩歸闕，再授開封尹，領鎮南軍節度使。其年，河朔失守，朝廷歸咎於鄩，鄩亦不自安，上表避位。九月，落平章事，授亳州團練使。亳州，原本作「高州」，今據歐陽史改正。（影庫本粘籤）屬淮人寇蔡、潁、亳三郡，鄩奉命渡淮，至霍丘，大殲賊黨。五年，兗州節度使張萬進反，北結晉人爲援，末帝遣鄩攻之，鄩爲兗州安撫制置使。是冬，萬進危蹙，小將邢師遇潛應王師，遂拔其城，梟萬進首以獻。十一月，制授泰寧軍節度使、檢校太尉、同平章事。

六年六月，授河東道招討使，與華州尹皓攻取同州。先是，河中朱友謙襲取同州，以其子令德爲留後，表請旄鉞，末帝怒，命鄩討之。其年九月，晉將李嗣昭率師來援，戰於城下，王師不利，敗兵走河南，橋梁陷，溺死者甚衆，鄩以餘衆退保華州羅文寨。先是，鄩與河中朱友謙爲婚家，及王師西討，行次陝州，鄩遣使齎檄與友謙，諭以禍福大計，誘令歸國，友謙不從，如是停留月餘。尹皓、段凝輩素忌鄩，遂搆其罪，言鄩逗留養寇，俾俟援兵，末帝以爲然。及兵敗，詔歸洛，河南尹張宗奭承朝廷密旨，逼令飲酖而卒。案：通鑑考異引莊宗實録云：憂恚發病卒。通鑑從薛史。時年六十四，詔贈中書令。

子遂凝、遂雍別有傳。永樂大典卷一萬八千一百二十六。

賀瓌，字光遠，濮陽人也。曾祖延，以瓌貴，贈左監門上將軍。祖華，贈左散騎常侍。父仲元，贈刑部尚書。瓌少倜儻，負雄勇之志，遇世亂入軍。朱瑄爲濮州刺史兼鄆州馬步軍都指揮使，拔爲小將。唐光啓初，鄆州三軍推瑄爲留後，以瓌爲馬步軍都指揮使，表授檢校工部尚書。及瑄與太祖搆隙，瓌受瑄命，數領軍於境上。

乾寧二年十月，太祖親征兗、鄆。十一月，瑄遣瓌與太原將何懷寶率兵萬餘人以援朱瑾，師次待賓館，待賓館，原本作「待實館」，今據通鑑改正。（影庫本粘籤）斷我糧運。太祖偵知之，自中都引軍夜馳百餘里，遲明至鉅野東，與瓌等接戰，兗人大敗。瓌竄於棘塚之上，大呼曰：「我是鄆州都將賀瓌，願就擒，幸勿傷也。」太祖聞之，馳騎至塚前，遂擒之。并獲何懷寶及將吏數十人，徇於兗壁之下，悉命戮之，唯留瓌一人，釋縛，置之麾下，尋署爲教練使，奏授檢校左僕射。瓌感太祖全宥之恩，私誓以身報國。

天復中，預平青州王師範，以功授曹州刺史、兼先鋒都指揮使，加檢校司空。天祐二年，與楊師厚從太祖平荆襄，授荆南兩使留後，未幾，徵還，爲行營左廂步軍都指揮使。開平二年十月，授左龍虎軍馬步都指揮使。十二月，改左衞上將軍，充六軍馬步都虞候。三年五月，轉右龍虎統軍，未幾，加檢校司徒、邢州團練使。四年二月，改澤州刺史，充昭義軍節度留後、檢校太保，進封開國侯。乾化二年七月，授相州刺史，尋加檢校太傅，有頃，轉左龍虎統軍。案歐陽史：太祖即位，累遷相州刺史。末帝時，遷左龍虎統軍。據薛史，瓌遷統軍不繫年月，歐陽史特以太祖時左龍虎統軍有袁象先而揣度言之耳。

貞明二年，慶州叛，爲李繼陟所據，瓌以本官充西面行營馬步軍都指揮使兼諸軍都虞候，與張筠案：原本訛「張節」，今據通鑑考異改正。（舊五代史考異）破涇、鳳之衆三萬，下寧、衍二州。三年秋，慶州平。十二月，瓌以功授滑州宣義軍節度使，依前檢校太傅，加同平章事，尋授北面行營招討使。四年春，晉人取楊劉城據之。八月，瓌與許州節度使謝彦章領大軍營於濮州之行臺村，對壘數月。一日，晉王以輕騎挑戰，瓌與彦章發伏兵奮擊，晉王僅以身免。先是，瓌與彦章不協，是歲冬十二月，復爲諸軍都虞候朱珪所搆，瓌乃伏甲士，殺彦章及濮州刺史孟審澄、别將侯温裕等於軍，案：玉堂閒話作侯温，疑傳聞之訛。（舊五代史考異）案玉堂閒話：梁朝與河北相持之際，有偏將侯温者，軍中號爲驍勇，賀瓌爲統率，專制忌克，以事殺之。考侯温裕作侯温，蓋傳聞之誤。（孔本）以謀叛聞。是月，瓌與晉人大戰於胡柳陂，晉人敗績，臨陣斬晉將周陽五。既晡，瓌軍亦敗。案歐陽史：瓌陣無石山，日暮，晉軍攻之，瓌軍下山擊晉軍，瓌大敗。據薛史莊宗紀與王建及傳，乃是山爲晉軍所奪，晉軍下山擊瓌軍，瓌大敗，與歐陽史異。五年春正月，晉人城德勝，夾河爲栅。四月，瓌率大軍攻其南栅，以艨艟戰艦阨其中流，晉人斷我艨艟，濟軍以援南栅，瓌退軍於行臺。尋以疾卒，時年六十二。詔贈侍中。

長子光圖，仕後唐，爲供奉官。永樂大典卷一萬八千一百二十七。

康懷英，兖州人也。本名懷貞，避末帝御名，故改之。始以驍勇事朱瑾爲列校。唐乾寧四年春，太祖既平鄆，命葛從周乘勝急攻兖州，時朱瑾在豐沛間搜索糧餉，留懷英守其城，及從周軍至，懷英聞鄆失守，乃出降。太祖素聞其名，得之甚喜，尋署爲軍校。

光化元年秋，從氏叔琮伐襄漢，懷英以一軍攻下鄧州。三年，從征河朔，佐張存敬敗燕軍於易水之上。天復元年冬，太祖率師迎昭宗於鳳翔。時李茂貞遣大將符道昭領兵萬餘，屯武功以拒太祖〔六〕，太祖命諸軍擊之，以懷英爲前鋒，領衆先登，一鼓而大破之，擄甲士六千餘人，奪馬二千匹。翌日，太祖方至，顧左右曰：「邑名武功，今首盪逆黨，真武功也。」乃召懷英，大加獎激，仍以駿馬、珍器賜之。

二年四月，符道昭復領大軍屯於虢縣之漠谷〔七〕。其建寨之所，前臨巨澗，後倚峻阜，險不可升，太祖遣懷英提騎數千急擊之。道昭以懷英兵寡，有俯視之意，乃率甲士萬人，絶澗以挑戰。懷英始以千騎夜鬭〔八〕，戰酣，發伏以擊之，岐軍大敗。秋八月，鄜帥李周彝屯軍於三原，以援鳳翔，太祖命懷英討之，周彝拔軍而遁，追至梨園，因攻下翟州，擒其守來獻。俄而岐軍屯奉天，太祖令懷英寨於岐軍之東北，以備敵人。一夕，岐軍大至，急攻其營，懷英以夜中不可驚動諸軍，獨以二千餘人抗數萬之衆〔九〕，自乙夜至四鼓，身被十餘創，岐軍不勝而退。昭宗還京，賜迎鑾毅勇功臣。

是歲，淮人聞青、兗之叛，遣兵數萬以寇宿州，太祖命懷英馳騎以救之，淮人遁去，即以懷英爲權知宿州刺史。天祐三年冬，佐劉知俊破邠、鳳之衆五萬於美原，收十五餘寨〔一〇〕，乘勝引軍攻下鄜州，以功授陝州節度使。太祖受禪，加檢校太保。

開平元年夏，命將大軍以伐潞州。將行，太祖謂懷英曰：「卿位居上將，勇冠三軍，向來破敵摧鋒，動無遺悔，至於高爵重禄，我亦無負於卿。夫忠臣事君，有死無二，韓信所謂『漢王載我以車，衣我以衣，食我以食，食人之禄，死人之憂』，我每思韓信此言，真忠烈丈夫耳！如丁會受我待遇之恩，不謂不至，懷黄拖紫，裂土分茅，設令木石偶人，須感恩義，一朝反噬，倒戈授人，苟有天道明神，安能容此。大凡辜恩負理，忠良不爲。我今掃境内委卿，卿當勉思竭盡。況晉人新得上黨，衆心未協和，以十萬之師，一舉可克，予當置酒高會，望卿歌舞凱旋。」懷英惶恐而退。六月，懷英領大軍至潞，率衆晝夜攻城，半月之間，機巧百變。懷英懼太祖之言，期於必取，乃築壘環城，濬鑿池塹，然而屢爲晉將周德威騎軍所撓，懷英不敢即戰。太祖乃以李思安代之，降爲行營都虞候。

夏五月〔一一〕，晉王率蕃漢大軍攻下夾城，懷英逃歸，詣銀臺門待罪，太祖宥之，改授右衛上將軍。三年夏，命爲侍衛諸軍都指揮使，尋出爲陝州節度使兼西路行營副招討使。及劉知俊奔鳳翔，引岐軍以圖靈武，太祖遣懷英率兵救之，師次長城嶺，爲知俊邀擊，懷英敗歸。案歐陽史云：還至昇平，知俊掩擊之，懷英大敗。據通鑑：懷貞等還，至三水，知俊遣兵據險邀之，左龍驤軍使壽張王彦章力戰，懷貞等乃得過。懷貞與裨將李德遇、許從實、王審權分道而行，皆與援兵不相值，至昇平，劉知俊伏兵山口，懷貞大敗，僅以身免，德遇等軍皆没。蓋懷英過長城嶺之險，已爲邀擊，後又敗於昇平也。四年春，移華州節度使。乾化二年秋，命爲河中行營都招討使，與晉軍戰於白徑嶺，敗歸於陝。末帝嗣位，以岐軍屢犯秦雍，命懷英爲永平軍節度使、大安尹，累加官至中書令。貞明中，卒於鎮。永樂大典卷一萬八千一百二十六。

王景仁，案：景仁本名茂章，避梁諱改焉。詳見通鑑注。廬州合淝人。材質魁偉，性暴率，無威儀，善用槊，頗推驍悍。在淮南累職爲都指揮使，楊行密僞署宣州節度使。行密死，子渥自立，忌其勇悍，且有私憾，欲害之。案新唐書楊行密傳：渥求茂章親兵不得，宣輦帷帟以行，茂章嫚罵不與。踰年，遣兵五千襲之，茂章奔杭州。與薛史異。景仁棄宛陵，以腹心百人歸吳越王錢鏐，鏐辟爲兩府行軍司馬，具以狀聞。太祖復命遥領宣州節度使、檢校太傅、同平章事。案舊唐書：天祐三年十二月，詔淮南僞署宣歙觀察使、檢校司徒王茂章可金紫光禄大夫、檢校太保，從錢鏐請也。所載官爵，與薛史異。吴越備史作景仁領寧國軍節度使，與薛史同。（舊五代史考異）鏐以淮寇終爲巨患，欲速平之，命景仁奉表至闕，面陳水陸之計，請合禁旅。太祖異禮待之，頒賜殊厚，顧曰：「待我平代北寇，當盡以王師付汝南討。」於是留京師，每預丞相行列。

劉知俊之叛也，從駕至陜，始佐楊師厚西入關，兵未交，知俊棄馮翊走，進尅雍、華，降王建、張君練，頗預戰有功，太祖嘉之。時鎮、定作逆，朋附蕃醜，遂擢爲上將，付步騎十萬，爲北面行營都招討使。開平二年正月二日〔一三〕，與晉軍戰於柏鄉，王師敗績，太祖怒甚，拘之私第。然以兩浙元勳所薦，且欲收其後効，止落平章事、罷兵柄而已。案歐陽史：景仁及晉人戰，大敗於柏鄉。景仁歸訴於太祖，太祖曰：「吾亦知之，蓋韓勍、李思安輕汝爲客，而不從節度爾。」與薛史異。數月，復其官爵。

末帝即位，復用爲淮南西北面行營招討應接使〔一三〕，以兵萬餘人伐壽州，至霍丘接戰，案：歐陽史作戰於霍山。通鑑從薛史。（舊五代史考異）擒賊將袁蘩、王彥威、王璠等送京師〔一四〕。俄而朱瑾以大軍至，景仁力戰不屈，常以數騎身先奮擊，寇不敢逼，乃引兵還。及濟淮，復爲殿軍，故不甚衄，瑾亦不敢北渡。案九國志朱景傳：王茂章來寇，度淮水可涉處，立表識之，景易置於深潭水中，立表浮木之上。茂章軍敗，望表而涉，溺死者大半，積其尸爲京觀。是景仁實以敗歸，傳云師不甚衄，蓋梁史爲景仁諱言也。及歸，病疽而卒。詔贈太尉。永樂大典卷六千八百五十〔一五〕。

史臣曰：劉鄩以機略自負，賀瓌以忠毅見稱，懷英以驍勇佐時，景仁以貞純許國，較其器業，皆名將也。然雖有善戰之勞，亦有敗軍之咎，則知兵無常勝，豈虛言哉！然鄩之據兗州也，盡誠於師範，比跡於英公，方之數侯，加一等矣。永樂大典卷六千八百五十。

## 校勘記

〔一〕鄩既降　「既」，原作「即」，據殿本、册府卷三八八改。

〔二〕即奪取潼關　「奪」，原作「奮」，據册府卷三六〇、卷三八六改。

〔三〕鄩乃趨貝州　「趨」，原作「取」，據册府卷三九〇、十七史百將傳卷一〇改。通鑑卷二六九敍其事作「鄩引軍趨貝州」。按時貝州刺史張源德尚爲梁守。

〔四〕樓煩　原作「婁煩」，據殿本、劉本、彭校、册府卷四五〇改。

〔五〕臣誠心體國　「誠」字原闕，據册府卷四五〇補。

〔六〕屯武功以拒太祖　「太祖」二字原闕，據册府卷三四六、卷三六〇、卷三八六補。

〔七〕漠谷　原作「漢谷」，據劉本、册府卷三六〇、卷三六九改。册府卷三四六、通鑑卷二六三作「莫谷」。按通鑑卷二六三胡注：「莫谷即漠谷。」

〔八〕懷英始以千騎夜鬬　「夜」，册府卷三四六、卷三六九作「交」。

〔九〕獨以二千餘人抗數萬之衆　「二千」，册府卷三四六作「三千」。

〔一〇〕收十五餘寨　「十五」，原作「五十」，據册府卷三四六、卷三六〇、卷三六九、卷三八六乙正。按本書卷二梁太祖紀二：「（天祐三年十月辛巳）邠州楊崇本以鳳翔、邠、寧、涇、鄜、秦、隴之衆合五六萬來寇，屯于美原，列十五寨。」

〔一一〕夏五月　按本卷上文敍六月事，此又云「夏五月」，疑誤。本書卷四梁太祖紀四、新五代史卷二梁本紀、通鑑卷二六六皆繫其事於開平二年五月。

〔一二〕開平二年正月二日　本書卷二二楊師厚傳、卷一三九天文志、通鑑卷二六七皆繫其事於開平五年，本書卷二七唐莊宗紀一繫其事於天祐八年，按天祐八年即開平五年。

〔一三〕復用爲淮南西北面行營招討應接使　「淮南西北面」，原作「南面北面」，據册府卷三六〇、卷三九六改。按通鑑卷二六八作「淮南西北行營招討應接使」，胡注：「梁攻淮南，攻其西北。」

〔一四〕王璠　册府卷三六〇作「王燔」。

〔一五〕永樂大典卷六千八百五十　按永樂大典卷六八五〇今存，僅録舊五代史本卷史臣贊，未録本傳，本書所記卷數疑誤。

# 舊五代史卷二十四　梁書二十四

## 列傳第十四

李珽　盧曾　孫騭　張儁　張衍　杜荀鶴　羅隱　仇殷　段深

李珽，字公度，隴西燉煌人。五世祖忠懿公憕〔一〕，有大節，見唐史，父縠，仕懿、僖朝，官至右諫議大夫。珽聰悟有才學，尤工詞賦。僖宗朝，晉公王鐸提兵柄，鎮滑臺，滑臺，原本作「體臺」，今據文改正。（影庫本粘籤）縠居賓席，鐸見珽，大賞歎之。年二十四，登進士第，解褐授校書郎，拜監察御史，俄丁内艱。先是，父旅殯在遠，家貧無以襄事，與弟琪當臘雪以單縗扶杖，銜哀告人，由是兩克遷祔。而珽日不過食一溢，恒羸卧喪廬中不能興，大爲時賢所歎。憂闋，再徵爲御史，以瘠不起。成汭之鎮荆州，辟爲掌書記，踰時乃就。

天復中，淮寇大舉圍夏口，逼巴陵，太祖患之，飛命成汭率水軍十萬援于鄂。珽入言曰：「今舳艫容介士千人，載稻倍之，緩急不可動。吳人剽輕，若爲所絆，則武陵、武安皆我之讎也，將有後慮。不如遣驍將屯巴陵，大軍對岸，一月不與戰，則吳寇糧絶，而鄂州圍解矣。」汭性剛決，不聽。淮人果乘風縱火，舟盡焚，兵盡溺，汭亦自沈於江，朗人、潭人遂入荆渚，一如所料。未幾，襄帥趙匡凝復奏爲掌記，入爲左補闕。又明年，太祖爲元帥，以襄陽貳於己，率兵擊破之，趙匡凝奔揚州，太祖復署珽爲天平軍掌書記。天平，原本作「天中」，今據新唐書改正。（影庫本粘籤）一日，大會將佐，指珽曰：「此真書記也。」

滄州節度使劉守文拒命，太祖引兵十餘萬圍之，久而未下，乃召珽草檄。珽即就外次，筆不停綴，登時而成，大爲太祖嗟賞。受禪之歲，宰臣除爲考功員外郎、知制誥，珽揣太祖未欲首以舊僚超拜清顯，三上章固辭，優詔褒允，尋以本官監曹州事。曹去京數舍，吏民豪猾，前後十餘政，未有善罷者，珽在任期歲，衆庶以寧。入爲兵部郎中、崇政院學士。

未幾，以許帥馮行襲疾甚，出爲許州留後。先是，行襲有牙兵二千，皆蔡人也，太祖深以爲憂〔二〕，乃遣珽馳往，以伺察之。珽至傳舍，召將吏親加撫慰。行襲欲使人代受詔，珽曰：「東首加朝服，禮也。」乃於卧内宣詔，令善自補養，苟有不諱，子孫俱保後福。行襲泣謝，遂解二印以授珽。珽代掌軍府事〔三〕。太祖覽奏曰：「予固知珽必辨吾事，行襲門户不朽矣。」乃以珽爲匡國軍留後，尋徵爲左諫議大夫、兼宣徽副使。從征至魏縣，過内黃，因侍立於行廐，太祖顧曰：「此何故名内黃？」珽曰：「河南有外黃、小黃，案：歐陽史改小黃爲「下黃」。困學紀聞引漢書地理志，陳留有外黃、小黃縣，以五代史記爲誤改也。（舊五代史考異）

小黃，歐陽史作「下黃」。考困學紀聞云：五代通録李珽曰：「河南有外黃、小黃。」漢地理志，陳留有外黃、小黃縣，五代史記改小黃爲「下黃」，誤也。當從通録。（殿本）故此有内黃。」又曰：「在何處〔四〕？」對曰：「秦有外黃都尉，案：原本作「郡尉」，今據漢書地理志及歐陽史改正。（舊五代史考異）理外黃，有故墉，今在雍丘。小黃爲高齊所廢，其故墉今在陳留。」太祖稱獎數四。

及庶人友珪篡位，除右散騎常侍、充侍講學士。案：歐陽史作侍講。（舊五代史考異）内討之日，軍士大擾，珽其夕爲亂兵所傷，卒於洛陽〔五〕。珽性孝友，與弟琪有敦睦之愛，爲搢紳所稱。永樂大典卷一萬三百八十八。 案：歐陽史有裴迪、韋震傳，今原文已佚，無可采補。（殿本）

盧曾，字孝伯，其先范陽人也。頗好書，有所執守。始爲齊州防禦使朱瓊從事，案：新唐書、通鑑與薛史梁紀皆稱朱瓊爲齊州刺史，惟盧曾傳作防禦使，疑有舛誤。瓊降，預其謀，與之皆來。瓊没，太祖辟爲宣義幕職。曾性忠狷，好貢直，又不能取容於衆，每勳府讌語稍洽，曾率然糾正，輒又忤旨。左長直軍使劉捍委任方重，曾亦不能平。冀王友謙初定陝府，命曾往議事，有使院小將從行，嗜酒，荒逸過度。曾復命，欲發其罪，致疏於袖中，累日未果言。小將恐事洩，先誣告曾使酒，幾敗軍事，劉捍因證之，由是罷職，歸於齊之别墅。俄而王師範起兵叛，太祖促召曾，謂之曰：「子能緩頰説青州，使無背盟，吾不負子矣。」曾持檄以往。既至青，師範囚之，送於淮南，遇害。後太祖暴師範之罪曰：「喪我骨肉，殺我賓僚。」遂族誅之。因召曾二子，皆授以官。永樂大典卷二千二百十二。

孫騭，滑臺人。嗜學知書，微有辭筆。唐光啓中，魏博從事公乘億以女妻之，因教以牋奏程式。時中原多難，文章之士〔六〕，縮影竄跡，不復自顯〔七〕。億既死，魏帥以章表牋疏淹積，兼月不能發一字，或以騭爲言，即署本職〔八〕，主奏記事。累遷職自支使、掌記至節度判官，奏官自校書、御史、郎官、中丞、檢校常侍至兵部尚書。太祖御天下，念潛龍時，鷩奉其主，好問往來數十返，甚録之。開平三年，除右諫議大夫，滿歲，遷左散騎常侍。鷩雅好聚書，有六經、史漢洎百家之言〔九〕，凡數千卷，皆簡翰精至，披勘詳定，得暇即朝夕躭翫，曾無少怠。乾化二年春，太祖將議北巡，選朝士三十餘人扈從。二月甲子，車駕發自洛陽，禺中，次白馬頓，召文武官就食，以從臣未集，駐蹕以俟之，又命飛騎促於道〔一〇〕，而鷩與諫議大夫張衍、兵部郎中張儁等累刻方至，太祖性本卞急，因茲大怒，並格殺於前墀。永樂大典卷三千五百六十。案通鑑考異引梁祖實録云：賜自盡。通鑑從莊宗實録作撲殺之。（舊五代史考異）

張儁，字彦臣。祖、父咸有聞於時。儁少孤，雅自修飾〔一一〕，善爲五言詩，其警句頗爲人所稱。唐廣明中，黄巢犯京師，天子幸蜀，士皆竄伏窟穴，以保其生。儁亦晦跡浮泛，不失其道。及僖宗還京師，由校書郎、西畿尉登朝爲御史、補闕、起居郎、起居郎，原本脱「郎」字，今據文增入。（影庫本粘籤）司勳員外、萬年縣令，以事黜官峽中將十年。太祖即位，用宰臣薛貽矩爲鹽鐵使，儁與貽矩同年登第，甚知其才，即奏爲鹽鐵判官，遷職爲禮部郎中〔一二〕，兼職如故。乾化二年二月〔一三〕，扈從後至，與孫鷩、張衍同日遇禍於白馬頓。永樂大典卷六千三百五十。

張衍，字玄用，河南尹魏王宗奭之猶子也。其父死於兵間。衍樂讀書爲儒，始以經學就舉，不中選。時諫議大夫鄭徽退居洛陽，以女妻之，遂令應辭科，不數上登第。唐昭宗東遷，以宗奭勳力隆峻，衍由校書郎拜左拾遺，旋召爲翰林學士。太祖即位罷之，特拜考功郎中，俄遷右諫議大夫。衍巧生業，樂積聚，太祖將北伐，頗以扈從間糜耗力用繫意，屢干託宰執求免是行，太祖微聞之，又屬應召稽晚，與孫騭等同日遇禍。永樂大典卷六千三百五十。

杜荀鶴，池州人。案辛文房唐才子傳：荀鶴，字彥之，牧之微子也。善爲詩，辭句切理，爲時所許。既擢第，復還舊山。案唐才子傳：荀鶴嘗謁梁王朱全忠，與之坐，忽無雲而雨，王以爲天泣不祥，命作詩，稱意，王喜之。荀鶴寒進，連敗文場，甚苦，至是送春官。大順二年，裴贄侍郎放第八人登科，正月十日放榜，正荀鶴生朝也。王希羽獻詩曰：「金榜曉懸生世日，玉書潛記上昇時。」九華山色高千尺，未必高於第八枝。」又唐新纂云：荀鶴舉進士及第，東歸，過夷門，獻梁太祖詩句云：「四海九州空第一，不同諸鎮府封王。」是則荀鶴之受知於梁祖舊矣，不待田頵之箋問而始被遇也。時田頵在宣州，甚重之。頵將起兵，乃陰令以箋問至，太祖遇之頗厚。及頵遇禍，太祖以其才表之，尋授翰林學士、主客員外郎。既而恃太祖之勢，凡搢紳間已所不悦者，日屈指怒數，將謀盡殺之。苞蓄未及泄，丁重疾，旬日而卒。永樂大典卷一萬五千七百三十〔一四〕。案唐才子傳：荀鶴以天祐元年卒。北夢瑣言又作梁受禪後，拜翰林學士，五日而卒。未詳孰是。

羅隱，案唐才子傳：隱字昭諫。（舊五代史考異）餘杭人。案：澗泉日記作新城人。有詩名於天下〔一五〕，尤長於詠史，然多所譏諷，以故不中第，大爲唐宰相鄭畋、李蔚所知。隱雖負文稱，然貌古而陋。畋女幼有文性，嘗覽隱詩卷，諷誦不已，畋疑其女有慕才之意。一日，隱至第，鄭女垂簾而窺之，自是絶不詠其詩。唐廣明中，因亂歸鄉里，節度使錢鏐辟爲從事。案唐新纂：羅隱初爲吴令，後以羅紹威薦，爲錢鏐所辟。據薛史，則隱自歸里即爲鏐從事，後復爲紹威薦也。與新纂異。開平初，太祖以右諫議大夫徵，不至，魏博節度使羅紹威密表推薦，乃授給事中。年八十餘，終於錢塘。案澗泉日記云：唐光啓三年，吴越王表奏爲錢塘令，遷著作郎，辟掌書記。天祐三年，充判官。梁開平二年，授給事中。三年，遷發運使。是年卒，葬於定山鄉。金部郎中沈崧銘其墓。（舊五代史考異）有文集數卷行於世〔一六〕。永樂大典卷五千六百七十八。案唐才子傳云：隱所著讒書、讒本、淮海寓言、湘南應用集、甲乙集、外集、啓事等，並行于世。（舊五代史考異）五代史補：羅隱在科場，恃才傲物，尤爲公卿所惡，故六舉不第。時長安有羅尊師者，深於相術，隱以貌陋，恐爲相術所棄，每與尊師接談，常自大以沮之。及其累遭黜落，不得已，始往問焉。尊師笑曰：「貧道知之久矣，但以吾子決在一第，未可與語。今日之事，貧道敢有所隱乎！且吾子之於一第也，貧道觀之，雖首冠羣英，亦不過簿尉爾。若能罷舉，東歸霸國以求用，則必富且貴矣。兩途，吾子宜自擇之。」隱憒然不知所措者數日。鄰居有賣飯媪，見隱驚曰：「何辭色之沮喪如此，莫有不決之事否？」隱謂知之，因盡以尊師之言告之。媪歎曰：「秀才何自迷甚焉，且天下皆知羅隱，何須一第然後爲得哉！不如急取富貴，則老婆之願也。」隱聞之釋然，遂歸錢塘。時錢鏐方得兩浙，置之幕府，使典軍中書檄，其後官給事中。初，隱罷上中書之日，費窘，因抵魏謁鄴王羅紹威，將入其境，先貽書敍其家世，鄴王爲姪。幕府僚吏見其書，皆怒曰：「羅隱一布衣爾，而姪視大王，其可乎！」紹威素重士，且曰：「羅隱名振天下，王公大夫多爲所薄，今惠然肯顧，其何以勝！得在姪行，爲幸多矣，敢不致恭，諸公慎勿言。」於是擁旆郊迎，一見即拜，隱亦不讓。及將行，紹威贈以百萬，他物稱是，仍致書於鏐，謂叔父，鏐首用之。曹唐，郴州人。少好道，爲大小遊仙詩各百篇，又著紫府玄珠一卷，皆敍三清、十極紀勝之事。其遊仙之句，則有漢武帝宴西王母詩云：「花影暗回三殿月，樹聲深鎖九門霜。」又云：「樹底有天春寂寂，人間無路月茫茫。」皆爲士林所稱。其後遊信州，館於開元寺三學院。一旦臥疾，衆僧忽見二青衣緩步而至，且四向顧視，相謂曰：「只此便是『樹底有天春寂寂，人間無路月茫茫』。」言訖，直入唐之臥室。衆僧驚異，亦隨之而入，踰閾，而青衣不復見，但見唐已殂矣。先是，唐與羅隱相遇，隱有題牡丹詩云：「若教解語應傾國，任是無情亦動人。」唐因戲隱曰：「此非賦牡丹，乃題女子障耳。」隱應聲曰：「猶勝足下鬼詩。」唐曰：「其詞安在？」隱曰：「只『樹底有天春寂寂，人間無路月茫茫』，得非鬼詩？」唐無言以對。至是青衣亦援引此句，而唐尋卒，則隱之言，豈偶然哉！

仇殷，不知何郡人也。開平中，仕至欽天監，明於象緯曆數，藝術精密，近無其比。光化中，太祖在滑，遣密王友倫以兵三萬禦幽州之師十餘萬，深慮其不敵，召殷問曰：「陣可行乎？」曰：「其十四日過禺中乎？」又問之，曰：「賊敗塗地。」又曰：「既望，當見捷書。」果如其言，不失晷刻。太祖之在長蘆也，諸將請攻壁，號令軍中人負藁二圍，置千積，俄而雲集。殷曰：「何用？」或以所謀告之，殷曰：「我占矣，不見攻壁象，無乃自退乎。」翌日，有騎馳報丁會以潞州叛，太祖令盡焚其藁而還，不克攻。開平中，殷一日朝罷，過崇政院，使敬翔直閤，翔問之曰：「月犯房次星，其逼若綴，是何祥也？」曰：「常度耳。」殷欲不言，既過數步，自度不可默，乃反言曰：「三兩日當有不順語至，無或驟恐，宜先白上知。」既二日，陝府奏同州劉知俊閉關作叛。初，王景仁之出師也，殷上言：「太陰虧，不利深入。」太祖遽遣使止之，已敗於柏鄉矣。案北夢瑣言云：柏鄉狼狽，梁祖亦自咎曰：「違犯天道，不取仇殷之言也。」薛史以爲太祖遽遣使止之，與北夢瑣言異。殷所見觸類如是，不可備録。然而畏慎特甚，居常寢默，未嘗敢顯言。縱言事跡，唯其語音，不可盡曉，以故屢貽責罰。後卒於官。永樂大典卷一萬四千八百四。

段深，不知何許人。開平中，以善醫待詔於翰林。時太祖抱疾久之，其溲甚濁，僧曉微侍藥有徵，賜紫衣師號，錫賚甚厚。頃之疾發，曉微剥服色，去師號。因召深問曰：「疾愈復作，草藥不足恃也。我左右粒石而効者衆矣，服之如何？」深對曰：「臣嘗奉詔診切，陛下積憂勤，失調護，脈代芤而心益虚。臣以爲宜先治心，心和平而溲變清，當進飲劑，而不當粒石也。臣謹案，太倉公傳曰：『中熱不溲者，不可服石』，石性精悍，有大毒。凡餌毒藥如甲兵，不得已而用之，非有危殆，不可服也。」太祖善之，令進飲劑，疾稍愈，乃以幣帛賜之。永樂大典卷二萬一千六百九。

# 校勘記

〔一〕五世祖忠懿公憕　「忠懿」，本書卷五八李琪傳、新唐書卷一九一李憕傳同，舊唐書卷一六穆宗紀、卷一八七下李憕傳、册府卷九八、卷四六八、唐會要卷五五作「忠烈」。

〔二〕太祖深以爲憂　「以」字原闕，據彭校、册府卷六五三補。

〔三〕珽代掌軍府事　「珽」字原闕，據册府卷六五三補。

〔四〕在何處　句上殿本有「外黃小黃」四字。

〔五〕珽其夕爲亂兵所傷卒於洛陽　殿本、孔本作「珽爲亂兵所傷其夕卒於洛陽」。影庫本批校云：「『珽其夕爲亂兵所傷』句，與原本異。」

〔六〕文章之士　册府卷七二九作「縫掖之士」。

〔七〕不復自顯　「復」字原闕，據册府卷七二九補。

〔八〕即署本職　「本」，册府卷七二九作「末」。

〔九〕有六經史漢洎百家之言　「史漢」，原作「漢史」，據册府卷七九八、卷八一一乙正。

〔一〇〕又命飛騎促於道　「又」字原闕，據殿本、孔本補。

〔一一〕雅自修飾　「雅」字原闕，據册府卷九四〇補。

〔一二〕遷職爲禮部郎中　「禮部郎中」，册府卷九四〇作「兵部郎中」。按新五代史卷二梁本紀：「次白馬，殺左散騎常侍孫騭、右諫議大夫張衍、兵部郎中張儁。」通鑑卷二六八略同。

〔三〕乾化二年二月　「乾化」，原作「乾元」，據殿本、邵本校、通鑑卷二六八改。按本書卷七梁太祖紀七、新五代史卷二梁本紀皆繫其事於乾化二年。

〔四〕永樂大典卷一萬五千七百三十　檢永樂大典目録，卷一五七三〇爲「論」字韻「阿毗曇論四」，與本則内容不符，恐有誤記。陳垣舊五代史輯本引書卷數多誤例謂應作卷一四七三〇「杜」字韻「姓氏六」。

〔五〕有詩名於天下　「有」字原闕，據册府卷八四一、卷九四四補。句上册府卷九四四有「唐末舉進士」五字。

〔六〕有文集數卷行於世　「數卷」，册府卷八四一作「十卷」。按直齋書録解題卷一九謂「羅江東集十卷，唐羅隱昭諫撰」，劉克莊後村集卷一八四謂羅隱有江東集十卷。